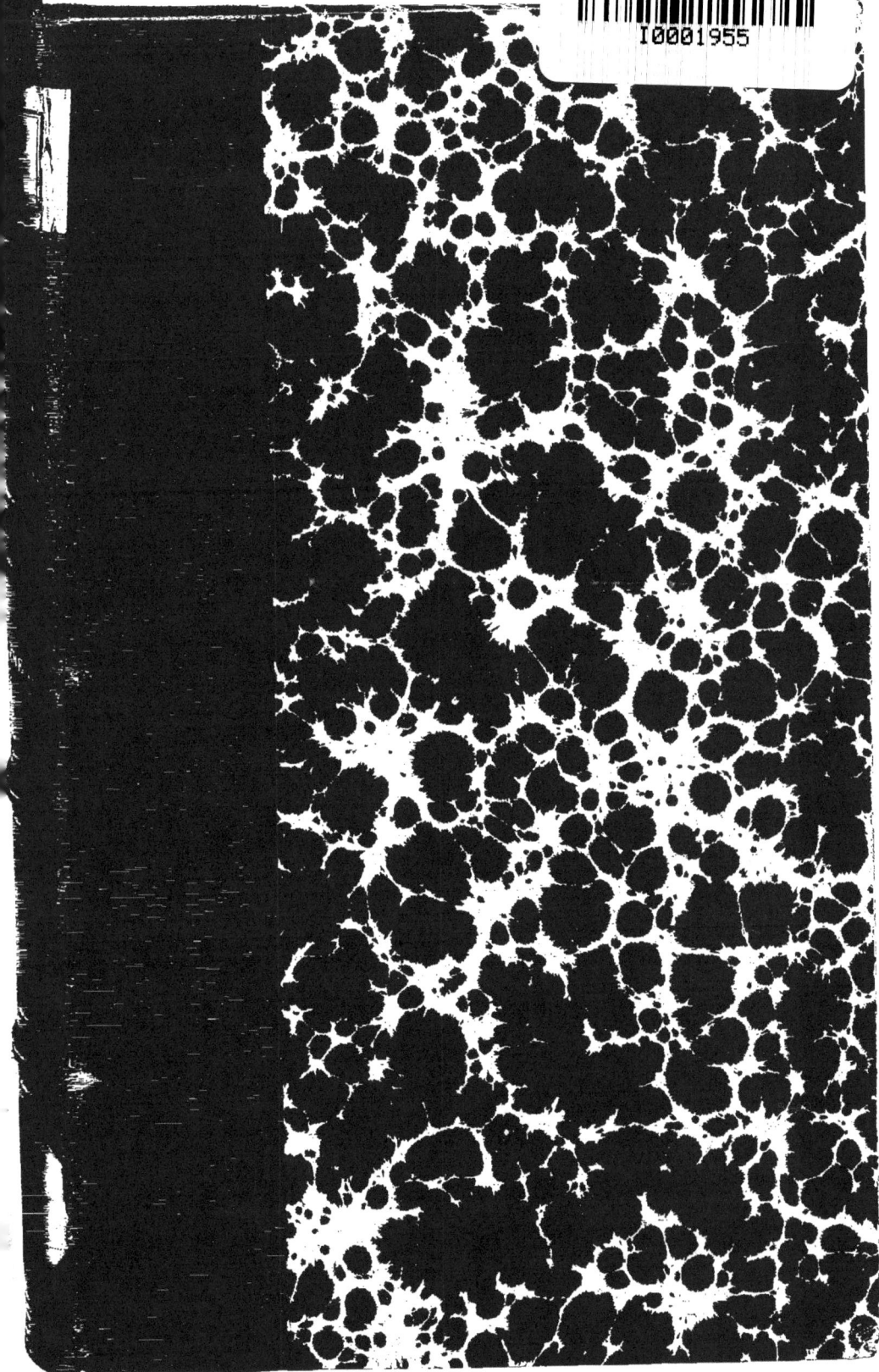

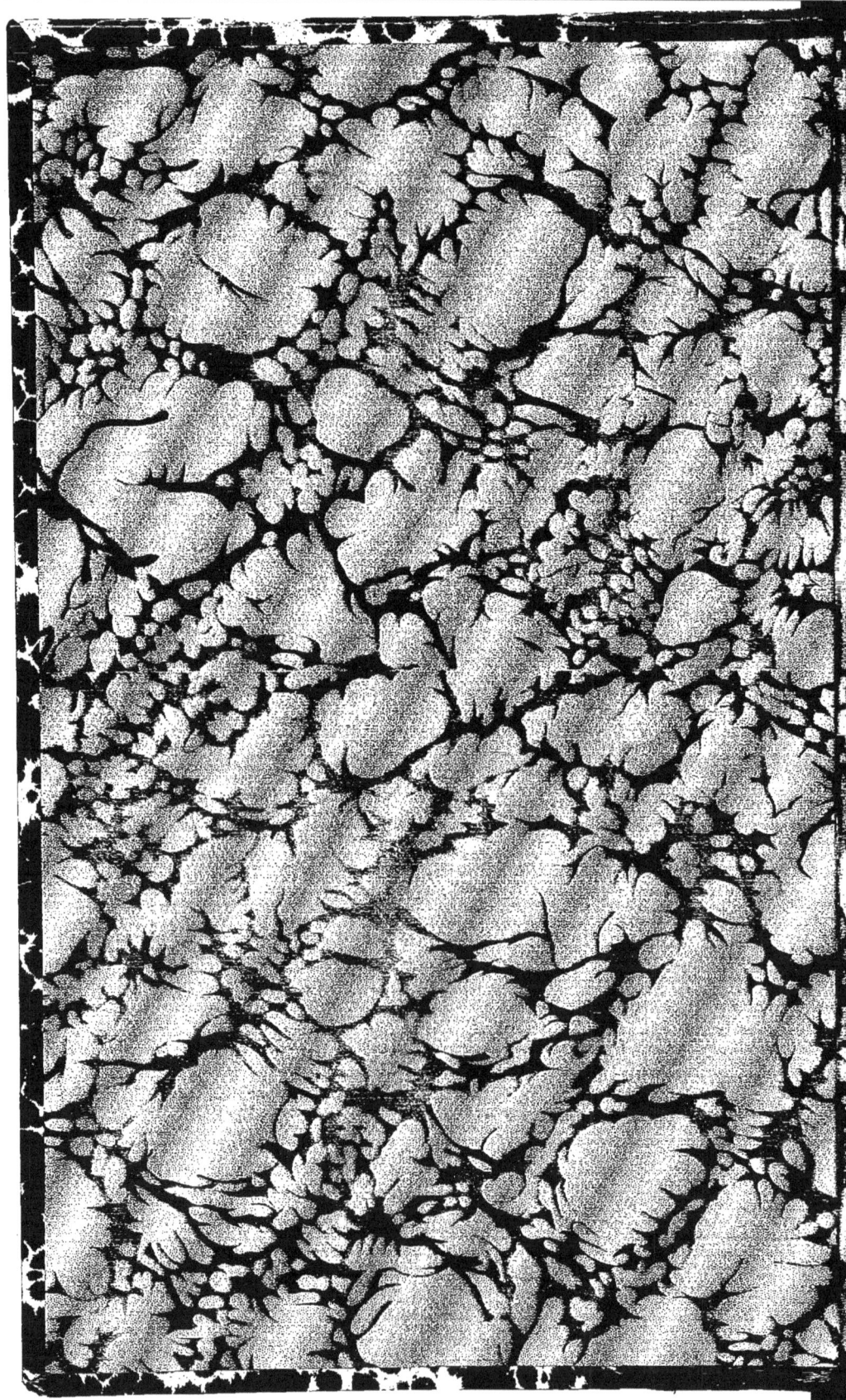

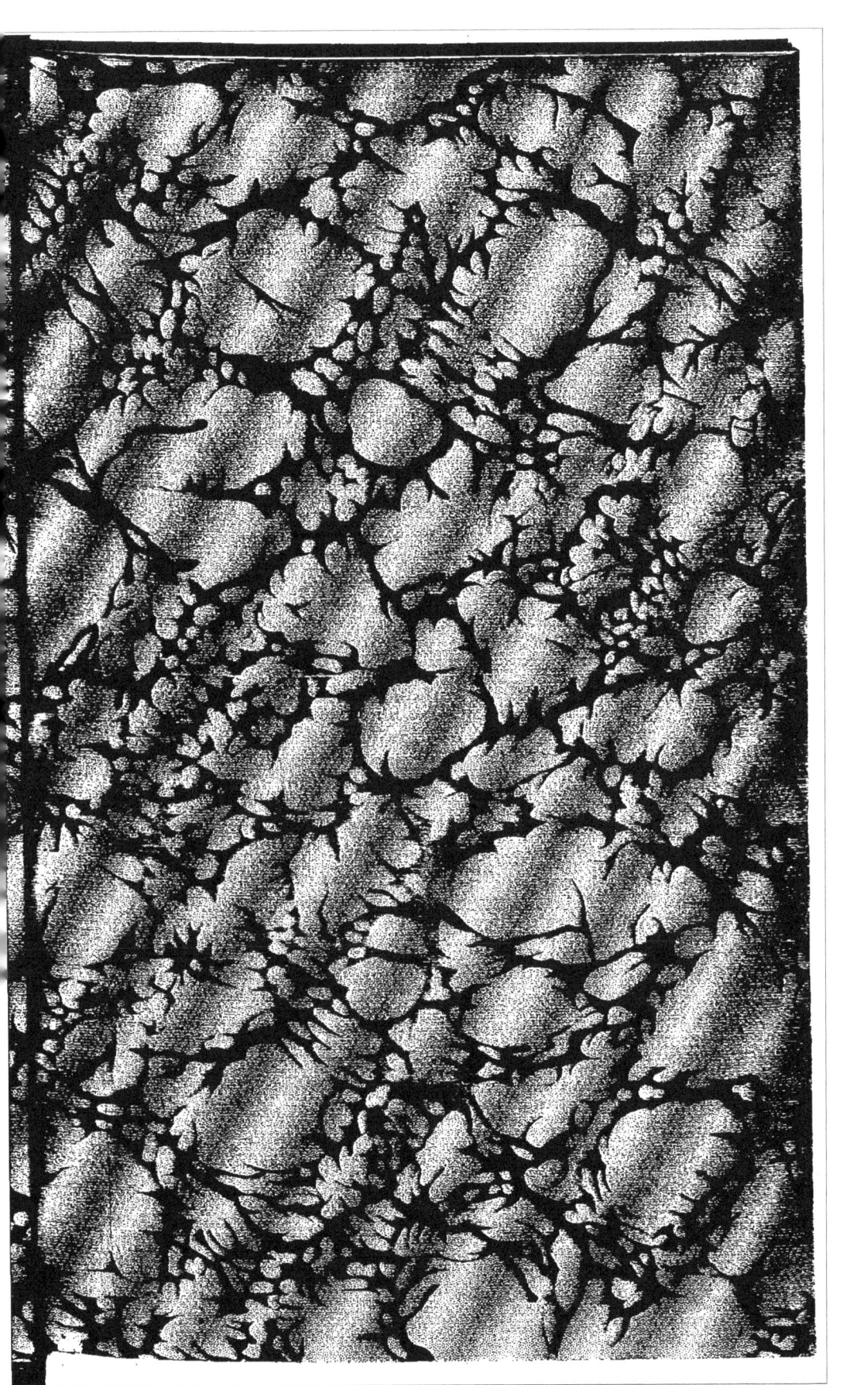

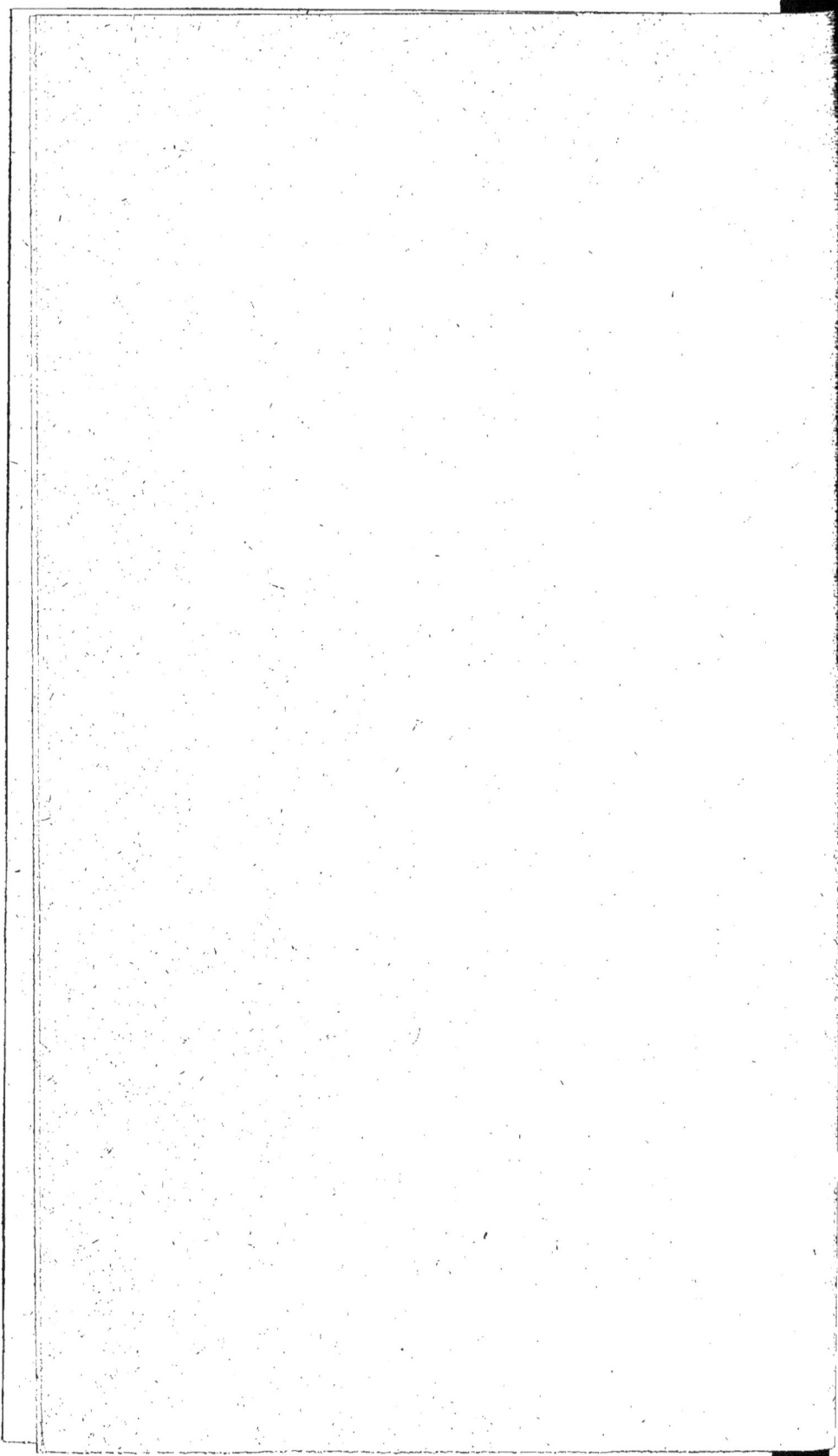

SUPPLÉMENT

AUX ÉLÉMENTS

DE

DROIT PUBLIC

ET ADMINISTRATIF,

SUIVI

D'UN APPENDICE

CONTENANT LE TEXTE DE LA CONSTITUTION DE 1848, ET LES PRINCIPAUX
DÉCRETS, LOIS ET RÈGLEMENTS PUBLIÉS DEPUIS LA RÉVOLUTION.

PAR E.-V. FOUCART,

PROFESSEUR DE DROIT ADMINISTRATIF ET DOYEN DE LA FACULTÉ DE DROIT DE POITIERS.

PARIS,

VIDECOQ FILS, LIBRAIRE-ÉDITEUR,

PLACE DU PANTHÉON, 3, PRÈS LA FACULTÉ DE DROIT.

1er MAI 1850.

F

SUPPLÉMENT

AUX ÉLÉMENTS

DE

DROIT PUBLIC

ET ADMINISTRATIF.

Poitiers. — Imp. de A. Dupré.

SUPPLÉMENT

AUX ÉLÉMENTS

DE

DROIT PUBLIC

ET ADMINISTRATIF,

SUIVI

D'UN APPENDICE

CONTENANT LE TEXTE DE LA CONSTITUTION DE 1848, ET LES PRINCIPAUX
DÉCRETS, LOIS ET RÈGLEMENTS PUBLIÉS DEPUIS LA RÉVOLUTION.

PAR E.-V. FOUCART,

PROFESSEUR DE DROIT ADMINISTRATIF ET DOYEN DE LA FACULTÉ DE DROIT DE POITIERS.

PARIS,

VIDECOQ PÈRE ET FILS, LIBRAIRES-ÉDITEURS,

PLACE DU PANTHÉON, 3, PRÈS LA FACULTÉ DE DROIT.

1er MAI 1850.

AVIS.

La révolution de 1848 rendait nécessaire *un supplément* à la 3ᵉ édition de nos *Éléments de Droit public et administratif*, qui mît cet ouvrage en harmonie avec la Constitution et les lois nouvelles. Une fois le projet du supplément arrêté, il fallait y comprendre les lois qui ont été rendues de 1843 à 1848; on ne pouvait négliger non plus d'indiquer les principaux changements intervenus dans la jurisprudence de la cour de cassation et du conseil d'État. Ces différentes conditions à remplir nous ont imposé un travail dont nous étions loin de prévoir la difficulté et l'étendue.

Nous avons résumé les principes de droit public républicain inauguré par la Constitution de 1848, fait connaître l'*organisation* et les *attributions du pouvoir législatif*, du *pouvoir exécutif*, du *conseil d'État*, de la *section du contentieux*, du *tribunal des conflits*, etc.; nous avons analysé les lois et décrets sur les *élections*, la *naturalisation*, l'*état de siége*, les *associations*, la *liberté d'enseignement*, etc. Parmi les lois antérieures à 1848, nous avons analysé celles sur la *chasse, du 3 mai 1844*; sur les *brevets d'invention et de perfectionnement, du 5 juillet 1844*; sur les *patentes, du 25 avril 1845*; sur la *police des chemins de fer, du 15 juillet 1845*, etc., etc. Enfin nous avons donné dans l'Appendice le texte même de la Constitution et des lois, décrets et règlements les plus importants rendus depuis la révolution. (*V.* la table de l'Appendice.)

1ᵉʳ mai 1850.

E.-V. F.

ÉLÉMENTS

DE

DROIT PUBLIC

ET ADMINISTRATIF.

SUPPLÉMENT A LA 3e ÉDITION.

AVANT-PROPOS.

BUT DE CE SUPPLÉMENT.

Depuis la publication de notre dernière édition,
de graves événements politiques se sont accomplis ;
une révolution nouvelle a changé la forme du gouvernement, et a substitué la république à la monarchie
constitutionnelle. Les faits sont présents à tous les
esprits ; il suffit de rappeler quelques dates pour rat-
tacher historiquement le nouvel ordre de choses à
l'ancien.

1

24 *février* 1848. — Abdication du roi Louis-Philippe, motivée par une insurrection, avec désignation de la duchesse d'Orléans comme régente du comte de Paris, appelé au trône par la déclaration du 7 août 1830.

Envahissement de la chambre des députés. — Création d'un gouvernement provisoire. (*Voir* le *Moniteur* du 25 février.)

24 *février*. — Proclamation du gouvernement provisoire, qui déclare vouloir la république, sauf ratification par le peuple, qui sera immédiatement consulté.

5 *mars*. — Décret de convocation des assemblées électorales de canton pour élire des représentants du peuple par le suffrage direct et universel.

4 *mai*. — Proclamation de l'assemblée nationale constituante, qui ratifie la déclaration de la république faite le 24 février par le gouvernement provisoire.

9 *mai*. — Décret de l'assemblée nationale constituante, qui confie le pouvoir exécutif à une commission de cinq membres.

24 *juin*. — Décret qui délègue tous les pouvoirs exécutifs au général Cavaignac, par suite des circonstances critiques dans lesquelles l'insurrection place la France.

10 *novembre*. — Constitution de la république.

12 *novembre*. — Promulgation solennelle de la Constitution à Paris.

19 *novembre*. — Promulgation dans toutes les autres communes de France.

20 *décembre*. — Proclamation de Charles-Louis-Napoléon Bonaparte, nommé président de la république jusqu'au deuxième dimanche de mai 1852 par le résultat du scrutin ouvert dans toute la France.

Ces événements nous imposent le devoir de mettre en harmonie avec la législation nouvelle l'ouvrage que nous avons surtout destiné à l'enseignement ; ce devoir, nous venons le remplir au moyen d'un supplément qui contiendra non-seulement l'exposé de la Constitution et des lois nouvelles, mais encore l'analyse des lois antérieures à la révolution, mais postérieures à la publication de notre dernière édition, qui ont modifié des matières du droit administratif. La nouvelle constitution et les lois les plus importantes seront insérées dans un appendice auquel renvoient les notes du texte marquées d'un astérisque (*).

(Ce qui va suivre remplace les numéros 52 à 82, qui contenaient l'exposé du système monarchique constitutionnel d'après la charte de 1830. Ces passages n'ont plus aujourd'hui qu'un intérêt historique et scientifique.)

DROIT PUBLIC RÉPUBLICAIN.

SOMMAIRE.

§ 1er. — Principes généraux.

1. *Lois divines reconnues par la Constitution de 1848 comme base des lois humaines.*
2. *Droits et devoirs reconnus et proclamés par la Constitution.*
3. *Adoption de la forme républicaine, démocratique, une et indivisible. — Caractères de cette forme de gouvernement.*
4. *Droits naturels garantis à tous les êtres humains.*
5. *Liberté, égalité, propriété.*
6. *Droits politiques attribués à tous les hommes âgés de 21 ans.*
7. *Division du pouvoir.*

§ II. Du pouvoir législatif.

§ III. Du pouvoir exécutif.

§ Ier. Principes généraux.

1. Nous avons dit, dans nos Éléments (n° 2), qu'il existe au-dessus de toutes les lois positives des lois que l'homme n'a pas faites; que ces lois, émanées de Dieu même, sont manifestées à l'homme par sa raison, confirmées par la révélation chrétienne, et qu'elles doi-

vent servir de base à toute législation humaine. L'Assemblée nationale constituante a reconnu ces grandes vérités en proclamant, *en présence de Dieu* et au nom du peuple français, qu'il existe des droits et des devoirs *antérieurs* et *supérieurs* aux lois positives. (Préambule, art. 3*.)

2. Faisant application du système spiritualiste qu'elle vient de proclamer, la Constitution déclare que la république a pour principes la liberté, l'égalité, la fraternité; et pour bases, la famille, le travail, la propriété, l'ordre public. (*V*. Préamb., art. 4*.)

Elle trace le tableau des *devoirs* réciproques qui obligent les citoyens envers la république, et la république envers les citoyens. (*V*. Préamb., art. 6, 7, 8 *.)

Elle pose en principe, quant au droit public externe, le respect des nationalités étrangères (*V*. Préamb., art. 5*);

Quant au droit public interne, la marche pacifique de la société vers un degré toujours plus élevé de moralité, de lumières et de bien-être. (Préamb., art. 1*.)

3. Comme meilleur moyen pour arriver à ce grand résultat, la Constitution confirme l'adoption de la forme républicaine :

« La France s'est constituée en république; — la » république française est démocratique, une et indi- » visible. » (Préamb., 1, 2*.)

Ce qui nous paraît caractériser le gouvernement républicain dans son expression la plus complète, c'est la réunion de ces deux principes posés par les art. 1 et 18 de la Constitution :

1° La souveraineté réside chez tous les citoyens;

2° Elle ne peut jamais être déléguée que temporairement.

Ainsi, suffrage universel et délégation temporaire

des pouvoirs , telles sont les conditions du gouvernement républicain , qui n'a jamais été organisé d'une
manière aussi large que de nos jours. En effet , les
républiques de l'antiquité refusaient non-seulement la
qualité de citoyen, mais encore le nom d'homme et les
droits naturels aux individus de la classe la plus nom-
breuse de la société, soumise au plus rude esclavage ;
les républiques italiennes du moyen âge étaient gou-
vernées par des corps privilégiés qui s'étaient emparés
du pouvoir. La république française, au contraire, est
vraiment *démocratique*, puisque tous les citoyens sont
égaux devant la loi ; qu'ils participent tous également
aux droits politiques.

Cette forme de gouvernement suppose, dans la
grande majorité des citoyens, *moralité, intelligence* et
dévoûment.

Moralité, car, chaque individu influant sur la législation par le choix des législateurs , et chacun appréciant les autres d'après soi-même, une majorité immo-
rale produirait un corps législatif à son image, et de
cet organe inspiré par de mauvaises passions sortiraient
nécessairement de mauvaises lois.

Intelligence, car il ne suffit pas de vouloir le bien , il
faut encore pouvoir discerner les moyens de le produire, et savoir choisir au milieu des luttes électorales
l'homme qui représente le mieux les intérêts qu'on
veut défendre, les idées qu'on veut faire prévaloir.

Dévoûment, car, les intérêts de la société étant entre
les mains de chacun , si les individus ne sont pas dis-
posés à faire au bien public le sacrifice de leur intérêt
personnel , la société périt victime de ses propres
membres. Montesquieu l'a dit depuis un siècle : le
principe du gouvernement républicain , c'est la *vertu*.

L'article 11 ajoute que la république est *une* et *indivisible*, c'est-à-dire qu'à la différence des États-Unis

et de la Suisse, qui sont des fédérations de républiques conservant leur souveraineté individuelle en tout ce qui n'est pas dominé par le principe fédéral, la France ne forme qu'*un État* soumis à la *même loi*, gouverné par *un seul* chef. (*V.* l'art. 10 du décret du 11 août 1790, qui a établi l'unité française en abolissant les priviléges particuliers des provinces, villes, etc.) Ainsi la république française diffère des républiques de l'antiquité et du moyen âge par l'*égalité;* des républiques suisse et américaine, par l'*unité.*

4. Il y a des droits qui sont indépendants des distinctions d'âge, de sexe et de capacité, et qui doivent être garantis à tous ceux qui font partie du genre humain. Le chapitre 2 de la Constitution est consacré à l'énumération de ces droits, qui peuvent se résumer dans ces trois mots : *Liberté*, *Égalité*, *Propriété.*

Liberté. Nous avons défini la *liberté*, avec l'illustre et infortuné Rossi, « *l'exercice des facultés de l'homme mises en harmonie avec les nécessités et les exigences légitimes du corps social.* » (Éléments, t. 1, p. 17.)

5. L'esclavage, chassé des pays civilisés de l'Europe par le christianisme, existait encore dans les colonies; sa suppression définitive, adoptée en principe depuis longtemps, et qu'une série de mesures devait amener graduellement, a été décrétée par le gouvernement provisoire le 27 avril 1848* et confirmée par l'art. 6 de la Constitution.

La privation de la liberté peut être la conséquence d'une peine prescrite par la loi et prononcée par les tribunaux. Elle peut aussi avoir lieu préventivement, en vue d'une instruction criminelle, suivant les formes et dans les cas prévus par la loi. (Const., art. 2*.) La liberté de l'individu entraîne l'inviolabilité du domicile, laquelle, comme la liberté elle-même, doit céder

devant les nécessités sociales déterminées par la loi.
(Const., art. 3*.)

La liberté doit exister surtout pour les manifestations
de la pensée dans la sphère religieuse ou intellectuelle.
Chacun professe librement sa religion et reçoit de
l'État, pour l'exercice de son culte, une égale protection (Const., art. 7*). La communication de la pensée
par la voie de la presse ou autrement n'a pour limites
que les droits et la liberté d'autrui et la sécurité publique, et, dans aucun cas, elle ne peut être soumise à
la censure (Const., art. 8*). L'enseignement est libre,
et cette liberté s'exerce selon les conditions de capacité
et de moralité déterminées par les lois, et sous la surveillance de l'État (Const., art. 9*). Enfin les citoyens
ont le droit de s'associer, de s'assembler paisiblement
et sans armes, et d'adresser des pétitions au pouvoir
législatif, sous les conditions prescrites par les lois.
(Const., art. 8*) (1).

La liberté du travail et de l'industrie, entravée avant
1789 par des institutions qu'on avait détournées de
leur véritable but, est garantie aux citoyens. (Const.,
art. 13*.)

Égalité. L'égalité devant la loi consiste dans la suppression de tous les priviléges. « Sont abolis à toujours,
dit l'art. 10, tous titres nobiliaires, toutes distinctions
de naissance, de classe ou de caste. » Les citoyens sont
également admissibles à tous les emplois publics, sans
autre motif de préférence que leur mérite et suivant
les conditions fixées par les lois (Const., art. 10*.)
L'égalité doit exister aussi dans les charges; l'impôt

_____

(1) *Voir* le décret du 28 juillet 1848 sur les clubs, et celui du 19 juillet
1849, qui autorise le gouvernement à interdire pendant un an les clubs et
autres réunions politiques de nature à compromettre la sécurité publique, et
prescrit de présenter dans l'année un projet de loi qui, en interdisant les
clubs, réglera l'exercice du droit de réunion.

étant établi pour l'utilité commune, chacun y contribue en proportion de ses facultés et de sa fortune. (Const., art. 15 *.)

C'est encore une conséquence de l'égalité qui existe aujourd'hui entre les citoyens, qu'aucun d'eux ne puisse être distrait de ses juges naturels, et qu'il soit interdit de créer des tribunaux extraordinaires. (Const., art. 4 *.)

Propriété. La Constitution reconnaît l'inviolabilité de la propriété individuelle; elle permet toutefois d'en exiger le sacrifice pour cause d'utilité publique légalement constatée, moyennant une juste et préalable indemnité. (Const., art. 11*.) C'est comme conséquence de ce principe que l'article 12 confirme l'abrogation de la confiscation des biens, et que l'article 14 garantit la dette publique et déclare inviolable toute espèce d'engagement pris par l'État avec ses créanciers.

L'art. 16 rappelle le vieux principe que l'impôt ne peut être établi ni perçu qu'en vertu d'une loi.

Enfin, la Constitution ratifie le vœu de la suppression de la peine de mort en matière politique, formulé par le gouvernement provisoire dans sa déclaration du 26 février 1848. (Art. 5 *.)

Les droits garantis par la Constitution ne sont pas illimités. L'exercice en est régularisé et restreint, dans l'intérêt social, par des lois que nous avons examinées dans des titres spéciaux. (*V*. Élém., t. 1, liv. 2, tit. 2, et le Supplément aux n°⁵ correspondants.)

6. Le droit de participer à la législation et à l'administration du pays, soit indirectement, en choisissant les membres des conseils municipaux, cantonaux, départementaux et de l'Assemblée législative, soit directement par l'éligibilité à ces différents corps, appartient à tous les Français mâles qui n'en sont pas déclarés indignes par la loi, sous les conditions d'âge, de domicile et

d'inscription qui sont ou peuvent être fixées par la loi. (*V*. Const., art. 24 * et suiv., et l. 8 févr. 1849 *.)

7. La réunion de tous les pouvoirs publics sur la même personne ou dans le même corps amènerait nécessairement la tyrannie; aussi l'art. 19 pose-t-il en principe que la séparation des pouvoirs est la première condition d'un gouvernement libre.

La Constitution subdivise le pouvoir en *législatif*, *exécutif* et *judiciaire*.

§ II. Du pouvoir législatif.

8. Le pouvoir législatif est délégué, dans les gouvernements libres, à des assemblées dans lesquelles toutes les questions sont examinées sous leurs différents aspects, et résolues après une mûre discussion. Dans la plupart des gouvernements représentatifs, aux États-Unis d'Amérique même, le corps législatif se compose de deux assemblées formées d'éléments différents. Une seconde assemblée assure un examen plus approfondi et offre une garantie contre l'entraînement et les surprises. Ce système n'a point été adopté par la Constitution, qui n'admet qu'une assemblée unique, composée de 750 représentants, y compris ceux de l'Algérie et des colonies françaises. (Const., art. 20 et 21*.) Ce nombre est porté à 900 lorsqu'il s'agit de reviser la Constitution. (Const., art. 22*.) Les représentants sont nommés directement au scrutin secret par tous les Français âgés de 21 ans et jouissant de leurs droits civils et politiques. Ils sont nommés pour trois ans, et indéfiniment rééligibles. (Const., art. 25-31-33 *.)

9. Tous les citoyens âgés de 25 ans sont éligibles à l'Assemblée nationale, à moins qu'ils ne se trouvent dans un cas d'*incapacité* ou d'*incompatibilité*. (Const. 26 *.)

Les incapables sont les individus privés des droits

politiques par suite des condamnations auxquelles le Code pénal ou la loi du 8 février 1849 a attaché cet effet ; les accusés contumaces, les interdits et les citoyens pourvus d'un conseil judiciaire ; les faillis non réhabilités dont la faillite a été déclarée soit par les tribunaux français, soit par des jugements rendus à l'étranger, mais exécutoires en France. (*V*. l. du 8 févr. 1849, art. 79 *.)

10. Les fonctions publiques rétribuées sont, en thèse générale, incompatibles avec le mandat de représentant du peuple, excepté lorsqu'il s'agit d'une assemblée élue pour la révision de la Constitution. (Const., articles 28 et 29 *.) Il faut excepter cependant : 1° celles qui sont énumérées dans les art. 85 et 86* de la loi électorale, et dont les titulaires habitent Paris ; 2° les citoyens chargés temporairement d'un commandement ou d'une mission extraordinaire, soit à l'intérieur, soit à l'extérieur, pourvu que la durée de cette mission n'excède pas six mois (art. 85, 86 et 87 * de la loi électorale); 3° les fonctionnaires appartenant à un corps ou à une administration dans lesquels la loi distingue l'emploi du grade. Ces fonctionnaires, quand ils sont nommés représentants, conservent leur grade tout en perdant leur position d'activité. (L. du 8 févr. 1849, art. 86, § 3 et 87 *.) Les ministres des différents cultes ne sont pas *fonctionnaires publics*, et par conséquent peuvent être membres de l'Assemblée.

Les autres fonctionnaires ne sont pas cependant incapables d'être nommés représentants, mais ils doivent donner la démission de leurs fonctions, et ils sont présumés l'avoir donnée lorsqu'ils n'ont pas fait de déclaration contraire avant leur admission comme membres de l'Assemblée.

Dans la crainte que de hauts fonctionnaires n'abusent, pour se faire nommer représentants dans le lieu où ils exercent leurs fonctions, de l'autorité dont ils sont revêtus, l'art. 82 prononce contre ceux qu'il énumère une incapacité relative qui s'oppose à leur nomination par les départements compris en tout ou en partie dans leur ressort. Cette incapacité subsiste même pendant les six mois qui suivent la cessation de leurs fonctions par démission, destitution, changement de résidence ou de toute autre manière. (L. du 8 févr. 1849, art. 82 et 83 *.)

Des incompatibilités fondées sur des motifs analogues à ceux qui éloignent les fonctionnaires publics de l'Assemblée en écartent également les individus chargés d'une fourniture pour le gouvernement ou d'une entreprise de travaux publics, les directeurs et administrateurs des chemins de fer. (L. du 8 févr. 1849, art. 84 *.)

11. Les faits qui produisent l'incapacité ou l'incompatibilité à l'égard des citoyens non élus entraînent, à l'égard des représentants, la révocation de leur mandat. Ainsi, la condamnation à une peine qui causerait l'incapacité emporte la déchéance du représentant. Cette déchéance est prononcée par l'Assemblée nationale, sur le vu des pièces justificatives. (L. du 28 févr. 1849, art. 80 *.)

Ainsi encore aucun membre de l'Assemblée nationale ne peut, pendant la durée de la législature, être nommé ou promu à des fonctions publiques salariées dont les titulaires sont choisis à volonté par le pouvoir exécutif, excepté à celles qui sont énumérées dans l'article 85 de la loi du 8 février 1849* (Const., art. 28*) (1). La nomination d'un représentant ne lui enlèverait pas sa qualité, car elle ne pourrait produire d'effet. Mais

---

(1) L'art. 89 de la loi du 8 février 1849 proroge cette incapacité pendant les six mois qui suivent la législature.

le représentant qui, pendant le cours de son mandat, entreprendrait une fourniture pour le gouvernement, accepterait une place de directeur ou d'administrateur des chemins de fer, ou même prendrait un intérêt dans une entreprise soumise au vote de l'Assemblée, serait réputé démissionnaire. Dans le cas où le représentant ne donnerait pas sa démission, la déchéance serait prononcée par l'Assemblée (arg. de l'art. 80 de la loi du 8 févr. 1849 *). La loi ajoute que tout marché passé par le gouvernement avec un membre de la législature, dans les six mois qui la suivent, est nul. Nous croyons qu'on doit conclure de même *à fortiori* à l'égard des marchés passés pendant la législature, et qui entrainent la démission de représentant.

12. L'Assemblée nationale, organe habituel de la souveraineté, a été organisée de manière à remplir cette haute mission; elle est *permanente* et renouvelée tous les trois ans de *plein droit* au jour fixé par la Constitution, s'il n'y a point une convocation spéciale (Const., art. 31 et 32 *). La nouvelle assemblée se réunit de plein droit le lendemain du jour où finit le mandat de l'ancienne. Elle ne peut être ni *dissoute* ni *prorogée* par le pouvoir exécutif (*id.* 68 *); mais elle peut se proroger elle-même après avoir nommé une commission de vingt-cinq membres chargée, avec son bureau, de surveiller les intérêts généraux pendant son absence, et de la convoquer en cas d'urgence. Le président de la république peut aussi la convoquer dans le même cas. (*Ibid.*, art. 32*.)

L'Assemblée détermine le lieu de ses séances; son président est chargé de veiller à sa sûreté intérieure et extérieure; c'est lui qui fixe en son nom l'importance des forces militaires établies pour sa sûreté, et qui en dispose. (*Ibid.*, art. 32 *, et Règl., art. 112.)

Il faut observer que les résolutions prises par l'Assemblée en vertu de l'art. 32 que nous venons de citer

ne sont pas des lois soumises aux délais de la promulgation, mais bien des actes du pouvoir exécutif réser-
vés à l'Assemblée par une disposition spéciale de la
Constitution, et qui sont exécutoires immédiatement.

13. L'Assemblée doit traiter et résoudre toutes les
questions au point de vue des intérêts généraux ; d'où
il résulte que ses membres doivent se considérer non
pas comme les représentants exclusifs d'un département,
chargés de faire prévaloir ses intérêts sur ceux du pays,
mais bien comme les représentants de la France entière,
dont le devoir est de chercher avant tout le bien général auquel les intérêts individuels doivent être subor-
donnés. (Const., art. 34*.)

L'art. 35 prohibe avec raison le mandat impératif,
c'est-à-dire l'engagement que prendrait un représentant de voter d'une certaine manière sur des questions
prévues d'avance. Un tel engagement est incompatible
avec l'esprit de nos institutions, dont le but, comme
nous venons de le dire, est de faire résoudre les questions
législatives, en vue de l'intérêt général, par des hommes
choisis comme les plus capables, entourés de tous les
documents qui peuvent produire la lumière.

Le système du mandat impératif ne place pas la discussion dans une assemblée générale, mais dans des
assemblées locales, qui envoient à l'assemblée générale
des mandataires chargés d'exposer et de soutenir les
votes partiels. Il est praticable dans un État fédératif,
comme la Suisse, dont les différents cantons ont con-
servé leur souveraineté ; mais il serait en désaccord
avec le principe de l'unité proclamé par la Constitution française, et en contradiction avec la loi qui déclare qu'aucune discussion ne peut avoir lieu dans les
assemblées électorales. (L. 8 février 1849, 32 *.) Le
mandat impératif proposé par une réunion préparatoire électorale ou par un journal, accepté par l'am-
bition inintelligente, serait nul et annulerait, selon

nous, l'élection du représentant qui lui devrait sa nomination ; car ce représentant manquerait de liberté s'il suivait son mandat, et de loyauté s'il ne le suivait pas.

14. Il ne suffisait pas d'assurer l'indépendance de l'Assemblée, il fallait encore protéger celle de ses membres. La Constitution leur assure une inviolabilité complète et perpétuelle à l'égard des opinions qu'ils ont émises dans le sein de l'Assemblée nationale, et une garantie contre les abus possibles du pouvoir exécutif, en déclarant qu'ils ne peuvent être arrêtés en matière criminelle, sauf le cas de flagrant délit, ni poursuivis qu'après que l'Assemblée a permis la poursuite. En cas d'arrestation d'un représentant pour flagrant délit, il en est immédiatement référé à l'Assemblée, qui autorise ou refuse la continuation des poursuites. Si un citoyen, déjà détenu préventivement, était nommé représentant, la poursuite ne pourrait être continuée qu'avec l'autorisation de l'Assemblée. (Const., art. 37 *.)

La Constitution ne reproduit pas l'art. 43 de la charte constitutionnelle, qui mettait les députés à l'abri de la contrainte par corps durant la session et dans les six semaines qui la précédaient et la suivaient.

15. La disposition qui rend tous les citoyens éligibles nécessite l'allocation d'une indemnité à laquelle la Constitution défend de renoncer. (Const., art. 38 *.) Cette indemnité peut être saisie par les créanciers (l. du 28 février 1849, art. 97 *), et retenue en tout ou partie à titre de punition. (Règl. de l'Assemblée, articles 101, 124.)

16. Lorsqu'elle se réunit pour la première fois, l'Assemblée est présidée par le doyen d'âge. Les six plus jeunes représentants remplissent les fonctions de secrétaires ; il est procédé immédiatement à la nomination

d'un président et d'un vice-président provisoires. (Règl., art. 1 et 2.) Ce bureau ne reste en fonctions que pendant la vérification des pouvoirs, qui a lieu immédiatement. Dès que cette opération est terminée, l'Assemblée procède à l'élection du bureau définitif, composé d'un président, de quatre vice-présidents, de six secrétaires, élus pour trois mois, et de trois questeurs, élus pour un an. (Règl., art. 5, 6, 7 et 8.)

L'Assemblée, pour préparer les discussions, se partage en *bureaux* et en *commissions*.

Il y a quinze *bureaux*, renouvelés chaque mois par la voie du sort. (*Ibid.*, art. 9, 10 et 11.) Chaque bureau s'occupe des propositions qui lui sont renvoyées par le président, et nomme, à la majorité absolue, un de ses membres pour le représenter dans la commission, qui doit faire un rapport à la chambre.

Chaque commission choisit un rapporteur chargé de rendre compte à l'Assemblée de ses travaux. (*Ibid.*, art. 12 à 19.)

Outre ces commissions, toutes temporaires, il en est d'autres qui sont en permanence, et dont les membres sont renouvelés chaque mois dans les bureaux. Ce sont les commissions : 1° des intérêts communaux et départementaux (Règl., art. 20); 2° des pétitions (*ibid.*, art. 21); 3° de l'initiative parlementaire (*ibid.*, art. 22); 4° du budget (*ibid.*, 23 et 24); 5° des projets de crédits supplémentaires appartenant à tout exercice autre que celui réglé par la loi des comptes, ou afférents au budget (*ibid.*, art. 25 et 26); 6° des congés (*ibid.*, 98 et 99); 7° de la comptabilité de l'Assemblée (*ibid.*, art. 103 à 107). Plusieurs de ces commissions se composent de trente membres, au lieu de quinze. (Règl., art. 22, 23.)

17. Les séances de l'Assemblée sont publiques.

Néanmoins l'Assemblée peut se former en comité secret sur la demande de cinq membres au moins (Const., art. 39 *; Régl., art. 60.) La présence de la moitié plus un des membres est nécessaire pour la validité du vote des lois. (Const., art. 40 *.)

Le président ouvre la séance, dirige les délibérations, maintient l'ordre et fait observer le règlement. On peut voir, pour connaître la forme des délibérations, les art. 28 et suiv. jusqu'à l'art. 47 du Règlement.

Voici quelles sont aujourd'hui les règles relatives de la confection des lois :

18. L'art. 75 de la Constitution de 1848 veut que le conseil d'État soit *consulté* sur les projets de loi émanés de l'initiative du gouvernement, sauf les exceptions qu'il a laissé à la loi organique le soin de déterminer. Ces exceptions sont énumérées dans l'art. 1er de la loi du 3 mars 1849 *. Si le gouvernement n'observait pas cette règle, l'Assemblée renverrait à l'examen du conseil d'État les projets dont elle aurait été saisie sans que le conseil d'État eût été consulté. Quant aux projets émanés de l'initiative parlementaire, le renvoi est facultatif de la part de l'Assemblée. Enfin le gouvernement peut faire, quand il le juge convenable, proposer et rédiger les projets de loi par le conseil d'État. (Const., art. 75 *; l. du 3 mars 1849, art. 2, 3 *.) Sauf l'observation des règles ci-dessus, le gouvernement est libre de consulter qui il juge convenable pour la préparation des lois, et, par exemple, d'en charger des commissions composées d'hommes spéciaux.

19. Les projets présentés au nom du gouvernement sont l'objet d'un exposé de motifs, d'une délibération des bureaux, d'une délibération et d'un rapport d'une commission. (Régl., 61, 62 et 63.)

Les propositions formulées par écrit par les repré-

2

sentants sont remises au président, qui, après en avoir
donné connaissance à l'Assemblée, les renvoie à l'examen de la commission de l'initiative. Cette commission
doit faire un rapport dans les dix jours. L'Assemblée
délibère sur la prise en considération ; si elle est prononcée, il est donné suite à la proposition selon les
formes déjà indiquées ; dans le cas contraire, la proposition ne peut être représentée avant un délai de six
mois. Le délai est réduit à trois mois, si c'est après la
prise en considération que la proposition a été repoussée. (*Ibid.*, 74 à 79.)

20. Pour éviter l'entraînement dont une assemblée
unique est susceptible, et donner plus de maturité aux
délibérations, les projets de loi, sauf les cas d'urgence,
ne sont votés définitivement qu'après *trois délibérations*, à des intervalles qui ne peuvent pas être moindres de cinq jours. La première délibération porte spécialement sur l'ensemble du projet. Si l'Assemblée
décide qu'elle passera à une seconde délibération, elle
procède au vote de chaque article et des amendements
qui s'y rapportent. La troisième délibération, lorsque
l'Assemblée l'admet, comprend l'ensemble et les dispositions particulières du projet ; elle est suivie du
vote définitif. Si, après une des trois délibérations, le
projet est repoussé, il ne peut être reproduit avant le
délai de trois mois. (Const., art. 41 * ; Régl., art. 14
et 70.)

Cependant le budget des recettes et des dépenses, les
lois des comptes, celles portant demande de crédits
spéciaux, et les lois d'intérêt local, sont votés à la
suite d'une seule délibération, comme pour les cas où
l'urgence est déclarée. (Régl., art. 71.) (*Voir*, pour
ce qui est relatif aux amendements, les art. 65 à 70 du
Règlement.)

L'urgence peut être demandée lors de la présentation d'un projet de loi ou d'une proposition, soit par le gouvernement, soit par l'auteur de la proposition, soit par tout membre de l'Assemblée. La demande est précédée d'un exposé de motifs, et l'Assemblée décide s'il y a lieu de lui donner suite. Dans le cas de l'affirmative, la demande est renvoyée dans les bureaux, et un rapport est présenté sur l'urgence. Si, sur ce rapport, l'Assemblée reconnaît l'urgence, elle le déclare et peut passer immédiatement à la délibération. Cette délibération porte d'abord sur l'ensemble du projet ou de la proposition. L'Assemblée peut le rejeter ou passer outre. Dans ce dernier cas, la discussion continue et porte exclusivement sur chacun des articles et sur les amendements qui s'y rapportent. Enfin il est procédé au vote sur l'ensemble de la proposition. (Règl., 83 à 89 ; Const., 42 *.)

21. Il y a trois modes de votation : *par assis et levé, au scrutin public, au scrutin secret.* (Règl., art. 47.) Le vote par assis et levé est le plus ordinaire.

Le vote au scrutin public peut être demandé en toute matière par vingt membres au moins, excepté pour les questions de fixation d'ordre du jour, de rappel au règlement, de priorité, d'ajournement, de renvoi, de clôture de la discussion et de la prise en considération de la proposition d'urgence. (Règl., art. 48, 49, 51, 52, 53.) Il est obligatoire après deux épreuves douteuses, et sur les projets de loi portant ouverture de crédit, autres que ceux d'intérêt local. (*Ibid.*, art. 50.) Ce scrutin a lieu à l'aide de bulletins blancs et bleus portant les noms des représentants. Les premiers expriment l'adoption, les seconds le rejet. Les noms des votants sont insérés au *Moniteur.* (*Ibid.*, art. 53 et 54.)

Le scrutin secret est obligatoire dans tous les cas où le scrutin public peut ou doit être admis, s'il est réclamé par quarante membres. Il a lieu au moyen de boules blanches et noires. (*Ibid.*, art. 55 à 59.)

22. Les représentants peuvent interpeller les ministres; ils remettent au président une demande écrite qui explique l'objet des interpellations; le président en donne lecture à l'Assemblée, qui, après avoir entendu un des membres du gouvernement, décide, sans débat, le jour où les interpellations seront faites. La discussion est terminée soit par un ordre du jour pur et simple, soit par un ordre du jour motivé. Ce dernier ordre du jour doit être rédigé par écrit et déposé sur le bureau du président, qui en donne lecture. (Règl., art. 79 à 83.)

23. Le droit de pétition, consacré par la Constitution, est réglé par les art. 30 et suivants du Réglement. Les pétitions, rédigées par écrit et signées, sont adressées au président de l'Assemblée; il est interdit de les apporter en personne à la barre. Inscrites sur un rôle, dans l'ordre de leur arrivée, les pétitions sont renvoyées à la commission spéciale et permanente, à moins qu'elles n'aient pour objet un projet de loi soumis à l'examen d'une commission; c'est alors à cette commission qu'elles sont renvoyées par le président de l'Assemblée. Il est rendu compte des pétitions selon l'ordre de leur inscription au rôle général, à moins que la priorité n'ait été accordée à une pétition par l'Assemblée. La commission fait chaque semaine un rapport, et les pétitions qui en sont l'objet sont ou repoussées par l'ordre du jour, ou renvoyées au ministre que la matière concerne, ou déposées au bureau des renseignements. (Règl., art. 90 à 96.)

Ce qui est relatif aux congés des représentants, à la

police intérieure et extérieure de l'Assemblée, aux peines disciplinaires applicables aux représentants, et à la comptabilité, est l'objet des chapitres 10, 11, 12 et 13 du Règlement.

24. Le président de la république ne concourt pas, comme autrefois le roi, au pouvoir législatif; cependant nous avons vu qu'il y participait indirectement par l'initiative. C'est lui aussi qui est chargé de la promulgation, laquelle se fait au nom du peuple français dans le délai de trois jours, s'il s'agit d'une loi d'urgence, et dans le délai d'un mois, s'il s'agit d'une autre loi, à partir du jour où elles ont été adoptées par l'Assemblée nationale. Si le président de la république ne procédait pas à la promulgation dans ces délais, il y serait pourvu par le président de l'Assemblée. (Const., art. 56, 57 et 59 *.)

Le vote de l'Assemblée nationale suffit pour conférer à un projet le caractère obligatoire; la loi n'a donc plus besoin, comme autrefois, d'être *sanctionnée* par le chef du pouvoir exécutif. Cependant, comme le président de la république est placé de manière à bien apprécier les effets que doit produire un acte législatif, il est autorisé, s'il croit que la loi votée peut avoir des inconvénients, à demander, dans le délai de la promulgation, par un message motivé, une nouvelle délibération. L'assemblée se réunit dans ses bureaux et nomme une commission pour faire un rapport. La décision qui intervient est définitive; elle est transmise au président de la république, qui doit faire la promulgation dans le délai fixé pour les lois d'urgence. (Const., art. 58 *; Règl., art. 73.)

La promulgation résulte de l'insertion au Bulletin officiel, créé par la loi du 12 vendémiaire an IV, et la loi est réputée connue dans le département où siége le gouvernement un jour après que le Bulletin a été reçu de l'imprimerie nationale par le ministre de la justice, lequel doit constater sur un registre l'époque de la réception (1). Dans les autres départements, la promulgation est réputée connue après l'expiration du même délai, augmenté d'autant de jours qu'il y a de fois 10 myriamètres entre la ville où la promulgation a été faite et le chef-lieu de chaque département. (*Voir* le tableau des distances annexé à l'arrêté du 25 thermidor an XI.) (C. civ., art. 1er; ordonn. du 27 nov. 1816.)

Les lois sont aujourd'hui ainsi intitulées : « L'Assemblée nationale législative a adopté la loi dont la teneur suit. » Elles se terminent par ces mots : « Délibéré en séance publique, a Paris, le..., etc. » Suivent les signatures du président et des secrétaires de l'Assemblée. La formule de promulgation est ainsi conçue : « La présente loi sera promulguée et scellée du sceau de l'État. » Viennent ensuite les signatures du président de la république et d'un des ministres.

Dans le cas où il est nécessaire d'accélérer l'exécution de la loi, elle peut être envoyée directement aux préfets, lesquels prennent immédiatement un arrêté par lequel ils ordonnent que la loi sera imprimée et affichée partout où besoin sera. La loi alors devient exécutoire à compter du jour où les préfets ont rempli cette formalité, c'est-à-dire le lendemain de l'affiche. (Ord. du 27 mars 1816, du 18 janv. 1817.)

25. Nous venons de parler de la préparation, de l'initiative, de la discussion, du vote et de la promulgation de la loi, suivant la Constitution de 1848. Nous

---

(1) L'avis du conseil d'État du 24 février 1817 déclare qu'il faut un jour franc; qu'ainsi, lorsque la date de la réception du Bulletin est le 1er, la loi n'est exécutoire que le 3 au plus tôt.

renvoyons au § 4 du chapitre 2 des *Éléments*, nᵒˢ 82 à 86, pour ce qui est relatif à *l'abrogation* de la loi; les principes, sur cette matière, n'ont pas changé.

Nous devons cependant indiquer les règles relatives aux modifications à faire à la Constitution. L'Assemblée nationale législative, qui a le droit de faire, de modifier et d'abroger les lois, ne peut toucher à la Constitution. Les modifications à la loi fondamentale de notre droit public ne peuvent être faites que par une assemblée spéciale, convoquée sur le vœu émis par l'Assemblée nationale dans la dernière année de sa législature. Ce vœu ne peut être converti en résolution qu'après trois délibérations consécutives, prises chacune, à un mois d'intervalle, aux trois quarts des suffrages exprimés par cinq cents membres au moins. L'assemblée de révision n'est nommée que pour trois mois; elle ne doit s'occuper que de la révision pour laquelle elle est convoquée : elle peut cependant, en cas d'urgence, pourvoir aux nécessités administratives. (Constitution, art 111 *.)

§ III. Pouvoir exécutif.

26. Le pouvoir exécutif est confié aujourd'hui à un président élu au scrutin secret, à la majorité absolue des votants, et pour quatre années, par le suffrage direct des électeurs de la France et de l'Algérie. (Const., art. 43, 45 et 46 *.) Cependant, si aucun candidat n'avait obtenu plus de la moitié des suffrages exprimés, et au moins deux millions de voix, ou si les conditions d'aptitude dont nous allons parler n'étaient pas accomplies, ce serait l'Assemblée nationale qui nommerait le président de la république, à la majorité absolue et au scrutin secret, parmi les cinq candidats éligibles

qui auraient obtenu le plus de voix. (*Ibid.*, art. 47 *.)

Les conditions pour être nommé président sont : d'être né Français et de n'avoir jamais perdu cette qualité; d'être âgé de trente ans au moins, et de ne pas se trouver au nombre des personnes déclarées inéligibles. Ces personnes sont : le président et le vice-président sortant de charge, les parents ou alliés du président jusqu'au sixième degré inclusivement. Ces incapacités durent quatre années. (*Ibid.*, art. 45 *.)

L'élection du président a lieu de plein droit à l'époque fixée par la Constitution, le deuxième dimanche du mois de mai. Si la présidence devenait vacante par décès, démission ou autrement, il serait procédé dans le mois à une élection nouvelle. Mais, dans ce cas, les pouvoirs du président nouvellement élu n'en expireraient pas moins le deuxième dimanche du mois de mai de la quatrième année qui suivrait son élection. (*Ibid.*, art. 46 *.) Les procès-verbaux des opérations électorales sont transmis à l'Assemblée nationale, qui statue sur la validité de l'élection et proclame le président. (*Ibid.*, art. 47 *.) Celui-ci prend possession de ses fonctions en venant prêter au sein de l'Assemblée nationale le serment de rester fidèle à la République démocratique, une et indivisible, et de remplir tous les devoirs que lui impose la Constitution. (*Ibid.*, art. 48 *.)

27. Sous la monarchie constitutionnelle, le roi était inviolable; ses ministres seuls étaient responsables de ses actes, lesquels n'avaient de valeur qu'autant qu'ils étaient contre-signés par l'un d'eux. Sous l'empire de la Constitution de 1848, le président et les ministres sont responsables, chacun en ce qui le concerne, de tous les actes du gouvernement et de l'administration. La conséquence de cette modification dans notre droit public est de donner au président une plus grande

part dans la direction des affaires publiques que celle attribuée au roi par le régime constitutionnel. Ainsi, on ne pourrait appliquer au président le système politique qu'on formulait en ces mots : *le roi règne et ne gouverne pas*. Aujourd'hui le gouvernement du président, responsable de ses actes, est beaucoup plus personnel que ne l'était celui du roi, qui se trouvait abrité derrière la responsabilité de son cabinet.

Le président présente chaque année, par un message à l'Assemblée nationale, l'exposé de l'état général des affaires de la république. (*Ibid.*, art. 52*.) Nous avons vu plus haut qu'il jouissait du droit de faire des propositions de loi (*id.*, art. 49*), et qu'il était chargé de promulguer celles que l'Assemblée avait adoptées (*id.*, art. 56 à 60*); enfin il surveille et assure l'exécution des lois. (*Id.*, art. 49*.) Il négocie et ratifie les traités; mais c'est l'Assemblée qui les rend définitifs par son approbation (*id.*, art. 13*); il veille à la défense de l'État, mais il ne peut entreprendre aucune guerre sans l'autorisation de l'Assemblée. (*Id.*, art. 54*.) Il dispose de la force armée, mais il ne peut jamais la commander en personne. (*Id.*, art. 50*.) Il ne peut céder aucune portion du territoire, ni dissoudre ni proroger l'Assemblée nationale, ni suspendre en aucune manière l'empire de la Constitution et des lois. (*Id.*, art. 51*.)

Le président, responsable de l'exécution des lois et des actes du gouvernement et d'administration, doit avoir le droit de choisir et révoquer ses auxiliaires : il nomme et révoque en conseil de ministres ses principaux agents énumérés dans le § 2 de l'article 64 de la Constitution; il nomme et révoque, sur la proposition du ministre compétent, dans les conditions réglementaires déterminées par la loi, les agents secondaires du gouvernement. (*Id.*, art. 64*.) Quant aux agents du pouvoir exécutif élus par les citoyens; il a le droit de les suspendre pour un terme qui ne peut excéder trois mois ; il peut aussi les révoquer, mais conformément à l'avis du conseil d'État. (*Id.* , art. 65 *.) Il peut sous la même condition dissoudre les conseils généraux, cantonaux et municipaux. (*Id.* , art. 80 *.)

28. Le nombre et les attributions des ministres sont fixés par le pouvoir législatif. (*Ibid.*, art. 66 *.) Les ministres choisis par le président doivent contre-signer tous ses actes pour les rendre valables, à l'exception de ceux par lesquels ils sont nommés et révoqués. Le contre-seing engage la responsabilité du ministre signataire. (*Ibid.*, art. 67 *.) Les ministres, lors même qu'ils sont choisis en dehors de l'Assemblée, sont admis dans son sein, et entendus toutes les fois qu'ils le demandent. Ils peuvent aussi se faire assister de commissaires nommés par un décret du président.

29. On a voulu protéger spécialement l'existence et l'indépendance du pouvoir législatif contre les attaques possibles du pouvoir exécutif. Toute mesure par laquelle le président dissoudrait l'Assemblée, la prorogerait ou mettrait obstacle à l'exercice de son mandat, est déclarée crime de haute trahison. Par ce seul fait, le président est déchu de ses fonctions ; les citoyens sont tenus de lui refuser obéissance ; le pouvoir exécutif passe de plein droit à l'Assemblée ; les juges de la haute cour se réunissent immédiatement à peine de forfaiture ; ils convoquent les jurés dans les lieux qu'ils désignent pour procéder au jugement du président et de ses complices ; ils nomment eux-mêmes les magistrats chargés de remplir les fonctions du ministère public. (Const., art. 68 *.)

30. Le président représente la France à l'extérieur et à l'intérieur. Il reçoit un traitement de six cent mille

francs ; il est logé aux frais de la république et doit
résider dans le lieu où siége l'Assemblée nationale, et
ne peut sortir de la France continentale sans une loi.
Les envoyés, les ambassadeurs sont accrédités auprès
de lui ; enfin il préside aux solennités nationales. (Const.,
art. 60 à 64*.)

31. Le principe de l'élection populaire n'a pas été
admis pour le vice-président. Il est nommé par l'Assemblée nationale, sur la présentation de trois candidats
faite par le président dans le mois de son élection. Il
ne peut être choisi parmi les parents ou alliés du
président jusqu'au sixième degré inclusivement. Il prête
le même serment que le président. (*Ibid.*, art. 70*.) Les
fonctions ordinaires du vice-président sont de présider
le conseil d'État ; ses fonctions extraordinaires sont de
remplacer le président en cas d'empêchement, et
d'exercer toutes ses fonctions dans le cas de vacance ;
mais il doit, dans ce cas, convoquer les assemblées
électorales dans le mois. (*Ibid.*, art. 70*.)

32. Les actes par lesquels le président de la république
exerce le pouvoir exécutif ont reçu la qualification de *décrets* (1) ou d'*arrêtés*. Ces deux mots sont employés indis-
tinctement dans le Bulletin des Lois, sans qu'on trouve

(1) Depuis 1789 le mot *décret* a signifié tantôt un acte du pouvoir législatif, tantôt un acte du pouvoir exécutif. Il reçoit le premier sens dans les
constitutions du 3 septembre 1791 (*v.* ch. 3, § 2 et 3), du 5 fructidor an III
(art. 92). Cependant on le voit quelquefois, dans le Bulletin officiel, en tète
d'actes du pouvoir exécutif. — A partir de la constitution du 22 frimaire
an VIII, il est remplacé par le mot *loi ;* les actes du pouvoir exécutif sont
qualifiés d'*arrêtés ;* mais, après le sénatus-consulte organique du 28 floréal
an XII, qui établit le gouvernement impérial, le mot *décret* remplace le mot
arrêté. On sait que l'empereur rendit, sous le titre de *décrets,* de véritables
lois. (*V. Elém.*, n° 99.) — Le nom d'*ordonnance* a été donné aux actes du
pouvoir exécutif pendant la monarchie constitutionnelle de 1814 à 1848. La
qualification de décret reparaît avec le gouvernement provisoire ; elle indique
un acte législatif ; elle garde ce sens jusqu'à la publication de la constitution de
1848, et depuis cette époque on ne la trouve plus dans le Bulletin qu'avec le
sens que nous lui donnons ici.

de différence entre les actes qu'ils qualifient (1); ils ont la même signification que le mot *ordonnance* sous la monarchie constitutionnelle.

Tout ce que nous avons dit dans les *Éléments de droit public*, à partir du n° 95, sur le droit de faire des ordonnances, leurs différentes espèces, leurs formes, leur publicité, les moyens de s'opposer aux ordonnances inconstitutionnelles, reçoit encore son application aux décrets ou arrêtés, sauf les modifications suivantes :

1° Le conseil d'État prépare les règlements d'administration publique; il fait seul ceux de ces règlements à l'égard desquels l'Assemblée nationale lui donne une délégation spéciale. (Const., art. 75*. L. du 3 mars 1849, art. 45, § 1*.)

Dans le premier cas, le projet peut être modifié par le pouvoir exécutif; dans le second cas, le règlement est envoyé, pour être promulgué, au président de la république, qui peut, dans le mois, par un message motivé, demander une nouvelle délibération. Le résultat de la nouvelle délibération lui est transmis, et il peut, s'il ne croit pas devoir faire la promulgation, en référer à l'Assemblée. (Régl. du 16 mai 1849, art. 28, 29*.)

2° Les décisions du conseil d'Etat rendues en matière contentieuse n'ont plus le nom et la forme d'ordonnances ou de décrets; ce sont aujourd'hui de véritables arrêts. (L. du 3 mars 1849, art. 6*.)

3° Les décrets ou arrêtés sont intitulés du nom du président de la république, signés de lui et contre-signés par un ministre. (Const., art. 67*.) Ils mentionnent l'intervention du conseil d'Etat, dans les cas où la loi l'exige.

---

(1) Le mot *arrêté* avait le même sens sous le gouvernement provisoire. En donnant le nom de *décret* aux actes du président de la république, il aurait été plus convenable de réserver la dénomination d'*arrêté* aux actes des ministres, des préfets et des maires. (*V. Elém.*, n° 103.)

33. Le droit de grâce, dont nous avons parlé n°s 105 à 113, est attribué, par l'article 55 de la Constitution, au président de la république ; cet article réalise le vœu que nous avions formé, n° 106 des *Éléments*, de voir l'exercice du droit de grâce entouré de garanties, en imposant au président l'obligation de prendre l'avis du conseil d'État. La demande est instruite par le ministre de la justice, qui, s'il croit qu'il y a lieu d'y donner suite, l'envoie au conseil d'État avant de la soumettre au président ; l'avis est donné sur le rapport d'une commission spéciale permanente. Le président peut, dans cette matière, ne pas suivre l'avis du conseil. (Règl. du conseil, 26 mai 1849, art. 10, n°s 1, 13, 14.)

Nous avons signalé, n° 110 des *Éléments*, la différence qui existe entre l'*amnistie* et la *grâce*, et nous avons soutenu dans le n° 111, contrairement à la jurisprudence alors en vigueur, que l'amnistie, qui est une grâce avant jugement, ayant pour effet de prévenir ou d'arrêter des poursuites prescrites par la loi dans tous les cas où un crime a été commis, ne pouvait être accordée que par une loi. C'est ce que le second paragraphe de l'article 55 de la Constitution décide aujourd'hui, conformément aux véritables principes.

Enfin le dernier paragraphe de cet article renvoie aussi au pouvoir législatif, par des raisons qu'il est facile de comprendre, la grâce du président de la république, des ministres et des personnes condamnées par la haute cour de justice.

N°s 118 à 124. (Ces numéros sont remplacés par ce qui suit.)

DU CONSEIL D'ÉTAT.

SOMMAIRE.

1. Le conseil d'État a été replacé au nombre des institutions constitutionnelles, et réorganisé sur de nouvelles bases par les articles 71 à 76 de la Constitution, et par la loi organique du 3 mars 1849 ★.

Aujourd'hui le conseil d'État participe :

Au pouvoir législatif;

Au pouvoir exécutif;

A l'autorité administrative;

A l'autorité judiciaire.

2. *Participation au pouvoir législatif.* — Tantôt il prépare et rédige les projets de loi, ce qui a lieu lorsque le gouvernement réclame son initiative (loi du

3 mars 1849, art. 3 *); tantôt il donne seulement son avis. (*V. hìc*, n° 18.)

Il rédige, sur le renvoi formel qui lui en est fait par l'Assemblée nationale, des règlements d'administration publique qui forment, comme nous l'avons dit ailleurs, une sorte de législation secondaire; et il prépare, sur le renvoi du gouvernement, les règlements que la loi ne l'a pas chargé de rédiger. (*Ibid.*, art. 4 *; Règl. du 26 mai 1849, articles 9, 15, 16 *.)

3. *Au pouvoir exécutif.* — Il donne son avis sur toutes les questions qui lui sont soumises par le président de la république. (*Ibid.*, art. 5 *.)

Son avis *doit* précéder l'exercice du droit de grâce. (Const., art. 55 *; loi du 3 mars 1849, art. 7 *; Règl., art. 10, 13, 14 *.)

C'est seulement sur son avis conforme que le président de la république peut révoquer les agents du pouvoir exécutif élus par les citoyens (Constitution, article 65 *), ou dissoudre les conseils généraux, cantonaux, municipaux. (*Ibid.*, article 80 *; Règl., articles 10, 12 *.)

4. *A l'autorité administrative.* — Il donne son avis sur toutes les questions qui lui sont soumises par les ministres; il exerce une autorité de contrôle, de surveillance et de tutelle administrative dans les cas déterminés par les lois anciennes et nouvelles. (*Ibid.*, art. 5, § dernier, et art. 9 *.) Il est impossible de faire l'énumération de toutes les attributions de cette nature, qui sont exposées dans les chapitres où il est traité des différentes matières administratives.

Il exerce une autorité de haute police administrative, en appréciant, dans un rapport qui est rendu public, les actes de tout fonctionnaire autre que le président de la république, qui lui sont dénoncés par

l'Assemblée nationale ou le président. (Const., art. 99 *;
loi du 3 mars 1849, art. 8 *; Règl., 33, 34, 35, 36 *.)

Il faut observer que tantôt l'avis du conseil d'Etat
n'est que purement consultatif; de sorte que le président de la république n'est pas tenu de le suivre; et
que tantôt il est obligatoire, en ce sens que le président ne peut pas statuer autrement : tels sont les cas
de révocation d'agents du pouvoir élus par les citoyens,
de dissolution d'assemblée départementale, etc. C'est
ce qui est exprimé par ces mots : *De l'avis du conseil
d'Etat*, lesquels sont équivalents à ceux-ci : *Conformément à l'avis du conseil d'Etat*. (Const., art. 65-80 *,
et résolution interprétative de l'Assemblée nationale
des 2 et 8 mars 1849.) Il est bien entendu, toutefois,
que, même dans ce cas, l'avis du conseil d'Etat n'impose pas au président l'obligation de suspendre ou de
révoquer, mais lui en confère seulement le droit.

5. *A l'autorité judiciaire.* — Il résout, sur la
demande des ministres, les difficultés qui s'élèvent
entre eux : 1° relativement aux attributions qu'ils
tiennent respectivement des lois; 2° relativement à l'application des lois. (Loi du 3 mars 1849, art. 5 *.)

Enfin il statue sur toutes les matières du contentieux administratif. (*Idem*, art. 6 *.) Sous ce dernier point de vue, le conseil d'Etat est un véritable
tribunal. Nous nous occuperons de son organisation
et de ses attributions en traitant *des juges administratifs*. (*V.* les modifications correspondantes au
n° 1918 des *Eléments*.)

6. Le conseil d'Etat se compose :

D'un président;

De conseillers;

Et de fonctionnaires attachés au conseil. (L. du 3
mars 1849, art. 10 et t. 3 *.)

Le président est de droit le vice-président de la république. (Const., art. 71 *.)

7. Les conseillers, au nombre de quarante, sont nommés pour six ans par l'Assemblée nationale, et renouvelés par moitié, dans les deux premiers mois de chaque législature, au scrutin secret et à la majorité absolue; ils sont indéfiniment rééligibles. (Const., art. 72 *. *V.* pour les formalités préalables à l'élection, l. du 3 mars 1849, art. 11, 12 *.)

La moitié au plus des conseillers d'Etat peuvent être élus parmi les membres de l'Assemblée nationale; ils sont immédiatement remplacés comme représentants du peuple. Les fonctions de conseillers d'Etat sont incompatibles avec tout autre emploi salarié. (Const., art. 73 *; l. du 3 mars 1849, art. 13, 15 *.)

Les membres du conseil d'Etat ne peuvent être révoqués que par l'Assemblée et sur la proposition du président de la république (Const., art. 74 *); en cas de vacance pour une cause quelconque, l'Assemblée procède, dans les trois mois, à l'élection d'un nouveau membre. (L. du 3 mars 1849, art. 14 *.)

8. Autrefois le conseil d'Etat comprenait les ministres. Des conseillers et maîtres des requêtes qui ne recevaient pas de traitement, et pouvaient être appelés à prendre part aux délibérations, formaient ce qu'on appelait le *service extraordinaire.* Cette institution offrait l'avantage d'introduire dans le conseil d'Etat des hommes ayant des connaissances spéciales sur les points en délibération. (*V.* l. du 19 juillet 1845.)

Aujourd'hui les ministres ont entrée dans le sein du conseil d'Etat et des sections de législation et d'administration, mais pour y donner des explications, et non pour y prendre part au vote. (L. du 3 mars 1849, art. 51 *.) Le service extraordinaire n'existe plus; mais

3

le conseil d'Etat et les sections de législation et d'administration peuvent appeler à assister à leurs délibérations et à y prendre part avec voix consultative les membres de l'Institut et d'autres corps savants, les magistrats, les administrateurs et tous les citoyens qui peuvent éclairer les délibérations par leurs connaissances spéciales. (L. du 3 mars 1849, art. 52 *.) On peut aussi y appeler, sur la désignation des ministres, les chefs de service des administrations publiques et tous autres fonctionnaires, pour obtenir des explications sur les affaires en délibération. (*Id.*, art. 53 *.)

9. Les fonctionnaires attachés au conseil d'Etat sont :

Vingt-quatre maîtres des requêtes;

Vingt-quatre auditeurs;

Un secrétaire général ;

Un secrétaire de contentieux.

Les maîtres des requêtes sont chargés, concurremment avec les conseillers d'Etat, du rapport des affaires, mais ils n'ont que voix consultative. Ils doivent être âgés au moins de 25 ans ; ils sont nommés par le président de la république, sur une liste de présentation double en nombre, dressée par le président et les présidents de section ; ils peuvent être révoqués par le président de la république, sur la proposition du président du conseil d'Etat et des présidents de section, par lesquels ils sont préalablement entendus. (L. du 3 mars 1849, art. 17, 18, 19 *.)

10. Les *auditeurs* sont chargés d'assister les conseillers d'Etat et les maîtres des requêtes rapporteurs dans la préparation et l'instruction des affaires. Ils ont voix consultative dans les affaires dont le rapport leur est confié. (*Ibid.*, art. 21 *.)

Les auditeurs sont nommés au concours pour quatre
années seulement. A l'expiration de ce terme, ils
cessent de plein droit leurs fonctions. (*Ibid.*, art. 22 *.)
Le corps des auditeurs est destiné à recruter l'administration supérieure; le quart des emplois de sous-préfets
est réservé aux auditeurs attachés depuis deux ans au
moins au conseil d'État, et le quart des emplois de
maîtres des requêtes est réservé aux anciens auditeurs
ayant cinq ans de service dans l'administration active.
(*Ibid.*, art. 23 *.) Il faut, pour se présenter au concours, être âgé de 20 ans au moins, et de 25 ans au
plus; les autres conditions sont déterminées par un
règlement d'administration publique, en date du
9 mai 1849 *. (*V.* à l'Appendice.) Les auditeurs ne
peuvent être révoqués que dans la forme établie pour
la révocation des maîtres des requêtes. (*Ibid.*, art. 20
et 21 *.)

11. *Le secrétaire général*, qui dirige le travail des bureaux et tient la plume aux assemblées générales, est
nommé et peut être révoqué dans la même forme que les
maîtres des requêtes. (*Ibid.*, art. 24 *.) Nous nous
occuperons du secrétaire du contentieux en traitant de
l'organisation de cette section du conseil d'État.

12. Le conseil d'État se divise en trois sections : *de
législation*, *d'administration*, *et du contentieux administratif*. (*Ibid.*, art. 26 *.)

Chaque section élit, au scrutin secret et à la majorité absolue, un président. Celui de la section de
législation remplit les fonctions de vice-président du
conseil d'État. (*Ibid.*, art. 27 *.) La section de législation forme dans son sein des commissions spéciales
permanentes ou temporaires pour l'étude préparatoire
des affaires. Elle est chargée de l'examen, de la préparation et de la délibération des matières énoncées dans

les articles 1 , 2, 3 , 4 , 7 et 8 de la loi du 3 mars 1849 *. (*Ibid.*, art. 29 et 30 *. *Voir*, pour la forme de procéder, *ibid.*, art. 32 , 33 *, et le règlement intérieur du conseil d'État, du 26 mai 1849 *.)

Sur la demande des commissions ou comités de l'Assemblée, elle désigne des conseillers ou des maîtres des requêtes pour exposer l'avis du conseil dans les comités ou commissions de l'Assemblée nationale. (*Id.*, art. 32 *.)

La section d'administration, dont les attributions sont énumérées dans l'art. 34 et dans le titre 2 du règlement du 26 mai 1849, est divisée en trois comités embrassant les différents ministères, savoir :

1° Comité de l'intérieur, de la justice, de l'instruction publique et des cultes ;

2° Comité des finances, de la guerre, de la marine ;

3° Comité des travaux publics, de l'agriculture, du commerce et des affaires étrangères. (*Ibid.*, art. 34 , 35 *.)

La section du contentieux constituant un tribunal administratif, nous en parlerons dans notre dernière partie.

13. L'assemblée générale du conseil d'État, qui se compose de toutes les sections réunies, délibère sur tous les projets de lois et sur les projets de règlements d'administration publique, sur les projets de décrets que le règlement défère à l'assemblée générale, et sur ceux qui lui sont renvoyés par les diverses sections. Elle statue aussi, mais comme tribunal de cassation, et dans l'intérêt de la loi , sur les décisions de la section du contentieux qui lui sont déférées par le ministre de la justice comme contenant excès de pouvoir ou violation de la loi. (*Ibid.*, art. 45 et 46 *; règlement du 26 mai 1849 , tit. 2 et 3 *.)

Les séances du conseil d'État en matière administrative ne sont pas publiques.

14. Le règlement du 26 mai 1849 *, fait par le conseil d'État en vertu des articles 58 et 59 de la loi organique, détermine l'ordre intérieur de ses travaux, la composition des sections et des comités, la répartition et le roulement des conseillers d'État maîtres des requêtes et auditeurs, et toutes les autres mesures de service et d'exécution. Il désigne, parmi les affaires soumises à l'examen du conseil, celles qui sont portées devant l'assemblée générale ou devant les sections, et celles qui ne sont soumises qu'à l'examen d'un comité. (*Ibid.*, art. 58 et 59*. *V.* ce règlement à l'Appendice, et notamment le titre II, qui, en donnant l'énumération des affaires soumises au conseil d'État, passe en revue toutes les matières de sa compétence.)

(Nos 124 et 125.) — *Organisation administrative.*

125. La Constitution de 1848 conserve l'organisation administrative de la loi du 28 pluviôse an VIII, à l'exception des conseils d'arrondissement, qui seront supprimés, et remplacés par des conseils cantonaux. Les membres des conseils généraux et municipaux sont nommés par le suffrage direct et universel. (Const., art. 76 à 79 *.)

La loi qui doit déterminer le mode de nomination, la composition et les attributions des conseils cantonaux n'étant pas encore rendue, les conseils d'arrondissement continuent à fonctionner. Une loi spéciale doit aussi régler le mode d'élection dans le département de la Seine, dans la ville de Paris et dans les villes de plus de vingt mille âmes. (Const., art. 79*.)

(N°s 128, 129, 130.) — *Organisation judiciaire.*

La justice est rendue gratuitement au nom du peuple par des tribunaux composés de juges inamovibles, assistés des jurés dans les matières de grand criminel, dans les délits politiques et de la presse (Const., art. 82, 83, 84, 87*); par des juges de paix amovibles (*id.*, art. 87*); par des conseils de guerre et de révision, des tribunaux maritimes, des tribunaux de commerce, des conseils de prud'hommes et d'autres tribunaux composés de juges amovibles, quelquefois temporaires, statuant sur des matières spéciales déterminées par les lois. (Const., art. 88*.) Nous n'avons pas à nous occuper ici de ces tribunaux spéciaux. Nous parlerons dans la troisième partie des tribunaux administratifs et de la *juridiction des conflits.* Ce qui est relatif à l'organisation des tribunaux de commerce viendra à propos du n° 378 des *Éléments.*

Il n'a rien été changé à la répartition des justices de paix, des tribunaux de 1re instance et des cours d'appel indiquée dans le n° 129 des *Éléments*, non plus qu'à l'organisation de la cour de cassation. (*V.* l. des 8 et 11 août 1849 sur l'organisation judiciaire, qui confirme le principe de l'inamovibilité de la magistrature, un instant méconnu par le gouvernement provisoire.) Une haute cour de justice, remplaçant la cour des pairs, juge sans appel ni recours en cassation les accusations portées par l'Assemblée nationale contre le président de la république ou les ministres, et toutes les personnes prévenues de crimes, attentats ou complots contre la sûreté intérieure ou extérieure de l'État que l'Assemblée nationale renvoie devant elle. Cette cour est composée de cinq juges nommés annuellement par la cour de cassation parmi ses membres ; elle est assistée de trente-six jurés pris parmi les membres des conseils généraux des départements. (Const., art. 91, 93 *.)

Le principe que nul ne peut être distrait de ses juges naturels, et qu'il ne peut être créé de commissions et de tribunaux extraordinaires, est reproduit par l'art. 4 de la Constitution.

Nᵒˢ 131-132.

Les principes relatifs à la force armée ont été reproduits dans les art. 101 et suivants de la Constitution. La force armée est à la disposition du président de la république, qui ne peut cependant la commander en personne. (Const., art. 50 *.) Le nombre des divisions militaires a été réduit à dix-sept au lieu de vingt, et celui des subdivisions à quarante-trois au lieu de quatre-vingt-six, par le décret des 28 avril-1ᵉʳ mai 1848.

Nᵒ 135.

Le serment politique que prêtaient les fonctionnaires de l'ordre administratif et judiciaire a été aboli par le décret du gouvernement provisoire, en date des 1ᵉʳ - 2 mars 1848. Le serment professionnel a été rétabli pour les magistrats par la loi des 8 et 11 août 1849, relative à l'organisation de la magistrature.

Nᵒ 161.

Aujourd'hui les conflits sont jugés par un tribunal spécial, composé de membres de la cour de cassation et des conseillers d'État désignés tous les trois ans, en nombre égal, par leur corps respectif, et présidé par le ministre de la justice. (Const., art. 89 *. V. les modifications correspondates aux n°ˢ 1825 et suivants des Eléments.)

N° 164.

L'Assemblée nationale peut renvoyer, selon les circonstances, les ministres inculpés, soit devant la haute cour de justice, soit devant les tribunaux ordinaires, pour réparations civiles. (Const., art. 91, 98 *.) L'examen de leurs actes peut être déféré au conseil d'État soit par l'Assemblée nationale, soit par le président de la république. (*Id.*, art. 99 *.)

N° 174.

L'exemple donné dans ce numéro doit être entendu d'après les distinctions établies par les art. 14 et 15 de la loi du 18 juillet 1848, qui autorise les citoyens à fonder, sur une simple déclaration, des cercles ou réunions non publiques, et qui n'exige d'autorisation que pour les réunions politiques.

N° 178, dernier alinéa, et n° 183.

La loi des 22 et 23 mars 1849*, modifiant l'art. 9 du Code civil, autorise l'individu né, en France, d'un étranger, à faire la déclaration prescrite par l'article 9 du Code civil, même après l'année qui suivra l'époque de sa majorité, s'il se trouve dans l'une des deux conditions suivantes : 1° s'il sert ou s'il a servi dans les armées françaises de terre ou de mer ; 2° s'il a satisfait à la loi du recrutement sans exciper de son extranéité.

N° 179.

La Constitution de l'an VIII est remplacée aujourd'hui par celle de 1848, qui déclare *électeurs*, et par conséquent *citoyens*, tous les Français âgés de 21 ans et jouissant de leurs *droits civils et politiques*, et éligibles tous les électeurs âgés de vingt-cinq ans. La loi électorale détermine les causes qui peuvent priver un citoyen du droit d'élire ou d'être élu. (Const., art. 25, 26, 27*; l. du 15 mars 1849, art. 3, 41*.)

Après le n° 182. — *Naturalisation.*

Un décret du gouvernement provisoire, en date du 28 mars 1848, a facilité la naturalisation des étrangers, en accordant la qualité de Français à tous ceux qui, résidant depuis cinq ans au moins en France, ont prouvé, par des certificats émanés des commissaires du gouvernement dans les départements, du préfet de police, ou du maire de Paris pour le département de la Seine, qu'ils étaient dignes sous tous les rapports d'être admis à jouir des droits de citoyen français. Le ministre de la justice a été provisoirement autorisé à leur accorder la naturalisation.

Le décret du 28 mars dispensait les étrangers de la déclaration de vouloir résider en France, qui, aux termes de la Constitution de l'an VIII, devait précéder la résidence; il réduisait le temps de séjour de 10 à 5 ans; il ne distinguait pas entre les droits politiques acquis aux nouveaux citoyens, de sorte que les étrangers ainsi naturalisés sont éligibles à l'Assemblée législative. Enfin il attribuait provisoirement le droit de prononcer la naturalisation au ministre de l'intérieur.

Les dispositions tout exceptionnelles de ce décret ont

été remplacées par celles de la loi du 3 décembre 1849 *,
qui constitue le dernier état du droit. Aujourd'hui,
pour obtenir la naturalisation, il faut :

1° Avoir, après l'âge de 21 ans accomplis, obtenu
l'autorisation d'établir son domicile en France, *conformément* à l'article 13 du Code civil. Toutefois les étrangers qui, avant la promulgation de la loi, ont fait la
déclaration prescrite par l'article 3 de la Constitution
de l'an VIII, sont censés avoir obtenu l'autorisation de
résider ;

2° Avoir résidé pendant 10 ans en France depuis
cette autorisation. (Décret du 3 déc. 1849, art. 1ᵉʳ, § 3
et 4 *.) Ce délai peut être réduit à une année en faveur
des étrangers qui ont rendu à la France des services
importants, ou qui ont apporté en France soit une
industrie, soit des inventions utiles, soit des talents
distingués, ou qui ont formé de grands établissements.
(*Ibid.*, art. 2 *.) La naturalisation est prononcée par
le président de la république, après enquête faite par le
gouvernement relativement à la moralité de l'étranger,
et *sur l'avis favorable* du conseil d'Etat. (*Ibid.*,
art. 1 *.)

La naturalisation donne tous les droits de citoyen, à
l'exception de celui d'éligibilité à l'Assemblée nationale,
qui ne peut être conféré que par une loi. (*Ibid.*, art. 1,
§ dernier.) Cette disposition toutefois n'a pas d'effet rétroactif ; or, aux termes des articles 25 et 26 de la
Constitution, tous les Français, sans distinction entre
ceux qui étaient nés Français ou qui l'étaient devenus,
ont été déclarés électeurs et éligibles. Le décret du 3
décembre 1849 ne peut donc s'appliquer qu'aux étrangers qui seront naturalisés à l'avenir.

No 183 (*V*. n° 178.)

N° 185.

La loi du 14 octobre 1814 est abrogée par la loi du 3 décembre 1849. Les étrangers auxquels elle s'appliquait sont aujourd'hui dans la même position que les autres étrangers, quand ils veulent obtenir l'autorisation. Mais les effets produits par cette loi continuent à subsister; par conséquent, la distinction entre les *lettres de naturalisation* et les *lettres de naturalisé*, dont il est question dans le n° 186 des *Éléments,* est encore utile à connaître.

N° 187.

Les lettres de grande naturalisation sont remplacées, pour l'avenir, à partir de la loi du 3 décembre 1849, par une loi, qui peut seule conférer à l'étranger le droit d'être élu à l'Assemblée nationale. (**L.** du 3 décembre 1849, art. 1', § 6 ★.)

Il faut ajouter au second alinéa du n° 187 des *Éléments*, que le président de la république doit être *né* Français et n'avoir jamais perdu cette qualité. (Const., art. 44★.)

Nᵒˢ 195, 196, 197, 198, 199, 200, 202, 203.

Il est traité dans ces nᵒˢ de quatre cas indiqués par la Constitution de l'an VIII, dans lesquels la qualité de citoyen est perdue, quoique la qualité de Français ne le soit pas. Cette distinction nous paraît inapplicable en présence de la Constitution de 1848, qui, après avoir appelé *tous les Français,* sans autre condition que celle de l'âge, à la jouissance des droits d'élection et d'éligi-

bilité (art. 25 et 26*), renvoie à la loi électorale pour
déterminer les causes qui peuvent priver un citoyen
français du droit d'élire ou d'être élu. (Art. 27*.) C'est
donc à cette loi, qui sera expliquée plus loin, qu'on
doit se reporter. Il faut modifier d'après ce qui vient
d'être dit les n⁰ˢ 202 et 203. Il faut observer cependant que l'article 8 du décret du 27 avril 1849*, relatif à l'abolition de l'esclavage, prononce la perte de
la qualité de citoyen dans le cas d'infraction aux prohibitions qu'elle contient.

Après le n° 209. — *Etrangers.*

La législation relative aux étrangers résidant en
France a été refondue dans la loi du 3 décembre 1849*.
D'après cette loi, le ministre de l'intérieur peut enjoin-
dre, par mesure de police, à tout étranger voyageant ou
résidant en France, de sortir immédiatement du territoire français, et le faire conduire à la frontière. Les
préfets des départements frontières ont le même droit
à l'égard des étrangers non résidants, mais à la charge
d'en référer immédiatement au ministre de l'intérieur.
(Loi du 3 décembre 1849, art. 7, § 1 et 3*.)
S'il s'agit d'un étranger qui a obtenu l'autorisation
d'établir son domicile en France, cette autorisation
peut être révoquée ou modifiée par décision du gouvernement, c'est-à-dire du président de la république,
qui doit prendre l'avis du conseil d'Etat. L'accomplissement de ces formalités exigeant du temps, et
l'expulsion de l'étranger même autorisé pouvant deve-
nir urgente dans l'intérêt de la police, elle peut être
prononcée par le ministre de l'intérieur, mais à la
charge par lui de faire ratifier cette mesure et prononcer la révocation selon la forme ordinaire, dans le délai

de deux mois ; sinon la mesure cesse alors d'avoir son effet. (Loi du 3 décembre 1849, art. 7, § 2*.)

L'étranger qui se serait soustrait à l'exécution des mesures prises contre lui ou énoncées dans l'art. 272 du Code pénal, ou qui, après être sorti de France par suite de ces mesures, y serait rentré sans la permission du gouvernement, serait condamné à un emprisonnement de 1 mois à 6 mois, et conduit à la frontière à l'expiration de sa peine. (*Ibid.*, art. 8.) La même peine était déjà prononcée contre les réfugiés dans les mêmes cas par la loi du 1er mai 1834. Ces peines peuvent être réduites conformément à l'art. 463 du Code pénal. (*Ibid.*, art. 9*, et loi du 1er mai 1834.)

Après le n° 219. — *Abolition de l'esclavage.* — *Indemnité.*

L'abolition de l'esclavage dans les colonies et possessions françaises a été prononcée par le décret du gouvernement provisoire du 27 avril 1848, et confirmée par l'article 6 de la Constitution. (*V.* à l'Appendice). L'indemnité attribuée aux anciens possesseurs d'esclaves est réglée par la loi du 30 avril 1849 : elle se compose d'une rente de 6 millions 5 p. 0|0, inscrite au grand-livre, avec jouissance du 22 mars 1849, dont les inscriptions seront délivrées aux ayants droit le 1er octobre 1852, et d'une somme de 6 millions payables en numéraires et en totalité trente jours après la promulgation de la loi (1).

Le principe que le sol de la France affranchit l'es-

_____

(1) *V.* le décret du 24 novembre 1849, qui détermine les formes des demandes en indemnité, crée des commissions de liquidation, détermine les bases de la sous-répartition, établit des moyens de recours contre les décisions des commissions, etc.

clave qui le touche est appliqué aux colonies et aux possessions de la république. Il est interdit à tout Français, même en pays étranger, de posséder, d'acheter ou de vendre des esclaves et de participer, soit directement, soit indirectement, à tout trafic ou exploitation de ce genre, sous peine de perdre la qualité de citoyen français. Un délai de trois années est accordé au Français atteint par ces prohibitions pour se conformer au décret. Ceux qui deviendront possesseurs d'esclaves en pays étranger par héritage, don ou mariage, devront, sous la même peine, les affranchir ou les aliéner dans le même délai, à partir du jour où leur possession aura commencé. (Décret du 27 avril 1848, art. 7 et 8 *.)

N° 222.

Il faut substituer aux art. 1, 2, 3 de la charte de 1830 les articles suivants de la Constitution de 1848.

La république a pour principes la liberté, l'*égalité*, la fraternité. (Art. 4 du préambule *.) Tous les citoyens sont également admissibles à tous les emplois publics, sans autre motif de préférence que leur mérite, et suivant les conditions qui sont fixées par les lois. Sont abolis à toujours, tout titre nobiliaire, toute distinction de naissance, de classe ou de caste. (Const., art. 10 *.) Tout impôt est établi pour l'utilité commune; chacun y contribue en proportion de ses facultés et de sa fortune. (*Id.*, art. 15 *.)

N° 224, avant le 3ᵉ alinéa.

La loi de 1835, qui prononce, pour l'avenir, et avec de certaines précautions, l'abolition des majorats de biens particuliers, a été expliquée et com-

plétée par une loi du 17 janvier 1849. La loi de 1835,
après avoir interdit pour l'avenir toute institution de
majorats, réduisait la transmission de ceux existants à
deux degrés, *non compris l'institution.* Ces expressions
avaient donné lieu à un doute qui est résolu par la loi
nouvelle : l'art. 1er dit que les majorats de biens particuliers qui auront été transmis à *deux degrés* succes-
sifs, à *partir* du 1er titulaire, seront abolis, et que les
biens qui les composent seront libres entre les mains
de ceux qui en seront investis. La transmission, toutefois, n'a lieu qu'au profit des appelés déjà nés ou
conçus lors de la promulgation de la loi du 17 janvier 1849. (La promulgation est du 11 mai 1849.)
S'il n'existait pas d'appelés à cette époque, ou si ceux
qui existaient décèdent avant l'ouverture de leur droit,
les biens des majorats deviennent immédiatement libres
entre les mains du possesseur. (L. du 17 janvier 1849,
art. 1, 2.)

N° 239.

La loi sur la contrainte par corps, abrogée par
le décret du 9 mars 1848, émané du gouvernement
provisoire, a été rétablie par la loi du 13 décembre 1848*, qui modifie sur quelques points et laisse
subsister sur tous les autres la législation antérieure.
(*V.* cette loi à l'Appendice.)

N° 247.

L'article 76 de la Constitution de l'an VIII, relatif
à l'inviolabilité du domicile, a été remplacé par
l'article 3 de la Constitution, ainsi conçu : « La
» demeure de toute personne habitant le territoire

» français est inviolable; il n'est permis d'y pénétrer
» que selon les formes et dans les cas prévus par la loi. »

Nᵒˢ 252, 253, 254. — *Attroupements et état de siége.*

La loi du 10 avril 1831 sur les attroupements a
été remplacée par celle du 7 juin 1848, dont voici
les dispositions principales : Les attroupements armés
et les attroupements non armés, mais qui seraient de
nature à troubler la tranquillité publique, sont interdits sur la voie publique. L'attroupement est
armé quand plusieurs des individus qui le composent
sont porteurs d'armes apparentes ou cachées, ou même
lorsqu'il s'y trouve un seul individu porteur d'armes
apparentes, s'il n'est pas immédiatement expulsé de
l'attroupement par ceux qui en font partie.

Lorsqu'un attroupement s'est formé sur la voie publique, le maire, ou l'un de ses adjoints, ou, à leur
défaut, le commissaire de police ou tout autre agent
ou dépositaire de la force publique et du pouvoir
exécutif, portant l'écharpe tricolore, se rend sur le lieu
de l'attroupement; son arrivée est annoncée par un
roulement de tambour. Si l'attroupement est armé, le
magistrat lui fait sommation de se dissoudre et de se
retirer; si la sommation reste sans effet, une seconde
sommation, précédée d'un roulement de tambour, est
faite par le magistrat, et, en cas de résistance, l'attroupement est dissipé par la force.

Si l'attroupement est sans armes, le magistrat, après
le premier roulement de tambour, exhorte les citoyens
à se disperser; s'ils ne se retirent pas, trois sommations
sont successivement faites; en cas de résistance,
l'attroupement est dispersé par la force. (*Id.*, art. 3.)

Les autres articles de la loi sont relatifs aux peines

prononcées contre ceux qui ont fait partie des attroupements et n'ont point obéi aux sommations qui leur
ont été faites de se retirer, ou ont obéi trop tard; contre
ceux qui ont provoqué les attroupements. (*V*. art. 4,
5, 6, 7, 8, 9.) L'article 10 attribue compétence à la
cour d'assises pour crime ou délit d'attroupement.

La nouvelle loi, non plus que celle du 10 avril 1831,
n'a point abrogé la loi du 26 juillet 1791, dont nous fai-
sons connaître les principales dispositions dans les
§ 250, 252 des *Éléments.*,

L'article 106 de la Constitution porte qu'une loi
déterminera les cas dans lesquels l'état de siége pourra
être déclaré, et réglera les formes et les effets de
cette mesure. Cette loi est celle du 9 août 1849★.
L'état de siége, d'après son article 1ᵉʳ, ne peut être
déclaré qu'en cas de péril imminent pour la sécurité
intérieure et *extérieure*. La loi du 10 juillet 1791 et le
décret du 24 décembre 1811, dont nous avons fait connaître les principales dispositions dans le n° 253 des *Éléments*, continuent à être en vigueur pour les places de
guerre et postes militaires, soit de la frontière, soit de
l'intérieur. La déclaration de l'état de siége y peut être
faite par le commandant militaire, qui en rend compte
immédiatement au gouvernement. Si le président de la
république ne croit pas devoir lever l'état de siége, il en
propose sans délai le maintien à l'Assemblée nationale.
(L. du 9 août 1849, art. 1 et 5★.)

C'est en effet l'Assemblée, dans laquelle repose la
souveraineté de la nation, qui, en thèse générale, déclare
l'état de siége (l. du 9 août 1849, art. 2★). Si elle est
prorogée au moment où éclate le péril, la déclaration
peut être faite par le président de la république, de
l'avis du conseil des ministres. Le président en informe

4

immédiatement la commission instituée en vertu de l'art. 32 de la Constitution, et, selon la gravité des circonstances, convoque l'Assemblée nationale; si c'est Paris qui est déclaré en état de siége, la prorogation cesse de plein droit. L'Assemblée, dès qu'elle est réunie, maintient ou lève l'état de siége. La déclaration de l'état de siége désigne les communes, les arrondissements ou départements auxquels il s'applique ou peut être étendu. (L. du 9 août 1849, art. 1, 2, 3*.) Dans les colonies, la déclaration de l'état de siége est faite par le gouverneur, qui doit en rendre compte immédiatement au gouvernement. (*Id.*, art. 4*.)

L'état de siége modifie les attributions de l'autorité civile et de l'autorité judiciaire au profi de l'autorité militaire, qui devient dominante à cause des dangers que court la société. Les pouvoirs dont l'autorité civile était revêtue pour le maintien de l'ordre et de la police lui sont conférés de plein droit; elle peut cependant, suivant les circonstances, laisser une partie de ces pouvoirs à l'autorité civile (*Id.*, art. 7*), ce qui suppose une déclaration formelle de la part de l'autorité militaire.

L'autorité militaire joint la police judiciaire à la police civile; elle a le droit de faire des perquisitions de jour et de nuit dans le domicile des citoyens, d'éloigner les repris de justice et les individus qui n'ont pas leur domicile dans les lieux soumis à l'état de siége; d'ordonner la remise des armes et munitions, et de procéder à leur recherche et enlèvement; d'interdire les publications et les réunions qu'elle juge de nature à exciter où à entretenir le désordre. (*Id.*, art. 9*.)

Les tribunaux militaires peuvent être saisis de la connaissance des crimes et délits contre la sûreté de la république, contre la Constitution, contre l'ordre et la paix publique, quelle que soit la qualité des auteurs principaux et des complices (*id.*, art. 8*), ce qui comprend les crimes et délits, même antérieurs à la déclaration d'état de siége, qui se rattachent aux faits de l'insurrection. « Les circonstances qui motivent l'état de siége et qui forcent à le déclarer constituent un ensemble indivisible dont le caractère légal, quant aux effets judiciaires de l'état de siége, remonte jusqu'au moment où ces circonstances ont commencé à se produire. Le principe de non-rétroactivité ne s'applique, d'ailleurs, qu'au fond du droit; les lois de procédure et d'instruction, celles qui modifient soit la composition, soit la compétence des tribunaux, sont obligatoires le jour où elles commencent à être appliquées, non-seulement pour les procès à naître, mais pour les procès commencés et pour les poursuites des crimes et délits antérieurement commis. (Arrêt de la cour de cassation du 12 octobre 1848.) Les conséquences pénales de la poursuite peuvent seules être réglées à l'avance par la loi qui existait au moment où le fait qualifié crime ou délit a été commis. Conformément à ce principe, les conseils de guerre appliqueront les peines ordinaires, lorsqu'ils seront appelés à juger des crimes et délits de droit commun. » (Rapport de M. Boudet.)

Dans les places de guerre ou postes militaires, soit de la frontière, soit de l'intérieur, les effets de l'état de siége sont, en cas de guerre étrangère, déterminés par les dispositions de la loi du 10 juillet 1791 et du décret du 14 décembre 1811. (*Id.*, art. 10*.)

Au reste, les citoyens continuent, nonobstant l'état de siége, à exercer tous ceux des droits garantis par la Constitution dont la jouissance n'est pas suspendue en vertu de la loi du 9 août 1849*. (*Id.*, art. 11.)

La levée de l'état de siége est prononcée, en thèse

générale, par l'Assemblée nationale qui l'a déclaré ou maintenu. Cependant, même dans ce cas, si l'Assemblée est prorogée, ce droit appartient au président de la république, qui l'exerce, à plus forte raison, quand la mise en état de siége ayant été prononcée par lui pendant l'absence de l'Assemblée, ou par les commandants militaires des places de guerre, ou par les gouverneurs des colonies, n'a pas été encore sanctionnée par l'Assemblée. Enfin l'état de siége déclaré dans les colonies par les gouverneurs peut être levé par eux aussitôt qu'ils croient la tranquillité suffisamment rétablie. (*Id.*, art. 2*.) L'éloignement dans lequel sont de la métropole la plupart des colonies motive ce pouvoir extraordinaire donné aux gouverneurs.

La levée de l'état de siége ne fait pas cesser les pouvoirs conférés par la loi aux tribunaux militaires, qui continuent de connaître des crimes et délits dont la poursuite leur a été déférée. (*Id.*, art. 13*.)

Nᵒˢ 273 *à* 279. Substituer ce qui suit. — *Associations.*

Le droit d'association, restreint par l'article 291 du Code pénal et par la loi du 10 avril 1834, a été proclamé d'une manière générale par l'art. 8 de la Constitution dans les termes suivants : « Les ci-» toyens ont le droit de s'associer, de s'assembler » paisiblement et sans armes... L'exercice de ce droit » n'a pour limites que les droits ou la liberté d'autrui » et la sécurité publique. » Cet article est à la fois la consécration du principe qui rend l'association libre pour les citoyens, et la condamnation du principe socialiste qui la leur impose. Dans les premiers moments de l'effervescence révolutionnaire, la limite posée par la Constitution fut bientôt franchie, et des clubs politiques, où les passions des masses étaient habituellement soulevées, sortirent l'invasion de l'Assemblée constituante du 15 mai et l'insurrection du 24 juin 1848. Une loi fut rendue, le 23 juillet 1848, pour régulariser le droit de réunion, et établir, sinon des mesures préventives, du moins des mesures répressives : on exigea une déclaration préalable, la publicité des séances ; on imposa aux clubs l'obligation de recevoir un délégué de l'autorité ; on exigea un procès-verbal, dans lequel ce délégué pouvait requérir l'insertion des contestations qu'il jugeait nécessaires ; on imposa des obligations aux membres des bureaux ; on interdit certains actes, tels que les communications et les députations de club à club, les signes extérieurs d'association ; on défendit de se présenter avec des armes (*v. l.*, art. 2 à 13); on prononça des peines comme sanction de ces différentes prescriptions. Mais, toutes ces précautions étant impuissantes, une loi transitoire du 19 juin 1849 a autorisé le gouvernement, pendant un an à dater de sa promulgation (22 juin 1849), à interdire les clubs et autres réunions publiques qui seraient de nature à compromettre la sécurité publique ; avant l'expiration de ce délai, il devra être présenté à l'Assemblée nationale un projet de loi qui, en interdisant les clubs, réglera l'exercice du droit de réunion. (L. du 19 juin 1849, art. 1, 2; *v.* circul. du ministre de l'intérieur du 24 juin 1849.)

En attendant la loi promise, la loi du 28 juillet 1848 continue à être en vigueur sur les autres point qu'elle réglemente ; elle proscrit les sociétés secrètes (art. 13); elle subordonne les réunions non publiques dont le but sera politique à la permission de l'autorité municipale et aux conditions qu'elle détermine, sauf recours à l'autorité supérieure en cas de refus; elle lui donne le droit de révoquer les autorisations accordées, et de faire fermer les réunions qui n'en seraient pas pourvues (art. 15); elle autorise les citoyens à fonder, dans un but non politique, des cercles ou réunions non publiques, sur une simple déclaration à l'autorité municipale du local et de l'objet de la réunion, des noms des fondateurs et administrateurs; elle dispense même de cette formalité les associations industrielles ou de bienfaisance (art. 14), les réunions ayant pour objet exclusif l'exercice d'un culte quelconque, et les réunions électorales préparatoires (*id.*, art. 19); enfin elle prononce des peines contre les infractions à ces dispositions.

N° 284.

L'extension donnée par la Constitution au droit d'association fait disparaître les doutes qui pouvaient exister, sous l'empire de la charte et des anciennes lois prohibitives, relativement à la légalité des associations religieuses, qui emportent la vie commune de leurs membres. Ces associations, restées en dehors de la loi du 28 juillet 1848, ne sont régies que par le principe de liberté écrit dans l'art. 8 de la Constitution. On ne pourrait donc aujourd'hui les dissoudre, comme on l'a fait autrefois, sans violer ce principe. Mais le caractère de personne morale qui crée à l'association une existence indépendante de celles de ses membres, et lui donne les droits de créer une propriété collective qui dure autant qu'elle, ne peut résulter que d'une loi ou d'un arrêté du pouvoir exécutif, suivant les circonstances. (*V. Éléments*, n°s 280, 281.)

Nº 282.

Voir l'ordonnance du 4 mai 1846 sur le dénombrement de la population.

Nº 298.

Voir une ordonnance du 12 juillet 1847, concernant la fabrication et la confection des armes et munitions de guerre pour l'usage des navires de commerce.

Nº 300.

Les décrets des 11 juillet 1810 et 4 mai 1812, relatifs au permis de port d'armes de chasse, sont remplacés par la loi du 3 mai 1844, dont les dispositions sont exposées au numéro suivant. Il ne reste donc du nº 300 que le dernier alinéa, relatif aux conséquences de la dégradation civique quant au droit de port d'armes.

Nº 304., à supprimer, sauf le dernier alinéa, à partir des mots : « La chasse ne peut également..; » est à remplacer par ce qui suit.

DROIT DE CHASSE.

SOMMAIRE.

1. *Loi du 3 mai 1844. — Quelles conditions elle met à l'exercice du droit de chasse.*
2. *Ouverture et clôture de la chasse.*
3. *Cas d'extension ou de restriction du droit de chasse.*

4. *Interdiction de la mise en vente, de l'achat et du colportage du gibier en temps prohibé.*

5. *Permis de chasse.*

6. *Personnes auxquelles le préfet ne peut délivrer de permis de chasse.*

7. *Personnes auxquelles le préfet peut refuser le permis de chasse.*

8. *Effets du permis de chasse.*

9. *Consentement du propriétaire ou de l'ayant droit. — Délits. — Pénalité. — Poursuite.*

1. Les décrets du 28 avril 1790, du 11 juillet 1810, et du 4 mai 1812, ont été remplacés par la loi du 3 mai 1844, dont nous allons faire connaître les principales dispositions.

Il faut entendre par le mot *chasse* la recherche, la poursuite et la prise, par quelque moyen que ce soit, de tout animal sauvage ou de tout oiseau.

Quatre conditions sont nécessaires pour l'exercice légal de ce droit :

1° Que la chasse soit ouverte;

2° Que l'on soit muni d'un permis de chasse;

3° Que l'on n'emploie pas de moyens prohibés;

4° Que l'on soit propriétaire ou qu'on ait reçu du propriétaire du terrain le droit de chasser.

2. La chasse ne doit être permise que pendant la partie de l'année où elle ne peut nuire à la reproduction du gibier ni aux fruits de la terre. Cette période ne peut être déterminée d'une manière uniforme pour toute la France, à cause de la différence dans la température, qui influe sur le moment de la reproduction du gibier et de la maturité de la récolte. La loi laisse, en conséquence, à chaque préfet, le droit de déterminer, par un arrêté publié au moins dix jours à l'avance, l'époque de l'ouverture et celle de la clôture de la chasse dans son département. (Art. 3) (1).

3. En thèse générale, on ne peut, sans délit, chasser hors de l'époque déterminée par le préfet. Il existe cependant des exceptions prévues par la loi elle-même :

1° Le propriétaire ou possesseur peut chasser ou faire chasser en tout temps dans ses possessions attenant à une habitation et entourées d'une clôture continue faisant obstacle à toute communication avec les héritages voisins (art. 2) (2). Le propriétaire, dans ce cas, est *chez lui*, et l'on n'aurait pu, sans violer son domicile, constater les contraventions qu'il aurait pu commettre si on lui eût interdit la chasse. Aussi est-il dispensé même d'obtenir un permis ; mais son droit ne va pas, d'après la cour de cassation, jusqu'à employer des engins prohibés. (C. de cass., arrêt du 26 avril 1845.)

2° Le propriétaire, possesseur ou fermier peut, en tout temps, repousser ou détruire sur ses terres, même

(1) Le préfet pourrait déterminer des époques différentes pour les différents arrondissements, et même pour les différentes communes du département : le ministre de l'intérieur conseille de n'user qu'avec une grande réserve de ce droit, qui présente beaucoup d'inconvénients, et qui, dans tous les cas, ne peut être délégué aux maires. Mais les maires peuvent prendre des arrêtés de police, dans la limite de leurs attributions, lors même qu'ils modifient le droit de chasse, par exemple pour empêcher de chasser à une certaine distance des vignes pendant les vendanges. (C. C., 3 mai 1834.)

(2) Les expressions les plus fortes ont été choisies à dessein pour bien faire comprendre qu'il ne s'agit pas ici d'une de ces clôtures incomplètes comme on en rencontre beaucoup dans les campagnes, mais d'une clôture non interrompue et tellement parfaite, qu'il soit impossible de s'introduire, par un moyen ordinaire, dans la propriété qui en est l'objet. (Circul. du garde des sceaux.) Du reste, on s'est contenté d'une définition générale, et l'on n'a entendu se référer spécialement ni à celle de l'art. 6 de la loi du 28 septembre 1791, ni à celle de l'art. 391 du Code pénal. La question de clôture, dans ce cas, est toujours soumise à l'appréciation des tribunaux. Il ne suffit pas, non plus, qu'il y ait dans le terrain clos une construction *pouvant servir à l'habitation* ; il faut qu'elle soit, sinon actuellement habitée, au moins destinée à *l'habitation*, en sorte que l'enclos n'en soit qu'une dépendance. (C. C. crim., 3 mai 1845.)

avec des armes à feu, les bêtes fauves qui porteraient dommage à ses propriétés : ce fait n'est pas considéré comme un acte de chasse, mais plutôt comme une conséquence du droit de défendre sa propriété. Un arrêté du préfet détermine les espèces d'animaux malfaisants ou nuisibles que le possesseur ou fermier peut en tout temps détruire sur ses terres, et fixe les conditions de l'exercice de ce droit. (Art. 9, 30.) La loi consacre ici un double droit : le premier s'exerce sans aucune condition ; le second est subordonné à l'arrêté du préfet. Il peut être difficile de déterminer la nuance qui existe entre l'un et l'autre ; on peut dire que le premier cas s'applique aux animaux qui nuisent au moment où on les repousse, et le second à ceux qui ne nuisent pas immédiatement, mais sont seulement d'une nature malfaisante. Il résulte de la discussion que le permis de chasse n'est nécessaire ni dans un cas ni dans l'autre (1).

La chasse peut être permise, en vertu d'un arrêté du préfet, hors du temps ordinaire, pour les oiseaux de passage, autres toutefois que les cailles, et pour le gibier d'eau dans les marais, étangs, fleuves et rivières. (Art. 9, 10 et 30.) Dans les trois cas prévus ci-dessus, les arrêtés du préfet doivent être précédés de l'avis du conseil général (art. 9) ; ils n'ont pas besoin de l'approbation du ministre. (Circ. du 30 mai 1844.)

Lors même que la chasse est ouverte, le préfet peut prendre, par un arrêté, des mesures pour prévenir la destruction des oiseaux. Cette restriction est établie dans l'intérêt de l'agriculture ; les oiseaux, en effet, dévorent un nombre considérable d'insectes, et leur absence dans quelques pays où ils ont été imprudemment dé-

---

(1) C'est l'opinion émise par M. Duvergier, Bul. des Lois, 1844, p. 130, note 3.

truits a eu pour résultat de graves préjudices causés aux récoltes par la multiplication des insectes.

Il est interdit par la loi, d'une manière générale, de prendre ou de détruire, sur le *terrain d'autrui*, des œufs et des couvées de faisans, de perdrix et de cailles. (Art. 4, § dernier.) On a pensé qu'il n'était pas nécessaire de faire cette défense aux propriétaires, qui avaient intérêt à ne pas user de leur droit d'une manière préjudiciable pour eux.

Le préfet peut interdire temporairement la chasse pendant les temps de neige, parce qu'alors la destruction du gibier devient trop facile. (Art. 9, 30.)

4. Ces différentes prohibitions ne pourraient être efficaces si l'on n'interdisait pas la mise en vente, la vente, l'achat, le transport et le colportage du gibier pendant le temps où la chasse n'est pas permise (1), c'est-à-dire pendant le temps déterminé par l'arrêté qui fixe l'époque de la clôture et de l'ouverture, et non pendant l'interdiction momentanée que le préfet prononce pour les temps de neige. (C. de cass., 22 mars et 18 avril 1845.) Le gibier ainsi mis en vente ou transporté, celui même que l'on trouve chez les aubergistes, les marchands de comestibles et dans tous les lieux ouverts au public où la recherche peut être faite, est saisi et immédiatement livré à l'établissement de bienfaisance le plus voisin, en vertu soit d'une

_____

(1) Cette prohibition s'applique au gibier vivant et au gibier cuit, mais non aux conserves qui peuvent être antérieures à la prohibition de la chasse. (Cass. crim., 21 décembre 1844.)

La saisie n'est point applicable au chasseur porteur du gibier qu'il vient de tuer. L'art. 25, en effet, défend de saisir et de désarmer les chasseurs, pour éviter des luttes que l'arme du chasseur pourrait rendre dangereuses. Le même motif s'applique à la saisie. Mais il ne dure que pendant le temps de la chasse, et la saisie peut être faite quand elle est finie et qu'on trouve le chasseur *colportant* son gibier, par exemple à la porte de la ville par les employés de l'octroi. (Duvergier, Bull., 1844, p. 113.)

ordonnance du juge de paix, si la saisie a eu lieu au chef-lieu de canton, soit d'une autorisation du maire, si le juge de paix est absent, ou si la saisie a été faite dans une commune autre que celle du chef-lieu. L'ordonnance ou l'autorisation est délivrée sur la requête de l'agent ou du garde qui a opéré la saisie, et sur la présentation du procès-verbal. (Art. 4.) Cette disposition s'applique même au gibier qui aurait été tué par le propriétaire dans le terrain clos attenant à son habitation. Il n'était pas possible, en effet, d'établir des distinctions qui n'auraient servi qu'à favoriser les abus. D'un autre côté, il faut observer que la chasse n'est tolérée dans ces enclos que parce qu'il était impossible d'y constater les contraventions; l'exception cesse à partir du moment où la contravention devient publique.

Il faut remarquer que l'article 4 punit non-seulement les aubergistes et les marchands qui achèteraient du gibier pour le revendre, mais encore les simples citoyens. Toutefois ce délit, à l'égard de ces derniers, ne peut, comme à l'égard des premiers, être prouvé par une visite à leur domicile (1).

5. Le permis de chasse est délivré par le préfet sur l'avis du maire et du sous-préfet du domicile ou de la résidence de celui qui en fait la demande (2); il est personnel, valable pour tout le royaume, mais pour un an seulement, qui court à partir du jour de la délivrance. (C. de cass., 17 mai 1828.) La délivrance du permis de chasse donne lieu au payement d'un droit

(1) V. une circulaire de l'administration des douanes du 20 janvier 1844, sur la conduite que doivent tenir les employés de cette administration dans le cas d'introduction ou de circulation du gibier étranger en temps prohibé.

(2) D'où il faut inférer que c'est au maire que la demande formulée sur papier timbré doit être adressée. (Circ. du min. de l'int., 20 mai 1841.)

de 15 fr. au profit de l'État, et de 10 fr. au profit de la commune dont le maire a donné l'avis. (Art. 5.)

En thèse générale, le préfet ne peut refuser de délivrer de permis de chasse, à moins que celui qui le demande ne soit dans une exception prévue par la loi ; et c'est sur ce point que doivent porter les avis des maires et des sous-préfets, sans toutefois que l'administration puisse exiger des demandeurs la preuve qu'ils ne sont point dans ces cas exceptionnels.

Tantôt la loi défend d'accorder le permis de chasse,

Tantôt elle autorise le préfet à ne pas l'accorder, en le laissant juge de la convenance.

6. Les permis de chasse ne peuvent être accordés :

1° A ceux qui, par suite de condamnations, sont privés du droit de port d'armes ;

2° A ceux qui n'ont pas exécuté les condamnations prononcées contre eux pour l'un des délits prévus par la loi sur la chasse, à moins qu'ils n'aient obtenu la remise de leur peine ;

3° Aux condamnés placés sous la surveillance de la haute police. (Art. 86.)

Le permis de chasse n'est pas délivré non plus, mais pour d'autres motifs :

1° Aux mineurs qui n'ont pas 16 ans accomplis ;

2° Aux mineurs de 16 à 21 ans, à moins que le permis ne soit demandé pour eux par leur père, mère, tuteur ou curateur portés aux rôles des contributions ;

3° Aux interdits ;

4° Aux gardes champêtres ou forestiers des communes et établissements publics, ainsi qu'aux gardes forestiers de l'État et aux gardes-pêche ; ce qui ne doit s'entendre que des simples gardes forestiers, et non des brigadiers, gardes généraux. Si un permis avait été accordé à une personne qui serait frappée d'interdiction ou qui accépterait une des fonctions ci-dessus, il cesserait à ce moment d'avoir son effet. (Art. 7.)

7. Le préfet peut refuser le permis de chasse :

1° A tout individu majeur qui n'est point personnellement inscrit, ou dont le père ou la mère n'est pas inscrit au rôle des contributions ;

2° A tout individu qui, par une condamnation judiciaire, a été privé de l'un ou de plusieurs des droits énumérés dans l'art. 42 du Code pénal, autre que le droit de port d'armes pendant le temps fixé par le jugement pour cette privation ;

3° A tout condamné à un emprisonnement de plus de six mois pour rébellion ou violence envers les agents de l'autorité publique ;

4° A tout condamné pour délit d'association illicite, de fabrication, débit, distribution de poudre, armes ou autres munitions de guerre, de menaces écrites ou de menaces verbales, avec ordre ou sans condition, d'entraves à la circulation des grains, de dévastation d'arbres ou de récoltes sur pied, de plants venus naturellement ou faits de main d'homme ;

5° A ceux qui ont été condamnés pour vagabondage, mendicité, vol, escroquerie ou abus de confiance. La faculté de refuser le permis de chasse aux condamnés énumérés dans les paragraphes 3, 4 et 5, cesse cinq ans après l'expiration de leur peine. (Art. 6.)

Dans ces différents cas, il ne s'agit pas seulement des individus qui seront condamnés postérieurement à la loi du 3 mai 1844, mais encore de ceux qui l'ont été avant sa promulgation. La loi, en effet, parle de ceux *qui ont été* condamnés, et non de ceux qui *le seront*. (Circul. du ministre de l'intérieur du 30 mai 1844.)

Le permis délivré par erreur à un individu auquel il n'aurait pas dû en être accordé doit être retiré ; si l'individu refuse de le remettre, il doit être poursuivi comme s'il n'en avait pas. (Circ. du min. de l'int. du 30 mai 1844.) Il en est de même, à plus forte raison, du permis accordé à un individu qui se trouve ensuite dans l'un des cas où il n'aurait pu lui en être accordé.

8. Le permis de chasse donne le droit de chasser, dans le temps où la chasse est ouverte, de jour, à tir ou à courre ; les autres moyens de chasse, tels que filets, lacets, piéges, panneaux, etc., sont prohibés, à l'exception des furets et des bourses destinées à prendre le lapin. Les préfets peuvent toutefois, sur l'avis des conseils généraux, autoriser l'usage même des moyens prohibés ordinairement pour la chasse des oiseaux de passage autres que les cailles, et la destruction des animaux malfaisants ; ils peuvent aussi autoriser, pour ce dernier objet, l'emploi des lévriers. (Art. 9.)

9. Enfin, on ne peut user du permis de chasse que sur les terres dont on est propriétaire ou possesseur, ou avec le consentement du propriétaire ou de ses ayants droit. Le mot *possesseur* indique les *usufruitiers*, les *emphytéotes*, qui sont possesseurs sans être propriétaires, et jouissent, en cette qualité, du droit de chasse. Le mot *ayant droit*, plus général, comprend le *cessionnaire du droit de chasse*, qui peut lui-même, à moins de stipulation contraire, accorder des permissions personnelles. C'est une question controversée dans le droit civil, que celle de savoir si le bail transfère au fermier le droit de chasse sur les terres qu'il a louées. Nous pensons que ce droit, ne faisant pas naturellement

partie des choses qui sont l'objet du contrat de bail, ne pourrait être transféré au fermier que par une stipulation expresse. C'est ce qui a été jugé par la cour de cassation le 4 juillet 1845.

Il n'est pas nécessaire que le consentement du propriétaire soit exprès pour que l'on puisse chasser sur ses terres ; il suffit qu'il soit présumé, et, d'après la jurisprudence qui s'est établie sous la loi de 1790, ce consentement était présumé lorsqu'il avait laissé chasser un certain temps sans se plaindre. Il paraît que le principe de la loi nouvelle a été entendu dans le même sens.

D'après la loi de 1790, il était défendu, même au propriétaire, de chasser sur sa terre couverte de fruits. Cette disposition rigoureuse n'a point été conservée dans la loi nouvelle, et la circonstance que la terre sur laquelle le fait de chasse a lieu était couverte de ses fruits n'est point un délit par elle-même, mais une circonstance aggravante du fait de chasse sur le terrain d'autrui sans autorisation ; d'où il résulte que la défense contenue dans un arrêté du préfet de chasser sur les terres couvertes de fruits est illégale, et que la violation de cette défense ne constitue pas un délit. (C. cass., 18 juill. 1845.)

10. Les différents délits de chasse et les peines dont ils sont punis sont prévus par les art. 11 à 19 de la loi. Les art. 19 et 20 indiquent l'emploi du produit des amendes, sur lequel des gratifications sont accordées aux gardes, gendarmes, etc., qui ont dressé le procès-verbal. (*V.* l'ord. du 5 mai 1845.) Les articles 21 à 25 déterminent les officiers de police judiciaire et les agents de différente nature qui ont le droit de rechercher et de constater les délits par des procès-verbaux

affirmés, conformément à l'art. 24, qui font foi jusqu'à preuve contraire. L'art. 25 reproduit une sage disposition de la loi de 1790, en défendant de saisir et de désarmer les délinquants ; cependant ceux qui sont déguisés ou masqués, ceux qui refusent de faire connaître leurs noms ou qui n'ont pas de domicile connu, doivent être conduits immédiatement devant le maire ou le juge de paix. (Art. 25.)

La poursuite a lieu d'office, à l'exception du seul cas où il s'agit d'un fait de chasse sur le terrain d'autrui dépouillé de ses fruits, autre qu'un terrain clos attenant à une habitation. Dans ce cas unique, la poursuite ne peut avoir lieu que sur la plainte du propriétaire. (Art. 26.) Les art. 27 et 28 établissent les règles de la solidarité et celles de la responsabilité civile, qui peut remonter aux père, mère, tuteur, maîtres et commettants. Enfin l'art. 29 décide que toute action relative aux délits de chasse se prescrit par trois mois, à compter du jour du délit.

Nº 309, *in fine*.

Les articles 414, 415, 416 du Code pénal, relatifs aux coalitions des maîtres contre les ouvriers, et des ouvriers contre les maîtres, ont été modifiés par la loi du 27 nov. 1849.

Nº 313, deuxième alinéa, substituer ce qui suit :

La vente, l'achat, l'emploi des substances vénéneuses, et la police des officines, boutiques et magasins où elles sont déposées, sont aujourd'hui réglementés par l'ordonnance du 29 octobre 1846, rendue en vertu de la loi du 19 juillet 1845 pour remplacer les articles 34 et 35 de la loi du 21 germinal an XI. Les contraventions aux dispositions de cette ordonnance sont punies d'une amende de cent à trois mille francs, et d'un emprisonnement de six jours à deux mois, sauf l'application de l'art. 463 du Code pénal. (L. du 19 juillet 1845, art. 1, 2 ; ord. du 29 oct. 1846; circul. du min. de l'agriculture et du commerce, du 10 nov. 1846.)

N° 317, alinéa dernier.

Indépendamment du dépôt prescrit par la loi du 21 octobre 1814, tous écrits traitant de matières politiques ou d'économie sociale, et ayant moins de dix feuilles d'impression, autres que les journaux ou écrits périodiques, devront être déposés par l'imprimeur au parquet du procureur de la république du lieu de l'impression, vingt-quatre heures avant toute publication ou distribution, sous peine d'une amende de 100 à 500 fr. (L. du 27 juillet 1849, art. 7.)

N° 318.

Les distributeurs ou colporteurs de livres, écrits, brochures, gravures et lithographies, doivent être pourvus d'une autorisation qui leur est délivrée, pour le département de la Seine, par le préfet de police, et pour les autres départements, par les préfets. Ces autorisations peuvent être retirées par les autorités qui les ont délivrées. (L. du 27 juillet 1849, art. 6 ; *v.* circul. du min. de l'intér., 1er août 1849, 6 septembre 1849.)

N° 340, ajouter:

Après la révolution de 1848, le gouvernement provisoire crut devoir intervenir dans les transactions entre les ouvriers adultes et les maîtres.

Un décret du 2 mars 1848 réduisit les journées de travail de onze à dix heures à Paris, et de douze à onze heures en province. (Art. 1er.) Dans un second article, il prohiba le *marchandage*. La contravention à ce dernier article a été punie par l'arrêté du 21 mars suivant. La contravention au règlement des heures de travail a été punie par un décret du 4 avril 1848. Mais un décret de l'Assemblée constituante, en date du 9 septembre 1848, est venu modifier la législation précédente quant aux heures de travail seulement, en laissant subsister ce qui est relatif au marchandage.

Aujourd'hui, la journée de l'ouvrier, dans les *manufactures* et *usines* (ce qui exclut les ateliers proprement dits), ne peut, en thèse générale, excéder douze heures de *travail effectif*, sans distinction entre Paris et la province, sauf les exceptions nécessitées par la nature des industries ou des causes de force majeure, qui doivent être déterminées par un règlement d'administration publique. (Décret du 9 septembre 1848, art. 1, 2.) Les usages et conventions qui fixaient, pour certaines industries, la journée de travail à un nombre d'heures inférieur à douze, continuent à subsister. (*Ibid.*, art. 3.) La pénalité est fixée par les articles 4 et 5. (*V.* circ. du min. du commerce du 18 sept. 1848.)

N° 340, à la suite.

Voir une loi du 29 novembre 1849, sur les moyens de constater les conventions entre patrons et ouvriers en matière de tissage et bobinage.

N° 354.

Un décret du 15 mars 1848 a donné cours légal aux

billets de la banque de France ; des décrets postérieurs ont attribué le même caractère aux billets des banques départementales, mais seulement dans la circonscription du département où elles avaient leur siége. Puis le décret du 27 avril 1849 a réuni à la banque de France les banques départementales qui existaient à Rouen, Lyon, Laon, Lille, Toulouse, Orléans et Marseille. Ces anciennes banques continuent à fonctionner comme comptoirs de la banque de France, conformément aux règles déterminées par le décret du 18 mai 1808 et par l'ordonnance du 25 mars 1841. Les billets émis par ces différentes banques ont été, dans un délai de six mois, remis à la banque de France, qui les a échangés contre des billets de comptoir, et le maximum de circulation de la banque a été augmenté du maximum fixé antérieurement pour chacune des banques départementales qui lui ont été réunies. (Décret du 17 avril 1849.)

Nº 365, à la suite.

Voir les ordonnances du 23 mai 1843 sur la police des bateaux à vapeur, du 11 août 1843 sur les machines autres que celles placées sur les bateaux, du 27 janvier 1846 sur l'établissement des usines à gaze.

Nº 373.

Voir un arrêté du 19 juin 1848 sur la nouvelle organisation des chambres de commerce.

Nº 378, substituer ce qui suit :

Une loi du 28 août 1848 abroge les art. 618, 619, 620, 621 et 629 du Code de commerce ; elle organise un système nouveau d'élection des membres des tribunaux de commerce, élection à laquelle sont appelés les citoyens français commerçants, patentés depuis cinq ans, les capitaines au long cours, et les maîtres de cabotage ayant commandé des bâtiments pendant cinq ans et domiciliés depuis deux ans dans le ressort du tribunal; elle crée des incapacités résultant de certaines condamnations, détermine les conditions d'éligibilité, et établit tout un système électoral avec des moyens de recours devant l'autorité judiciaire. La réception des juges est faite par la cour d'appel ou par le tribunal de première instance. (*V*. loi du 28 août 1848.)

N° 379, au commencement.

Deux décrets, en date, l'un du 27 mai, et l'autre du 5 juin 1848, s'occupent de la réorganisation des conseils de prud'hommes sans modifier leurs attributions. Le premier établit un système d'élections plus démocratique que l'ancien, avec un recours au conseil de préfecture (art. 8); le second permet de créer deux chambres dans le conseil par arrêté du pouvoir exécutif. L'art. 24 du décret du 27 mai porte qu'il sera procédé, dans le plus bref délai, à la révision des lois, décrets et règlements concernant les tribunaux de prud'-hommes.

N° 379, dernier alinéa.

Un arrêt de la cour de cassation, chambre des requêtes, en date du 13 juillet 1847, décide que les prud'hommes pêcheurs jouissent, en vertu de leur institution, du droit de rendre leurs jugements sans les écrire, et que, par conséquent, les décisions qu'ils rendent en matière civile ne peuvent être l'objet d'un recours en cassation.

N°s 381-382, à la suite.

Une loi du 10 juillet 1845 a retiré de la circulation les pièces de six liards, celles de dix centimes à la lettre N, les pièces de quinze et de trente sols.

Deux décrets du 3 mai 1848 modifient le système monétaire. Les pièces d'or seront de 40, 20 et 10 fr.; les pièces d'argent, de 5, 2 et 1 fr., 50 et 20 centimes. Les pièces de 25 centimes se trouvent ainsi supprimées pour l'avenir, mais non démonétisées. Les anciennes monnaies de cuivre, de bronze, de métal de cloche seront retirées de la circulation et démonétisées à une époque qui sera fixée plus tard par le pouvoir exécutif. Les pièces nouvelles seront de 1, 2, 5 et 10 centimes. Ces deux décrets indiquent le diamètre, le poids, la tolérance et le type des nouvelles monnaies. Un arrêté du 22 mai 1849 fixe les frais de la fabrication des monnaies d'or et d'argent, et la tolérance du titre des monnaies d'argent.

N° 384, 2me alinéa.

Les pièces de trente sols, dont il est question ici, ont été démonétisées par la loi du 10 juillet 1845, comme nous l'avons dit plus haut.

N° 386.

Voir, sur l'organisation des monnaies, ordonnances du 27 décembre 1827, du 17 décembre 1844, et décret du 21 décembre 1849.

N° 400, à la fin.

La loi du 9 septembre 1835 sur les délits de la presse

a été abrogée par le décret du gouvernement provisoire du 6 mars 1848; mais quelques-uns de ses articles ont été reproduits par la loi du 27 juillet 1849;
d'autres n'étaient que la reproduction de la loi du 18
juillet 1828, encore en vigueur. Tels sont les art. 15,
16, 17, 18, cités dans les *Éléments. Voir* aussi les
décrets du 9 et du 11 août 1848.

N° 401.

Aux individus désignés comme incapables d'être
gérants d'un journal il faut ajouter les représentants
du peuple. En cas de contravention, le journal est
considéré comme non signé, et la peine de 500 à
3,000 fr. d'amende est prononcée contre les imprimeur
et propriétaire. (L. du 27 juillet 1849, art. 9.)

N° 403.

Le taux du cautionnement des journaux ou écrits
périodiques a été modifié par le décret du 9 août 1848.
(L. du 27 juillet 1849, art. 8.) Une loi organique doit
refondre toute la législation sur la presse.

DE LA LIBERTÉ D'ENSEIGNEMENT.

(L. du 9 janvier 1850.)

SOMMAIRE.

1. *Esprit de la législation impériale.*
2. *Principe de la Constitution.*
3. *Écoles libres. — Droit d'ouvrir des écoles libres.*
4. *Formalités à observer pour ouvrir une école.*

1. La législation impériale avait monopolisé l'enseignement au profit de l'État, et avait subordonné le droit d'enseigner à l'autorité discrétionnaire du grand maître de l'Université. L'enseignement public, disait le décret du 17 mars 1808, est exclusivement confié à l'Université. Aucune école, aucun établissement quelconque d'instruction ne peut être formé hors de l'Université impériale et sans l'autorisation de son chef. Nul ne peut ouvrir d'école ni enseigner publiquement sans être membre de l'Université impériale et gradué par l'une de ses facultés. (Décret du 17 mars 1808, art. 1, 2, 3.) Le décret du 15 novembre 1811 indiquait les limites dans lesquelles chaque établissement était obligé de renfermer son enseignement. (*V.* articles 15, 16.)

Des ordonnances royales étaient venues ajouter de nouvelles restrictions à celles prononcées par les décrets; les membres des congrégations religieuses non reconnues par le gouvernement avaient été privés du droit d'enseigner. (Ordonnance du 16 juin 1828.)

2. L'article 9 de la Constitution a posé en principe la liberté d'enseignement, et déclaré qu'elle s'exercera selon les conditions de capacité et de moralité déterminées par les lois, et sous la surveillance de l'État, à laquelle tous les établissements d'éducation et d'enseignement seront soumis, sans aucune exception.

Le principe a été organisé pour l'enseignement primaire et secondaire par la loi du 19 janvier 1850, qui ne sera obligatoire qu'au 1er septembre 1850. (Art. 84*.)

3. La loi reconnaît deux espèces d'écoles :

Les *écoles libres*, fondées ou entretenues par des particuliers ou des associations ;

Les *écoles publiques*, fondées ou entretenues par les communes, les départements ou l'État.

Écoles libres. — Tout Français âgé de 21 ans, s'il s'agit d'enseignement primaire, et de 25 ans s'il s'agit d'enseignement secondaire (1), qui n'a encouru aucune des incapacités énumérées dans les articles 25 et 26 de la loi, peut former un établissement d'instruction, s'il réunit les conditions de capacité déterminées par les articles 25, 45, 46*, pour l'instruction primaire, et par les articles 60 et suivants pour l'instruction secondaire. Toute personne peut même, dans un but charitable, et sans exercer la profession d'instituteur, enseigner à lire et à écrire aux enfants avec l'autorisation du délégué cantonal. (Art. 24, 29 *). Les ministres des cultes non interdits ni révoqués, les institutrices appartenant à des congrégations religieuses vouées à l'enseignement et reconnues par l'État, peuvent donner l'enseignement primaire, sans autre preuve de capacité, les premiers que leur titre, les secondes que leurs lettres d'obédience. (Art. 25 et 49*.) Les ministres des différents cultes peuvent donner l'instruction secondaire à quatre jeunes gens au plus, destinés aux écoles ecclésiastiques, à la condition d'en faire la déclaration au recteur. (Art. 66*.) Quant aux étrangers, ils pourront être autorisés à ouvrir ou à diriger des établissements d'instruction primaire ou secondaire aux conditions qui seront déterminées par un règlement délibéré en conseil supérieur. (Art. 78*.)

(1) Les instituteurs adjoints peuvent n'être âgés que de 18 ans, et ne sont pas assujettis aux conditions de l'article 25. (Art. 34 *.)

4. Les Français qui veulent ouvrir un établissement d'enseignement n'ont plus d'autorisation préalable à obtenir; il suffit qu'ils déclarent leurs intentions et justifient qu'ils réunissent les conditions exigées par la loi, et que le local qu'ils destinent à leur établissement est convenable. (*V*. les art. 25, 26, 27, 60 *.) Pendant un mois, le recteur, et, s'il s'agit d'établissement secondaire, le préfet et le procureur de la république, ont le droit de former opposition à l'ouverture de l'établissement.

L'opposition ne peut être fondée que sur l'intérêt des mœurs publiques ou de la santé des élèves. Elle est jugée par le conseil académique, la partie entendue ou dûment appelée. Le jugement est sans recours, s'il s'agit d'un établissement d'enseignement primaire; il est susceptible de recours devant le conseil supérieur, s'il s'agit d'enseignement secondaire. (Art. 28, 64 *.) En cas de non-opposition dans le délai ci-dessus, l'école peut être ouverte sans autre formalité. (Art. 28, 64 *.) Des peines sont prononcées par les articles 29 et 66 contre ceux qui ont ouvert ou dirigé un établissement en contravention aux dispositions de la loi.

5. *Écoles publiques.*—Les écoles publiques sont, pour l'enseignement primaire, *les salles d'asile publiques* et *les écoles communales;* pour l'enseignement secondaire, *les collèges communaux* et *les lycées.* (Articles 36, 54, 71 *.)

Ce qui est relatif aux salles d'asile publiques doit être réglé par un décret du président. (Art. 57 *.) Les personnes chargées de leur direction seront nommées par le conseil municipal, sous l'approbation du conseil académique. (Art. 58 *.)

L'enseignement primaire est donné gratuitement à tous les enfants dont les familles sont hors d'état de le payer. (Art. 24 et 45 *.) En thèse générale, toute commune doit entretenir au moins une école primaire, ou coopérer à l'entretien d'une école primaire avec les communes voisines, ou pourvoir à l'enseignement primaire gratuit, dans une école libre, de tous les enfants dont les familles sont hors d'état d'y subvenir. (*Id.*, art. 36*. *Voir*, pour la nomination de l'instituteur, son traitement, les obligations de la commune, la rétribution scolaire, les écoles normales, etc., art. 31 à 42*.)

L'enseignement primaire des filles n'est obligatoire pour les communes qu'autant qu'elles ont plus de 800 âmes de population, et que leurs propres ressources leur en fournissent les moyens; les autres communes peuvent y être obligées par le conseil académique, si leurs ressources ordinaires le leur permettent. (Art. 51 *.) Tout ce qui se rapporte à l'examen des institutrices, à la surveillance et à l'inspection des écoles de filles, sera l'objet d'un règlement délibéré en conseil supérieur. (Art. 50 *.)

6. *Les colléges communaux* sont fondés et entretenus par les communes, et peuvent être subventionnés par l'État. Les *lycées* sont fondés et entretenus par l'État, avec le concours des départements et des villes. (Art. 72*.) L'objet et l'étendue de l'enseignement, dans chaque collége communal, seront déterminés, eu égard aux besoins de la localité, par le ministre de l'instruction publique en conseil supérieur, sur la proposition du conseil municipal et l'avis du conseil académique. (Art. 75 *.)

Des peines disciplinaires peuvent être prononcées, soit par le recteur, soit par le ministre, soit par le conseil académique, soit par le conseil supérieur, suivant les cas, contre les membres de l'enseignement public, et même de l'enseignement libre. (Art. 30, 33, 68 et 76*.)

7. Les autorités préposées à l'enseignement sont le

ministre et le conseil supérieur, les recteurs et les conseils académiques, les inspecteurs et les autorités locales.

Le *conseil supérieur* est composé de 27 membres, non compris le ministre de l'instruction publique, qui le préside. Ces membres sont pris dans le clergé des cultes reconnus, dans le conseil d'État, la magistrature, l'Institut, au moyen de l'élection faite par ces différents corps ; dans l'enseignement libre, par le choix du président de la république, et, enfin, dans l'enseignement officiel, par l'adjonction d'une section permanente composée de huit membres nommés à vie par le président de la république parmi les fonctionnaires éminents de l'enseignement officiel, et ne pouvant être révoqués qu'en conseil des ministres, sur la proposition du ministre de l'instruction publique. Les autres membres du conseil ne sont nommés que pour six ans, mais sont indéfiniment rééligibles. (Art. 1, 2, 3 *.)

Le conseil supérieur tient au moins quatre sessions par an ; il peut être convoqué en sessions extraordinaires toutes les fois que le ministre le juge convenable. Ses attributions sont consultatives ou judiciaires. Dans le premier cas, tantôt il *peut être*, tantôt il *est nécessairement appelé* à donner son avis ; dans le second cas, il prononce en dernier ressort sur les jugements rendus par les conseils académiques ; enfin, il présente chaque année au ministre un rapport général sur l'état de l'enseignement, sur les abus qui pourraient s'introduire dans les établissements d'instruction, et sur les moyens d'y remédier. (Art. 4 et 5 *.) La section permanente est chargée de l'examen préparatoire des questions qui se rapportent à la police, à la comptabilité, à l'administration des écoles publiques, etc... (Art. 6 *.)

8. Une *académie* est établie dans chaque département ; elle est administrée par un recteur et un con-

seil académique. Le *recteur* est nommé par le ministre;
il peut être pris en dehors des membres de l'enseignement public, pourvu qu'il réunisse les conditions
prescrites par l'art. 9. Le recteur est assisté d'un ou de
plusieurs *inspecteurs* nommés par le ministre parmi
les fonctionnaires déterminés dans l'art. 19. (Art. 7,
8, 9*.)

Le *conseil académique* est composé, à l'instar du conseil supérieur, de représentants du clergé, de la magistrature, de l'administration, les uns désignés par la
loi, les autres élus pour trois ans, et indéfiniment rééligibles. (*V*. art. 10*, et, pour la composition du conseil
académique du département de la Seine, art. 11*.) Le
conseil académique donne des avis, instruit les affaires
disciplinaires relatives aux membres de l'enseignement
public qui lui sont renvoyées par le ministre ou le
recteur, prononce sur des affaires contentieuses, sauf
recours au conseil supérieur, statue sur différents points
d'administration, fait des rapports au ministre et au
conseil général sur la situation de l'enseignement dans
le département. (*Id.*, art. 14, 15 et 16*.)

9. Les *inspecteurs* sont des fonctionnaires auxiliaires
chargés de visiter les établissements d'instruction et de
rendre compte de leurs visites. Ils se divisent en inspecteurs généraux ou supérieurs, inspecteurs d'académie,
inspecteurs de l'instruction primaire. Ils sont tous
nommés par le ministre. (*V*. art. 19, 20*.)

Les autorités locales préposées à la surveillance de
l'instruction primaire sont le maire, le curé, le pasteur
ou le délégué du culte israélite, et, dans les communes
de deux mille âmes et au-dessus, un ou plusieurs habitants de la commune délégués par le conseil académique. Ces délégués sont nommés pour trois ans, sont
rééligibles et révocables. (Art. 42, 43, 44*.)

10. Tous les établissements publics ou privés sont assujettis à l'inspection, et doivent s'ouvrir aux fonctionnaires énumérés ci-dessus, suivant les attributions de chacun, sous les peines portées par l'article 22. (Art. 18*.) Mais l'inspection des écoles libres est beaucoup plus restreinte que celle des écoles publiques; elle ne porte que sur la moralité, l'hygiène, la salubrité, et ne peut s'étendre à l'enseignement que pour vérifier s'il n'est pas contraire à la morale, à la Constitution et aux lois. (Art. 21 *.)

Voir, pour les différentes pénalités qui peuvent être appliquées aux membres de l'enseignement public ou privé, les articles 29, 30, 33, 66, 67, 68, 69, 76, 80.

N°s 441, 442; substituer ce qui suit:

Le culte israélite a été réorganisé par une ordonnance du 23 mai 1844, qui établit un consistoire central siégeant à Paris, des consistoires départementaux s'étendant sur un ou plusieurs départements, de manière que chacun d'eux comprenne deux mille âmes au moins de population israélite. Ce culte est exercé par des grands rabbins, des rabbins communaux et des ministres officiants. (Ord. du 25 mai 1844, art. 1, 2, 3.)

Le consistoire central se compose d'un grand rabbin nommé à vie, et d'autant de membres laïques qu'il y a de consistoires départementaux. La nomination du grand rabbin est faite par des délégués nommés par les assemblées de notables de toutes les circonscriptions, et approuvée par le président de la république. Les laïques sont élus, sous l'agrément du président de la république, pour trois ans, par les notables des circonscriptions consistoriales, et choisis parmi les notables résidant à Paris. Ils sont renouvelés tous les quatre ans par moitié, et sont rééligibles. (*Ibid.*, art. 5, 6, 7, 8, 9, 13, 24, 39, 40.)

Chaque consistoire départemental se compose du grand rabbin de la circonscription et de quatre membres laïques, dont deux au moins sont choisis parmi les habitants de la ville où siége le consistoire. Le grand rabbin et les membres laïques sont élus par l'Assemblée des notables de la circonscription, sous l'approbation du président de la république.

La durée des fonctions des membres laïques est de quatre ans. Le renouvellement a lieu par moitié tous les deux ans; les membres sortants peuvent être réélus. (*Ibid.*, art. 14, 15, 16, 17, 24 et 45)

Le consistoire central et les consistoires départementaux peuvent être dissous, le premier par un arrêté du président de la république, les autres par un arrêté du ministre des cultes. (*Ibid.*, art. 13-23.)

Dans chaque circonscription consistoriale il existe un corps de notables chargé de faire les élections indiquées plus haut. La composition de ce corps est réglée par les articles 25 à 31 de l'ordonnance du 25 mai 1844. La forme des assemblées et l'élection des membres du consistoire sont réglées par les art. 31 à 38.

Les difficultés qui s'élevent sur la composition de la liste des notables sont jugées en premier ressort par les préfets, et en second ressort par le ministre des cultes, par la voie administrative. (*Ibid.*, art. 29.) Celles relatives aux élections sont jugées en premier ressort par le bureau, en second ressort par le ministre des cultes. (*Ibid.*, art. 34.)

Les rabbins communaux sont élus par une assemblée de notables désignés par le consistoire départemental, sous l'approbation du ministre des cultes. (*Ibid.*, art. 48.) Les simples ministres officiants sont nommés

de la même manière, mais seulement sous l'approbation du consistoire central. (*Ibid.*, art. 51.)

Voir, pour l'organisation et les attributions du consistoire central, art. 9 à 13; des consistoires départementaux, art. 17 à 23; pour les attributions du grand
rabbin du consistoire central, art. 38 à 45; des grands
rabbins des consistoires départementaux, art. 43 à 46;
des rabbins communaux, des ministres officiants, du
mohel et *schohet*, art. 46 à 53; pour les règles de police
du culte, art. 53 à 60; pour l'établissement des nouvelles circonscriptions rabbiniques, les modifications à
faire aux anciennes, art. 60 à 64, et le décret du
11 décembre 1808, inséré à la suite de l'ordonnance,
qui est maintenu par l'article 4.

Les consistoires israélites constituent des personnes
morales qui ne peuvent, sans autorisation préalable,
intenter une action en justice, ou y défendre, accepter
des donations et des legs, en faire l'emploi, vendre ou
acheter. (Ord. du 25 mai 1844, art. 64.)

Nº 463.

Dans l'état actuel des choses, la propriété littéraire
ne peut être garantie d'une nation à l'autre qu'au
moyen de traités. Un premier pas dans cette voie a été
fait par l'article 14 du traité de commerce et de navigation passé entre la France et les Pays-Bas le 28 juillet
1840, et publié par l'ordonnance du 30 juin 1844. Cet
article porte : « La propriété littéraire sera réciproquement garantie; une convention spéciale déterminera
ultérieurement les conditions d'application et d'exécution de ce principe dans chacun des deux royaumes. »

Une convention spéciale en 11 articles a été faite le
28 août 1843, et publiée par ordonnance du 12 octo-

bre suivant, entre la France et la Sardaigne ; cette convention a été sanctionnée par la loi du 9 juin 1845, qui rend applicables aux délits qu'elle prévoit les art. 417, 428, 429 du C. pénal. (*V.* aussi ord. du 3 mai 1846.)

Nº 477, après.

Le dernier état de la jurisprudence sur cette question importante résulte d'un arrêt de la chambre criminelle de la cour de cassation, en date du 5 juin 1847. Cet arrêt décide que l'interdiction prononcée par l'article 1ᵉʳ du décret du 7 germinal an XIII est *général* et *absolu ;* qu'elle implique le droit pour l'évêque, bien qu'il n'ait aucun droit de propriété sur les livres dont il n'est pas personnellement l'auteur, d'accorder ou de refuser cette permission sous sa seule responsabilité, en vertu d'une appréciation souveraine dont il n'est pas tenu de déduire les motifs ; que la permission est *personnelle* à l'imprimeur, et *spéciale* pour le livre à imprimer ; qu'elle doit être *préalable* à l'impression et *renouvelée* à chaque réimpression ; que l'impression sans la permission de l'évêque emporte, outre la confiscation et l'amende, la confiscation des ouvrages illégalement imprimés ; que les imprimeurs autorisés à réimprimer les livres d'église d'un diocèse ont qualité pour intervenir comme parties civiles dans les poursuites dirigées contre des imprimeurs coupables d'impression illégale.

Nº 479.

Le droit spécial des veuves et des enfants d'auteurs dramatiques a été réglé par la loi du 3 août 1844, qui leur accorde le droit d'en autoriser la représentation et d'en conférer la jouissance pendant 20 ans, conformément aux dispositions des articles 39 et 40 du décret impérial du 5 février 1810.

6

Les nᵒˢ 480 à 500 sont supprimés, et remplacés par le chapitre suivant.

PROPRIÉTÉ INDUSTRIELLE. — BREVETS D'INVENTION ET DE PERFECTIONNEMENT. (L. du 5 juillet 1844.)

SOMMAIRE.

1. Avant 1789, la loi ne reconnaissait aucun droit et n'accordait aucune protection à l'inventeur d'un

nouveau procédé industriel ; celui-ci pouvait cependant obtenir une jouissance exclusive, en vertu d'un *privilége* dont la concession était arbitraire, et qui pouvait même être accordé à d'autres qu'à lui. L'exploitation de ce privilége était entravée par les réglements des corps et métiers, sur lesquels des rivalités jalouses s'appuyaient pour proscrire toute innovation. Aussi la plupart des inventeurs allaient-ils chercher le fruit de leurs travaux dans les pays étrangers, où ils étaient accueillis avec empressement. L'abolition des *priviléges*, prononcée par l'Assemblée constituante, substitua à ce régime si peu protecteur un régime de spoliation qu'on se hâta de faire cesser par les lois des 7 janvier et 25 mai 1791. Des modifications particulières avaient été apportées à ces lois, notamment par le décret du 20 septembre 1792, les arrêtés des 17 vendémiaire an VII et 5 vendémiaire an IX, les décrets des 25 novembre 1806 et 25 janvier 1807. Cette législation a été refondue et améliorée par la loi du 5 juillet 1844, qui régit aujourd'hui la matière.

2. Toute nouvelle découverte ou invention dans tous les genres d'industrie confère à son auteur, sous l'accomplissement de certaines conditions, le droit exclusif de l'exploiter à son profit pendant un temps donné. (L. du 5 juillet 1844, art. 1er.) Ce droit est constaté par un arrêté du ministre du commerce qui reçoit le nom de *brevet*. (*Id.*, art. 1er et 11.)

On distingue deux espèces de brevets : le *brevet d'invention*, et le *brevet de perfectionnement* (1). (*Id.*, art. 1, 18.) La loi de 1844 supprime implicitement le

(1) La loi ne se sert pas des mots *brevet de perfectionnement*, mais elle parle, art. 17 et 18, de brevets pour *changement*, *perfectionnement*, *addition*, et, art. 19, de brevets pour *découverte*, *invention* ou *application* se rattachant à l'objet d'un autre brevet. Nous croyons que les mots *brevet de perfectionnement* rendent parfaitement l'idée de la loi.

brevet *d'importation* admis par la législation antérieure, et qui avait été l'objet de critiques fondées.
(*V.* cependant n° 8.)

Il faut, pour que le privilége de l'inventeur existe,
la réunion des trois conditions suivantes :

1° Qu'il y ait une découverte ou une invention nouvelle ;

2° Qu'il s'agisse d'une matière susceptible d'être
brevetée ;

3° Que l'inventeur remplisse les formalités prescrites
par la loi pour obtenir le brevet.

3. La loi considère comme *invention* ou *découverte nouvelle* (1) l'invention de nouveaux produits industriels;
l'invention de nouveaux moyens, ou l'application
nouvelle de moyens connus pour l'obtention d'un *résultat* ou d'un *produit* industriel. (*Id.*, art. 2.) Tels
seraient la découverte d'un moteur autre que la vapeur;
l'emploi de la vapeur pour obtenir de nouveaux résultats, ou la création d'une machine qui produirait à
meilleur marché que celles dont on se sert aujourd'hui.
L'invention doit être *nouvelle,* car la société ne consent
à accorder un monopole même temporaire que sous la
condition qu'elle recevra quelque chose en échange.
Ainsi un procédé déjà connu, soit parce que son auteur l'a divulgué (2), ou même parce que le secret lui
a été surpris (3), soit parce qu'il a été trouvé et appliqué par d'autres (4), soit parce qu'il a été décrit dans

---

(1) L'*invention*, dit-on, diffère de la *découverte* en ce qu'elle produit
quelque chose qui n'existait pas auparavant, tandis que la découverte met
en lumière quelque chose qui existait, mais qui, jusqu'alors, avait échappé à
l'observation. Cette différence n'a aucune importance légale.

(2) Arrêt de la cour de cassation du 10 février 1806.

(3) Sauf les dommages-intérêts, qu'il a le droit de demander contre ceux
qui ont abusé de sa confiance. Si c'est l'usurpateur lui-même qui est breveté,
l'inventeur pourra obtenir des tribunaux la subrogation à ses droits.

(4) Arrêt de la cour de cassation des 19 mai 1821, 15 mars 1828, 24 décembre 1833.

un ouvrage publié (1), ne peut donner lieu à un brevet valable (2). (*Id.*, art. 1, 2, 30, § 1.) Peu importe que la publicité ait eu lieu en France ou à l'étranger, si elle existait antérieurement à la date du dépôt de la demande, et si elle était suffisante pour que le procédé pût être exécuté. (*Id.*, art. 31.)

Les seuls procédés qui puissent donner lieu à des brevets sont ceux relatifs à *l'industrie;* c'est-à-dire ceux qui sont susceptibles « de donner des produits que la main de l'homme ou les machines qu'il dirige puissent fabriquer, et qui puissent entrer dans le commerce pour être achetés et vendus (3). »

Ainsi, tout ce qui est du domaine de l'intelligence pure, les principes, méthodes, systèmes, découvertes, et conceptions théoriques ou purement scientifiques, dont on n'a pas indiqué les applications industrielles, ne peuvent donner lieu à des brevets d'invention. (*Id.*, art. 30, § 3.) C'est d'après ce principe que la cour de Grenoble a décidé, le 12 juin 1830, qu'une méthode de lecture ne pouvait pas être l'objet d'un brevet d'invention.

Les procédés agricoles ne sont pas compris dans les termes de la loi, qui ne parle que d'*industrie;* leur influence sur la prospérité publique est telle, que l'on ne pourrait, sans les plus grands inconvénients, les soumettre à un monopole. Il n'en est pas de même des instruments d'agriculture, dont les inventeurs peuvent être brevetés.

Les compositions pharmaceutiques, ou remèdes de toute espèce, ne peuvent être l'objet de brevets. (*Id.*,

(1) Arrêt de la cour de cassation du 20 mai 1844.

(2) La publicité d'un brevet ne peut résulter de la communication officielle qui en est faite par le ministre, aux termes de la loi; c'est seulement une communication d'intérêt privé qui peut produire cet effet. C. Cass., 8 juillet 1848.

(3) *V.* M. Renouard, Traité des brevets d'invention.

art. 3, § 1.) Cette disposition a été introduite dans la loi nouvelle sur la demande de l'Académie de médecine, de la commission des pharmaciens du département de la Seine, et d'autres corps savants, qui l'ont sollicitée dans l'intérêt de la santé publique, et pour prévenir les fraudes du charlatanisme. Du reste, les remèdes secrets continuent à être régis par les lois qui leur sont spéciales. Il existe des produits qui sont à la fois utiles pour les arts et pour la médecine ; l'*inventeur* d'un produit de cette nature ne pourrait pas le faire breveter comme remède ; mais rien ne nous paraît s'opposer à ce qu'il le fasse breveter comme produit *industriel*.

Les plans et combinaisons de crédit et de finance ne peuvent non plus obtenir de brevet. (Art. 3, § 2.) A peine les lois de 1791 avaient-elles paru, que des spéculateurs revêtirent de l'autorité que l'opinion publique attache aux brevets. des combinaisons financières à l'aide desquelles ils firent un grand nombre de dupes. Un décret du 20 septembre 1792 fut rendu pour remédier au mal ; il prohiba pour l'avenir la délivrance de brevets aux établissements financiers, et supprima l'effet de ceux qui avaient été accordés. Cette prohibition est renouvelée dans le second § de l'art. 3 de la loi du 5 juillet 1844.

Enfin le 4e § de l'art. 30 de la loi prononce la nullité des brevets accordés pour des découvertes, inventions ou applications reconnues contraires à l'ordre, à la sûreté publique, aux bonnes mœurs, ou aux lois, sans préjudice, ajoute-t-il, des peines qui pourraient être encourues pour la fabrication ou le débit d'objets prohibés. La question de savoir ce qui doit être considéré comme contraire à l'ordre, à la sûreté publique, ou aux bonnes mœurs, est laissée au pouvoir discrétionnaire des tribunaux; quant aux découvertes contraires aux lois, on peut citer comme exemple un procédé pour la fabrication de la poudre à feu, dont le monopole est réservé au gouvernement. Non-seulement le brevet qui aurait été accordé par mégarde serait insuffisant pour autoriser l'exploitation de cette industrie, mais il ne mettrait pas l'inventeur à l'abri des peines prononcées par la loi. Par la même raison, si l'industrie est soumise dans son exercice à des règles spéciales, la délivrance du brevet ne dispense pas de l'observation de ces règles.

4. Lorsque le breveté ou son ayant droit veut apporter à l'invention, pendant la durée du brevet, des changements, perfectionnements ou additions, il a deux partis à prendre : il peut les faire constater par un *certificat* délivré dans la même forme que le brevet principal, qui produit les mêmes effets que ce brevet, et qui expire avec lui; ou bien prendre un *brevet principal* de cinq, dix ou quinze années (16, 17) : ce brevet, bien que le nom ne lui ait point été donné dans la loi, n'est autre que le brevet de *perfectionnement* de la loi de 1791, dont il a tous les effets. (*V. hic*, p. 83, n° 1.)

5. Le brevet de perfectionnement peut aussi être pris par un autre que l'inventeur, mais sans préjudice à ses droits. L'invention est le sujet, la perfection est une addition, disait le rapporteur de l'Assemblée constituante; ces deux choses différentes appartiennent à leurs auteurs respectifs : « l'une est l'arbre, et l'autre la greffe. » Le perfectionnement constitue donc une propriété distincte de l'*invention*, mais de la même nature. Ces deux droits coexistent sans se nuire l'un à l'autre. Ainsi le premier inventeur breveté a toujours le droit privatif d'exploiter son invention, mais il ne peut y appliquer le perfectionnement sans le consen-

tement du second inventeur ; et celui-ci, propriétaire de son perfectionnement, ne peut l'appliquer qu'à des objets qui sortent des mains du premier inventeur. Supposons que, le premier inventeur des machines à vapeur ayant pris un brevet, un individu imagine un appareil qui fasse cesser tout danger d'explosion : cet appareil ne pourra être adapté aux machines qu'avec l'autorisation de son inventeur, et pareillement celui-ci ne pourra fabriquer de machines pour y placer son appareil ; il sera obligé de les acheter du propriétaire du brevet. Dans ce cas, chaque chose pouvant exister séparément, on conçoit facilement l'existence de deux droits distincts.

Il y a plus de difficulté lorsqu'il s'agit, non pas de choses matérielles, mais de procédés de fabrication, et que le perfectionnement ne peut être employé indépendamment du procédé primitif. En appliquant les mêmes principes, on voit que le premier breveté ne pourra se servir du perfectionnement sans l'autorisation de son auteur, et que celui-ci, s'il ne s'entend pas avec le propriétaire du procédé, sera obligé d'ajourner l'application de son perfectionnement jusqu'à l'époque à laquelle le procédé breveté tombera dans le domaine public. Aussi est-il souvent de l'intérêt bien entendu des deux inventeurs de s'associer pour exploiter ensemble le produit de leurs découvertes.

6. Il arrive quelquefois qu'un inventeur, soit par la crainte de se voir devancé, soit parce que son esprit, fatigué des premières recherches, ne lui fournit plus rien, se hâte de se faire breveter et de livrer à la publicité un procédé encore imparfait. La loi de 1791 ne prescrivait aucun délai pendant lequel il fût interdit de prendre un brevet de perfectionnement ; il en résultait que, peu de temps après l'apparition d'une invention

nouvelle, des spéculateurs s'empressaient de se faire breveter pour des améliorations que probablement l'expérience aurait révélées à l'inventeur primitif, et venaient ainsi, sans se donner beaucoup de peine, lui enlever une partie de ses bénéfices. La protection que l'on doit aux perfectionnements de l'industrie et le respect des droits de l'inventeur ont été conciliés par la loi nouvelle : pendant un an, le breveté ou ses ayants droit peuvent *seuls* obtenir un brevet pour un *changement*, un *perfectionnement* ou une *addition* à l'invention qui fait l'objet du brevet primitif; néanmoins toute personne peut, dans le cours même de cette année, former une demande qui est transmise et reste déposée sous cachet au ministère du commerce; à l'expiration de l'année, le cachet est brisé, et le brevet est délivré. Lorsque plusieurs demandes ont été formées dans le cours de cette année pour le même perfectionnement, il faut distinguer : si au nombre des demandeurs se trouve le breveté principal, il a la préférence sur tous les autres, quand même leur demande serait antérieure en date; entre les autres demandeurs, la priorité, selon nous, doit être déterminée par la date et l'heure du dépôt de la demande. (Articles 5, 7 et 8.)

7. La loi de 1791 avait encore un autre inconvénient. Un inventeur de mauvaise foi cédait son brevet, puis ensuite il prenait un brevet de perfectionnement qui rendait presque inutile le droit qu'il avait cédé, et obligeait ainsi le cessionnaire à traiter de nouveau avec lui. Pour prévenir cette fraude, l'art. 22 de la loi décide que les cessionnaires d'un brevet, et ceux qui ont acquis d'un breveté ou de ses ayants droit la faculté d'exploiter sa découverte, profiteront de *plein droit* des *certificats d'addition* qui seront ultérieurement délivrés au breveté ou à ses ayants droit. Par un système de juste

réciprocité, le breveté, à moins qu'il n'ait cédé l'inté-
gralité de ses droits, profite aussi des certificats d'addition qui sont ultérieurement délivrés aux cessionnaires
(art. 22); de telle sorte que, comme le dit l'art. 16,
les certificats d'addition pris par un des ayants droit
profitent à tous les autres. Tous ceux qui ont le droit
de profiter d'un certificat d'addition peuvent, moyennant un droit fixé par la loi, en lever une expédition
au ministère du commerce. (Art. 22.) L'art. 22
ne parle que des *certificats d'addition;* il n'est donc
pas applicable aux *brevets de perfectionnement;* c'est
ce qui a été dit dans le rapport fait à la Chambre des
pairs et dans la discussion de la Chambre des députés.
Il résulte de cette restriction que la loi autorisant, dans
l'article 17, le breveté à prendre un brevet principal
aussi bien pour une *addition* que pour un *perfectionnement*, celui-ci pourra facilement éluder les dispositions fort sages de l'article 22. En vain dira-t-on
que le brevet de perfectionnement ayant un existence
principale, et n'étant point, comme le certificat d'addition, incorporé avec le premier brevet, on ne pouvait
en faire profiter le cessionnaire de ce brevet; on prou-
verait seulement que la loi a eu tort de rétablir le brevet
de perfectionnement, ou du moins d'autoriser ceux qui
ont cédé tout ou partie d'un brevet à prendre autre
chose qu'un certificat d'addition. Il est certain que
l'option qu'on leur laisse sera toujours pour eux un
moyen d'éluder la loi. M. Renouard pense, n° 116,
que le cessionnaire pourrait obtenir soit la nullité
de la cession, soit des dommages-intérêts, s'il était
évident que le breveté n'a pris un brevet de perfectionnement au lieu d'un simple certificat d'addition qu'en
vue de rançonner ses cessionnaires.

8. La loi de 1791 accordait un brevet qu'elle qua-

lifiait *d'importation,* à l'individu qui apportait le premier en France une découverte étrangère brevetée en pays étranger. Le privilége de l'importateur était le même que celui de l'inventeur, mais il ne durait pas plus que le brevet délivré à l'étranger. Ce brevet avait été l'objet de graves critiques; on disait qu'il gênait les développements de l'industrie sans avantages véritables, parce que les inventions utiles sont facilement importées d'un pays à l'autre; qu'il était contraire au principe de la nouveauté du procédé breveté; qu'enfin il donnait à l'importateur la même récompense qu'à l'inventeur, quoiqu'il y eût entre eux une grande différence de mérite. La loi de 1844 supprime implicitement le brevet d'importation; cependant elle autorise l'auteur d'une invention ou d'une découverte déjà breveté en pays étranger, à obtenir en France un brevet dont la durée ne pourra excéder celle du brevet antérieurement pris à l'étranger. (Art. 29.) Pour que l'auteur de la découverte déjà brevetée en pays étranger puisse jouir en France de cette faveur, il faut que la découverte n'ait pas reçu de publicité en pays étranger (arg. de l'art. 31); ce qui arrive rarement, à cause de la publicité officielle donnée aux procédés dans la plupart des États européens. Il faut aussi, ce nous semble, qu'il n'ait point encore mis en vente ses produits, même en pays étranger, si cette mise en vente peut faire connaître le procédé.

L'article ne parle que de *l'auteur d'une invention.* Il nous semble que le même droit appartiendrait, sous les mêmes conditions, aux cessionnaires et ayants cause de l'auteur.

9. Les brevets peuvent être pris pour 5, 10 ou 15 ans, au choix du demandeur (art. 4); leur durée ne peut être prolongée que par une loi. (Art. 15.) Le

breveté est obligé de payer 100 fr. par an, sous peine de déchéance s'il laisse écouler un terme sans payement. (Art. 4.) On a préféré avec raison le payement des annuités au payement intégral ou par moitié qu'admettait la loi du 25 mai 1791.

10. L'industrie n'étant plus entravée par des règlements contraires à la liberté, le droit de travailler appartenant à tous, et la loi ne contenant aucune restriction sur ce point, les brevets peuvent être demandés par des individus de l'un ou de l'autre sexe, français ou étrangers (art. 27.) Il résulte même de la discussion que le ministre n'a point à examiner la capacité civile du réclamant; que par conséquent le brevet doit être délivré aux femmes mariées, aux mineurs, lors même que leur demande n'est point accompagnée de l'autorisation du mari ou du tuteur; il doit l'être également au mort civilement, auquel la loi ne refuse pas le droit naturel de travailler et d'acquérir. (C. civ., article 33.) Mais si les incapables propriétaires d'un brevet sont obligés d'ester en jugement à son occasion, ils doivent être assistés des protecteurs que leur donne la loi.

11. Les formalités à remplir pour obtenir un brevet consistent à déposer sous cachet au secrétariat de la préfecture du domicile réel ou élu du demandeur : 1° une demande adressée au ministre de l'agriculture et du commerce; 2° une description, 3° des dessins, 4° le bordereau des pièces déposées; il faut joindre à ce dépôt un récépissé de 100 fr., premier terme de l'annuité. (Art. 5.)

Des formalités nombreuses sont prescrites à l'égard de ces différents actes.

La demande doit être *limitée* à un seul objet principal; car, chaque brevet donnant lieu au payement d'un droit, on pourrait frauder le fisc en réunissant dans la même demande, et par suite dans le même brevet, des inventions différentes. Mais, une invention pouvant se composer de la réunion de plusieurs inventions particulières, et chacune d'elles pouvant avoir des applications variées, la même demande peut contenir le détail des différents objets qui constituent l'invention, et l'indication des différentes applications que l'on veut en faire. (Art. 6, § 1.) Le brevet produit alors son effet non-seulement quant à l'invention principale, mais encore quant aux inventions partielles qui la constituent, relativement aux applications indiquées.

La demande doit mentionner la durée que les réclamants entendent assigner à leur brevet; ils ont le choix, comme nous l'avons dit, entre 5, 10 et 15 ans (art. 4). Le demandeur a toujours intérêt à choisir le terme de 15 ans, parce que les termes moins longs ne peuvent être prorogés que par une loi (art. 15), et que, d'un autre côté, le breveté qui ne tire pas un bon parti de son invention peut, à quelque époque que ce soit, en abandonnant son privilége, se dispenser, pour l'avenir, de payer l'indemnité (Art. 4.)

Le brevet ne peut être délivré que dans les termes mêmes de la loi; la demande, par conséquent, ne doit contenir aucune restriction, réserve, condition, etc.; enfin, elle doit donner à l'invention *un titre* qui renferme la désignation sommaire et précise de son objet, afin de faciliter les recherches que d'autres personnes peuvent avoir intérêt à faire. (Art. 6, § 2 et 3.) La fraude qui aurait pour résultat de faire prendre le change sur l'objet du brevet entraînerait sa nullité. (Art. 30, n° 5.)

12. La description et les dessins qui doivent être joints à la demande constituent ce qu'on appelle la

spécification, c'est-à-dire la détermination précise de l'invention. La description ne peut être écrite en langue étrangère ; elle doit être sans altération ni surcharge ; les mots rayés comme nuls sont comptés et constatés, les pages et les renvois sont paraphés ; elle ne doit contenir aucune dénomination de poids ou de mesures autres que celles approuvées par la loi. (Art. 6, § 4.) Voilà pour la forme ; quant au fond, la description doit être faite avec assez de soin et de détails pour qu'elle suffise à l'exécution de l'invention ; si elle n'indiquait pas d'une manière complète et loyale les véritables moyens de l'invention, le brevet serait nul. (Art. 30, n° 6.)

Les dessins, quand ils sont nécessaires pour l'intelligence de la description, sont tracés à l'encre, d'après une échelle métrique ; des échantillons et des modèles peuvent aussi être joints, suivant les circonstances. La description et les dessins sont faits en *duplicata*, l'un des exemplaires devant être remis au demandeur comme accessoire de son brevet. (Art. 11, § 3.) Toutes ces pièces sont signées par le demandeur, ou par un mandataire dont le pouvoir reste annexé à la demande. (Art. 6, § 4, 5, 6, 7.)

La *spécification* est exigée pour plusieurs motifs : elle détermine la nature et l'étendue du privilége accordé au breveté ; elle permet de mettre, à l'expiration du brevet, la société en jouissance de l'invention. Elle est aussi dans l'intérêt du breveté et dans l'intérêt des tiers : dans l'intérêt du breveté, puisqu'elle doit servir de base aux poursuites en contrefaçon par lesquelles il protégera son privilége ; dans l'intérêt des tiers, puisque ceux qui veulent prendre un brevet pour une invention ont intérêt à savoir si déjà ils n'ont pas été prévenus ; enfin elle provoque les perfectionnements, et les applications à des cas non prévus dans le brevet, des procédés qui y sont décrits.

13. Pour produire ces différents résultats, la spécification doit recevoir de la publicité; aussi les descriptions, dessins, échantillons et modèles des brevets délivrés restent, jusqu'à l'expiration des brevets, déposés au ministère de l'agriculture et du commerce, où ils sont communiqués sans frais à toute réquisition, et où toute personne peut en prendre copie à ses frais. Après le payement de la deuxième annuité, les descriptions et dessins sont publiés, soit textuellement, soit par extraits; le recueil des descriptions et dessins est déposé au ministère du commerce et au secrétariat de la préfecture de chaque département; à l'expiration des brevets, les originaux des descriptions et dessins sont déposés au Conservatoire des arts et métiers; enfin un catalogue contenant les titres des brevets délivrés dans le courant de l'année est publié au commencement de l'année suivante. Ce catalogue est déposé au ministère du commerce et au secrétariat de chaque préfecture, où il peut être consulté sans frais, ainsi que le recueil des descriptions et dessins (art. 23, 24, 25, 26). Cette publicité nécessaire, comme nous l'avons dit ci-dessus, ne présente aucun inconvénient pour le breveté, qui, en vertu de son privilége, peut toujours poursuivre les contrefacteurs.

14. Les pièces dont nous avons parlé n° 11 sont déposées au secrétariat de la préfecture; un procès-verbal, dressé sans frais par le secrétaire général de la préfecture sur un registre particulier, et signé par le demandeur, constate chaque dépôt, en annonçant le jour et l'heure de la remise des pièces. Cette indication a une grande importance, car la durée du brevet court du jour du dépôt. L'indication du jour et de l'heure doit

aussi déterminer la préférence entre deux brevetés. (Art. 7, 8, 10.) Le déposant a donc intérêt à se munir d'une expédition du procès-verbal de dépôt, qui lui est délivrée moyennant le remboursement des frais de timbre. (Art. 7.)

Le préfet n'est point chargé de l'examen de la demande; il doit, dans les cinq jours de la date du dépôt, envoyer au ministre du commerce le paquet cacheté, en y joignant une copie du procès-verbal et le récipissé de la taxe. (Art. 11.) A l'arrivée des pièces au ministère, il est procédé à l'ouverture, à l'enregistrement des demandes, et à l'expédition des brevets dans l'ordre de réception desdites demandes. Les brevets dont la demande a été régulièrement formée sont délivrés par un arrêté du ministre; la première expédition est délivrée sans frais au breveté. (Art. 11.) Un arrêté du président de la république, inséré au *Bulletin des Lois*, proclame tous les trois mois les brevets délivrés. (Art. 14.)

15. Ici se présentait la question de savoir si la délivrance du brevet serait précédée d'un examen préalable ayant pour but de constater la réalité, la nouveauté, le mérite de l'invention, et l'accomplissement de toutes les conditions dont la loi fait dépendre le privilége; mais les plus graves objections s'élèvent contre un semblable système; il faudrait, avant tout, obliger l'inventeur à dévoiler son secret sans qu'il fût certain d'obtenir le privilége qu'il réclame, chose pour laquelle un inventeur éprouvera toujours la plus grande répugnance. D'un autre côté, l'examen offrirait par lui-même la plus grande difficulté, et, quels que fussent les hommes qui en seraient chargés, on pourrait craindre ou l'inexactitude ou la partialité; l'un ou l'autre de ces reproches ne manquerait jamais d'être proféré par

l'individu dont la demande aurait été repoussée. Enfin, quelle serait l'importance de la décision rendue en faveur d'un inventeur, si plus tard son brevet était l'objet d'attaques appuyées de preuves incontestables, si par exemple on venait prouver que le procédé était décrit dans un ouvrage que la commission d'examen ne connaissait pas? Il est beaucoup plus simple et bien plus juste de repousser ici le système *préventif* et de se contenter du système *répressif*.

Ainsi tout individu qui réclame un brevet d'invention doit l'obtenir, pourvu qu'il ait rempli les formalités prescrites par la loi. Mais ce brevet est à ses risques et périls; si l'invention est contraire à la loi, si elle n'est pas nouvelle, si elle a déjà été publiée, il court le risque de la déchéance du brevet, de la perte des droits consignés, et même de condamnations criminelles ou civiles, suivant les circonstances. Quant à la futilité ou à l'inutilité de l'invention, elle tombe encore sur l'inventeur, qui n'est point indemnisé par ses profits des dépenses que lui a nécessitées l'obtention du brevet. Mais, de crainte que les brevetés, porteurs d'un titre revêtu de formes solennelles, n'en abusent en le présentant comme une attestation favorable du gouvernement, l'article 33 de la loi du 5 juillet 1844 veut que quiconque mentionne sa qualité de breveté ou son brevet, ajoute à la mention les mots : *sans garantie du gouvernement*, sous peine d'une amende de 50 à 1,000 fr., qui peut être doublée en cas de récidive.

16. S'il y aurait de l'inconvénient à laisser l'administration juge de l'accomplissement des conditions du fond, il n'y a que de l'avantage à lui confier l'appréciation de l'accomplissement des formes ; aussi le ministre doit-il vérifier si la description, et les dessins quand ils sont nécessaires pour l'intelligence de la des-

7

cription, ont été déposés, et si ces différentes pièces sont revêtues des formalités prescrites par l'art. 6. Dans le cas de la négative, le ministre refuse de délivrer le brevet, la moitié de la somme versée est acquise au Trésor; toutefois le demandeur ne perd pas même cette moitié, s'il reproduit une demande régulière dans le délai de 3 mois à partir de la date de la notification du rejet. Le ministre, juge ici d'une question de forme, statue sur une *matière contentieuse;* nous pensons que le demandeur peut se pourvoir contre sa décision devant le conseil d'État, dans le délai de 3 mois de la notification du rejet, et attaquer sa décision, soit pour excès de pouvoir, soit quant au fond; mais il aura presque toujours plus d'intérêt à renouveler sa demande d'une manière régulière, qu'à prendre cette voie longue et dispendieuse.

17. Le brevet donne à celui qui l'obtient le droit d'user seul de son procédé et d'en vendre seul les produits pendant la durée du brevet; ce droit constitue une propriété mobilière qui se transmet, comme les autres, par succession, donation ou vente. La cession peut être totale ou partielle. Dans le premier cas, le breveté est dessaisi de tous ses droits, qui passent au cessionnaire; dans le second cas, la cession peut porter sur une partie du droit lui-même : par exemple, elle peut n'avoir lieu que pour le droit de vendre, le breveté se réservant celui de fabriquer; elle peut aussi être totale, mais pour une partie du territoire seulement, le breveté ne transférant son droit que pour la circonscription désignée. Il ne faut pas confondre les cessions même partielles du brevet avec les licences ou autorisations de se servir du procédé. Dans ces derniers cas, le breveté ne se dépouille pas du droit, dont il ne cède que la jouissance; lui seul peut poursuivre les contre-

façons; c'est contre lui que doivent être intentées les actions en nullité et en déchéance; par la même raison, les formalités de la *cession*, dont nous allons parler, ne sont pas exigées pour la concession de licence. Enfin celui qui n'a qu'une licence ne peut céder son droit à un autre, tandis que le cessionnaire peut le faire.

18. La loi a cru devoir entourer la *cession* du brevet de formalités qui ont pour but de lui donner une date certaine et de la faire connaître aux tiers. La cession totale ou partielle d'un brevet, dit l'art. 20, soit à titre onéreux, soit à titre gratuit, ne pourra être faite que par acte notarié; elle ne sera valable à l'égard des tiers qu'après avoir été enregistrée au secrétariat de la préfecture du département dans lequel l'acte aura été passé. Cet enregistrement est fait sur la production et le dépôt d'un extrait authentique de l'acte de cession ; une expédition du procès-verbal d'enregistrement, accompagnée d'un extrait de l'acte, est transmise par le préfet, dans les cinq jours de la date du procès-verbal, au ministère du commerce, où la mutation est inscrite sur un registre spécial. Tous les trois mois, un arrêté du président de la république proclame les mutations enregistrées pendant le trimestre expiré. (Art. 20, 21.)

Ces formalités sont établies dans l'intérêt des tiers, qui peuvent ainsi vérifier si le cédant est encore propriétaire du brevet; mais si elles sont essentielles à leur égard, elles ne le sont pas quant à la validité de la cession entre les parties : ainsi la nullité ne pourrait être invoquée par le cédant contre le cessionnaire, et réciproquement, ni par leurs héritiers, parce qu'il suffit, pour que l'obligation existe entre eux, qu'elle soit prouvée suivant les règles ordinaires. (C. de cass., 20 nov. 1822.)

La loi prend une précaution fiscale, en exigeant que

la cession totale ou partielle soit précédée du payement de la totalité de la taxe. (Art. 20, 21.) L'enregistrement à la préfecture n'est prescrit à peine de nullité que dans le cas de cession; cependant la loi le considère encore comme utile lorsque la propriété est transmise par l'effet d'une succession légitime ou testamentaire; car elle parle de l'enregistrement nonseulement des actes de *cession*, mais encore des autres actes de mutation; toutefois la nullité résultant du principe d'accomplissement de cette formalité ne nous paraît s'appliquer qu'à la cession proprement dite (1). (*V.* art. 20, § 4, et art. 21.)

La cession d'un brevet, sauf la formalité spéciale que nous venons d'indiquer, est soumise aux mêmes règles que les cessions ordinaires : ainsi elle serait sans cause, et il y aurait lieu à la répétition du prix payé, si le brevet était annulé plus tard. D'un autre côté, nous avons déjà vu que l'inventeur, en cédant le brevet, est censé céder par avance le privilége des additions dont les certificats pourront lui être délivrés plus tard, et que réciproquement, si la cession n'est pas totale, le breveté profitera des additions des cessionnaires. (Art. 22.)

19. Le droit du propriétaire du brevet est garanti par des peines correctionnelles prononcées contre ceux qui y portent atteinte soit par la fabrication de produits, soit par l'emploi de moyens faisant l'objet du brevet : c'est ce qui constitue le délit de *contrefaçon*. (Art. 40.) La contrefaçon existe même de la part de celui qui n'a pas fait usage du procédé dans un but commercial; il suffit qu'il ait pu causer un préjudice

---

(1) La cour de cassation a décidé, le 10 août 1849, que le copropriétaire d'un brevet, investi de la propriété exclusive du brevet par l'effet du partage, n'est pas tenu de remplir les formalités de l'enregistrement.

au breveté. Le délit ne peut être excusé par la prétendue ignorance de l'existence du privilége. L'art. 44
punit des mêmes peines que les contrefacteurs ceux
qui ont *sciemment* recélé, vendu, exposé en vente ou
introduit sur le territoire français, un ou plusieurs
objets contrefaits; mais, à la différence du cas précédent,
la loi admet la bonne foi comme excuse. (Art. 41.)

20. Le propriétaire du brevet qui veut constater la
contrefaçon doit présenter requête au président du
tribunal, qui, sur le vu du brevet, rend une ordonnance par laquelle il autorise à faire procéder par tout
huissier à la désignation et description détaillée des
objets prétendus contrefaits. Cette ordonnance contient, s'il y a lieu, nomination d'un expert pour aider
l'huissier dans sa description; elle peut aussi autoriser
le propriétaire du brevet à saisir les objets prétendus
contrefaits, avec ou sans obligation de donner caution,
à moins que ce ne soit un étranger, dans lequel cas le
cautionnement est de rigueur (art. 47). La saisie est
assujettie à des formes prescrites à peine de nullité par
l'article 47; elle devient également nulle lorsque le
saisissant ne s'est pas pourvu, soit par la voie civile,
soit par la voie correctionnelle, dans le délai prescrit
par l'art. 48; des dommages-intérêts peuvent même
dans ce cas être prononcés contre lui. L'action civile
portée devant le tribunal civil a pour but d'obtenir
seulement des dommages-intérêts; l'action correctionnelle portée devant le tribunal de police correctionnelle a pour but en outre l'application des peines de la
contrefaçon, qui sont déterminées par les art. 40, § 1,
42, 43, 44. La première peut être intentée par le propriétaire du brevet, la seconde ne peut l'être que par
le ministère public, qui doit attendre la plainte de la
partie lésée. (Art. 45.) Le tribunal de police correc-

tionnelle prononce, outre les peines dont nous venons de parler, la confiscation des objets reconnus contrefaits, et, le cas échéant, celle des instruments ou ustensiles destinés spécialement à leur fabrication, au profit du propriétaire du brevet. Cette confiscation doit être prononcée même en cas d'acquittement pour bonne foi du recéleur ou vendeur. (Art. 49.)

21. La loi, en attachant un privilége au brevet, le fait dépendre de l'accomplissement de certaines conditions qui doivent exister au moment de sa délivrance, ou qui doivent être accomplies après. Si les premières ne se rencontrent pas, il y a *nullité*; si les secondes ne sont pas accomplies, il y a *déchéance* du brevet. Ainsi la *nullité* remonte à l'origine même du brevet, et ne permet pas qu'il ait été valable un seul instant; tandis que la *déchéance* laisse subsister les effets produits jusqu'au jour où le fait dont elle résulte a eu lieu, et ne détruit l'effet du brevet que pour l'avenir.

Le brevet est nul :

1° Si la découverte, invention ou application n'est pas nouvelle ;

2° Si la découverte, invention ou application n'est pas, aux termes de l'art. 3, susceptible d'être brevetée;

3° Si les brevets portent sur des principes, méthodes, systèmes, découvertes et conceptions théoriques ou purement scientifiques, dont on n'a pas indiqué les applications industrielles (*v*. n° 3);

4° Si la découverte, invention ou application est reconnue contraire à l'ordre ou à la sûreté publique, aux bonnes mœurs ou aux lois, sans préjudice, dans ce cas et dans celui du paragraphe précédent, des peines qui pourraient être encourues pour la fabrication ou le débit d'objets prohibés;

5° Si le titre sous lequel le brevet a été demandé indique frauduleusement un objet autre que le véritable objet de l'invention ;

6° Si la description jointe au brevet n'est pas suffisante pour l'exécution de l'invention, ou si elle n'indique pas d'une manière complète et loyale les véritables moyens de l'inventeur ;

7° Si le brevet a été obtenu contrairement aux dispositions de l'art. 18.

Les certificats comprenant des changements, perfectionnements ou additions, sont soumis aux mêmes causes de nullité, et de plus ils ne sont valables qu'autant qu'ils se rattachent au brevet principal. (Article 30, 31.)

22. La déchéance du breveté est prononcée :

1° Si le breveté n'a pas acquitté son annuité avant le commencement de chacune des années de la durée de son brevet ;

2° Si le breveté n'a pas mis en exploitation sa découverte ou invention en France dans le délai de deux ans à dater du jour de la signature du brevet, ou s'il a cessé de l'exploiter pendant deux années consécutives; à moins que, dans l'un ou l'autre cas, il ne justifie des causes de son inaction.

En accordant un privilége au breveté, la loi veut qu'il fasse profiter la France des bénéfices de son industrie. Le délai qu'on lui accorde a paru nécessaire pour l'organisation de ses ateliers ou de ses usines; mais son inaction ne peut lui préjudicier qu'autant qu'elle est volontaire, et les tribunaux sont appelés à apprécier les obstacles qu'il a pu rencontrer.

3° Si le breveté a introduit en France des objets fabriqués en pays étranger et semblables à ceux qui sont garantis par son brevet. Ici le breveté préjudicie à l'industrie nationale en faisant venir de l'étranger des objets qu'il devrait faire fabriquer en France. Mais la loi permet au ministre de l'agriculture et du commerce d'autoriser le porteur d'un brevet étranger à introduire en France le modèle des machines pour lesquelles il vient solliciter un brevet, conformément à l'art. 29. (Art. 32.)

23. Les actions en nullité et en déchéance peuvent être exercées par toute personne y ayant intérêt, c'est-à-dire exerçant ou voulant exercer l'industrie dont le brevet est frappé de nullité ou de déchéance; les tribunaux sont juges de la réalité de cet intérêt. Ces actions sont portées devant les tribunaux civils de 1re instance, qui procèdent comme en matière sommaire. (Art. 34, 36.) Si la demande est dirigée en même temps contre le titulaire du brevet et contre un ou plusieurs cessionnaires partiels, elle doit être portée devant le tribunal du domicile du titulaire du brevet. (Art. 35.) Mais lorsque la nullité ou la déchéance est proposée comme moyen de défense par l'individu poursuivi comme coupable de contrefaçon, elle peut être jugée par le tribunal de police correctionnelle saisi de la poursuite. (Art. 46.)

24. Les jugements rendus sur des actions en nullité ou en déchéance de brevets sont soumis aux règles générales relatives à l'autorité de la chose jugée; ils ne peuvent donc avoir d'effet que vis-à-vis les parties entre lesquelles ils ont été rendus (C. civ., art. 1351) : d'où il résulte que, malgré la nullité ou la déchéance prononcée contre un breveté, celui-ci pourrait encore poursuivre en contrefaçon des individus qui, n'ayant pas été parties dans le 1er procès, ne pourraient lui opposer l'autorité de la chose jugée. On pourrait ainsi voir des décisions différentes rendues, quant à la validité du même brevet, par divers tribunaux. Pour obvier à cet inconvénient, l'art. 37 autorise le minis-

tère public à se rendre, quand il le juge convenable, partie intervenante dans toutes les instances de cette nature, et à prendre des réquisitions pour faire prononcer la nullité ou la déchéance *absolue* du brevet; il peut même se pourvoir directement par action principale, dans les cas de nullité d'ordre public prévus par les numéros 2, 4 et 5 de l'art. 30. (Art. 37.) Dans l'un et l'autre cas, tous les ayants droit au brevet dont les titres ont été enregistrés au ministère du commerce (art. 21) doivent être mis en cause (art. 38). Si la nullité ou la déchéance absolue d'un brevet est prononcée par un jugement ou un arrêt ayant acquis force de chose jugée, comme alors elle peut être invoquée par tout le monde, il en est donné avis au ministre du commerce, et la nullité ou déchéance est publiée de la même manière que l'a été le brevet. (Art. 39.)

25. La loi actuelle ne change rien aux brevets d'invention, d'importation et de perfectionnement délivrés ou prorogés, avant sa promulgation, conformément aux lois antérieures; ils conservent leur effet pendant tout le temps assigné à leur durée (art. 53). Quant aux procédures, celles commencées avant la promulgation de la loi ont dû être mises à fin conformément aux lois antérieures; mais les actions en contrefaçon, celles en nullité ou en déchéance, qui se rapportent à des brevets délivrés antérieurement, et qui n'étaient pas intentées avant la promulgation de la loi, ont été soumises à ses dispositions. (Art. 54.)

Ce qui va suivre remplace le 1er chapitre du titre 3 de la première partie, depuis la page 552 jusqu'à la page 585.

DROITS POLITIQUES.

ÉLECTIONS LÉGISLATIVES. — JURY.

SOMMAIRE.

1. *Attribution des droits politiques à tous les citoyens.*
2. *Confection de la liste électorale. — Quelles personnes on doit y porter.*
3. *Permanence des listes. — Révision.*
4. *Rectification des listes revisées.*
5. *Délai et mode du recours de la part des citoyens.*
6. *Jugements des réclamations.*
7. *Pourvoi devant la cour de cassation.*
8. *Clôture de la liste.*
9. *Circonscriptions électorales. — Subdivision en sections.*
10. *Cas dans lesquels les colléges électoraux se réunissent.*
11. *Mode du vote. — Clôture et dépouillement du scrutin. — Recensement du vote.*
12. *Vote des militaires, des marins, des électeurs absents de leur domicile.*
13. *Code pénal électoral.*
14. *Composition de la liste du jury. — Révision annuelle.*
15. *Mode des recours.*
16. *Composition de la liste annuelle.*
17. *Désignation des jurés qui doivent faire le service des assises.*

1. La Constitution ayant proclamé le suffrage universel et déclaré citoyens tous les Français âgés de 21 ans, la loi électorale n'a plus qu'à déterminer les cas d'incapacité ou d'indignité, à réglementer la confection des listes, le lieu et la forme du vote. Tel est le but de la loi du 15 mars 1849 *.

2. La liste électorale, dressée dans chaque commune par le maire, comprend, par ordre alphabétique, tous les Français âgés de 21 ans accomplis, jouissant de leurs droits civils et politiques, et habitant dans la commune depuis six mois au moins, ainsi que les militaires en activité de service, les marins immatriculés retenus pour le service des ports ou de la flotte, qui y étaient domiciliés avant leur départ. (Art. 1 et 2 *.) Les individus incapables ou indignes d'exercer les fonctions électorales, et qui, en conséquence, ne doivent pas être portés sur la liste, sont énumérés à l'art. 3 *. (*Voir* à l'Appendice.)

3. Les listes électorales sont permanentes; il ne peut y être fait de changement que lors de la révision annuelle, qui est faite, du 1er au 10 janvier, par le maire de chaque commune. La révision consiste à ajouter les citoyens qui ont été omis mal à propos, ceux qui ont acquis ou qui acquerront les conditions d'âge ou d'habitation avant le 1er avril; à retrancher : 1° les individus décédés; 2° ceux dont la radiation a été ordonnée par l'autorité compétente; 3° ceux qui ont perdu les qualités requises; 4° ceux qui ont été indûment inscrits, lors même que l'inscription ne serait point attaquée. Le maire tient un registre de toutes ces décisions, sur lequel il mentionne les motifs et les pièces à l'appui. Le tableau des additions et retranchements est déposé, au plus tard le 15 janvier, au secrétariat de la commune. Il en est donné avis par des affiches. (*Ibid.*, art. 20, 21 et 22 *.)

4. Ici commence la période de rectification. Une copie de la liste et du procès-verbal constatant l'accomplissement des formalités prescrites est adressée au préfet du département. Si ce magistrat estime que les formalités ordonnées par la loi n'ont pas été observées,

dans les deux jours de la réception de la liste, il défère les opérations du maire au conseil de préfecture, qui statue dans les trois jours et fixe, s'il y a lieu, le délai dans lequel les opérations annulées devront être refaites. (*Ibid.*, art. 5, 6 et 22 *.)

5. Les citoyens ont, à partir de l'apposition des affiches, un délai de dix jours pour réclamer contre leur omission ou leur radiation. Ceux qui sont inscrits peuvent, dans le même délai, demander l'inscription des individus indûment omis, ou la radiation de ceux indûment inscrits; dans ce dernier cas, le maire avertit, sans frais, l'individu dont l'inscription est contestée, afin qu'il puisse présenter ses observations. Un registre ouvert dans chaque mairie reçoit les réclamations par ordre de date; un récépissé en est donné par le maire. (*Ibid.*, art. 7, 8 et 22 *.)

6. Les réclamations sont jugées dans les cinq jours par une commission composée, à Paris, du maire et de deux adjoints, et ailleurs du maire et de deux conseillers municipaux délégués à cet effet par le conseil. La décision est notifiée dans les trois jours aux parties intéressés, par le ministère d'un agent assermenté. L'appel est porté devant le juge de paix; il est formé, dans les cinq jours de la notification, par une simple déclaration au greffe. Il est statué dans les dix jours sans frais ni forme de procédure, sur simple avertissement donné trois jours à l'avance à toutes les parties intéressées. Si la décision du maire est réformée, le juge de paix en donne connaissance au préfet et au maire dans les trois jours de la réformation. Si la demande implique la solution préjudicielle d'une question d'état, le juge de paix renvoie préalablement les parties à se pourvoir devant les juges compétents, et fixe un bref délai dans lequel la partie qui a élevé la question pré-

judicielle doit faire ses diligences ; il est procédé conformément aux articles 855, 856, 858 du Cod. de proc. civ. (*Ibid.*, art. 9, 10, 14 et 22 *.)

7. La décision du juge de paix est en dernier ressort ; mais elle peut être déférée à la cour de cassation dans les dix jours de sa notification, par un pourvoi non suspensif formé par simple requête, dispensé de l'intermédiaire d'un avocat à la cour, et jugé d'urgence sans frais ni consignation d'amende. Cette même gratuité existe pour tous les actes judiciaires qui sont dispensés du timbre et enregistrés gratis, pour les extraits des actes de naissance, qui sont délivrés gratuitement sur papier libre à tout réclamant, mais avec la mention de leur destination spéciale, afin qu'on ne puisse leur en donner aucune autre. (*Ibid.*, art. 11, 12, 13 et 22 *.)

8. Le 31 mars de chaque année, le maire opère toutes les rectifications régulièrement ordonnées, transmet au préfet le tableau de ces rectifications, et arrête définitivement la liste électorale de la commune, qui reste jusqu'au 31 mars de l'année suivante telle qu'elle a été arrêtée, sauf les changements ordonnés par décision du juge de paix sur les recours exercés en temps utile, et la radiation des noms des citoyens décédés, ou privés des droits civils et politiques par jugement ayant force de chose jugée. La minute de la liste électorale reste déposée au secrétariat de la commune ; la copie et le tableau rectificatif transmis au préfet restent déposés au secrétariat du département : communication en est donnée aux citoyens qui la demandent. L'élection, à quelque époque de l'année qu'elle ait lieu, se fait sur cette liste. (*Ibid.*, art. 16-23 *.)

9. Les élections ont lieu par canton. Un canton peut, suivant les circonstances, être divisé en circonscriptions

électorales. (Art. 26 *.) Le nombre de ces circonscriptions était fixé à quatre au plus ; mais une loi du 26 décembre 1849 a abrogé cette limitation. On peut donc aujourd'hui diviser le canton en autant de circonscriptions qu'on le juge convenable , en observant seulement qu'une commune rurale ne peut être fractionnée, et que le minimum de la population que doit renfermer une circonscription est de 500 habitants. Une commune qui n'aurait pas ce nombre devrait être réunie à une autre, sauf le cas où elle serait séparée par la mer des autres communes du canton. (L. du 15 mars 1849, nouveaux art. 27 et 29 *.) La division en circonscriptions est faite par le préfet, conformément à la délibération du conseil général , après l'avis des conseils cantonaux. Si cette circonscription n'est point conforme aux règles indiquées ci-dessus, le ministre de l'intérieur annule la délibération du conseil municipal et l'arrêté du préfet, soit d'office, soit sur la réclamation d'un ou de plusieurs électeurs du département , et pourvoit par la même décision à une nouvelle division dans les limites légales. (*Ibid.*, art. 29 *.)

Les cantons ou les circonscriptions peuvent être divisés en autant de sections que le rend nécessaire le nombre des électeurs ; mais toutes ces sections doivent siéger au chef-lieu de la circonscription. (*Ibid.*, art. 31 *.)

10. Les colléges électoraux se réunissent, soit pour les élections générales , soit pour des élections partielles. Les élections générales ont lieu à l'époque fixée par une loi qui doit être rendue quarante-cinq jours au plus tard avant l'expiration des pouvoirs de l'Assemblée nationale, sinon les électeurs se réunissent *de plein droit* le trentième jour qui précède la fin de la législature. (Const., art. 31 *.) Les élections partielles ont

lieu en cas de vacance par option, démission, décès ou autrement; les colléges du département qui doit pourvoir à la vacance sont réunis dans le délai de quarante jours, par un arrêté du pouvoir exécutif. Ce délai est de deux mois pour la Corse et pour l'Algérie, de trois mois pour les Antilles et la Guyane, de quatre mois pour le Sénégal, de cinq mois pour la Réunion. L'intervalle entre la promulgation de l'arrêté de convocation et l'ouverture du collége est de vingt jours au moins. (*Ibid.*, art. 92, 93 et 94 *.)

La vacance par option a lieu lorsqu'un représentant est élu dans plusieurs départements. Il doit faire connaître son option au président de l'Assemblée dans les dix jours qui suivent la déclaration de la validité de ces élections; sinon la question est décidée par la voie du sort, en séance publique. (*Ibid.*, art. 91 *.) L'Assemblée nationale a seule le droit de recevoir la démission d'un de ses membres. (*Ibid.*, art 95 *.) Quoiqu'en général cet acte soit volontaire, cependant les représentants sont censés démissionnaires dans les cas prévus par l'article 81, alinéa 4e.

Les vacances peuvent aussi provenir de la déchéance de la qualité de représentant, résultant des condamnations énumérées dans l'art. 79 de la loi électorale. Cette déchéance, de même que la démission présumée, est prononcée par l'Assemblée nationale. (*Ibid.*, art. 79, 80 et 81 *.) Enfin il y a encore élection partielle lorsque la chambre prononce l'annulation des opérations électorales.

Le délai pour la convocation court du jour de l'option ou du tirage au sort, de la notification du décès, de l'acceptation de la démission volontaire, de la prononciation de la démission présumée et de la déchéance.

Le jour de la réunion des colléges électoraux doit

toujours être un dimanche ou un jour férié, sauf le cas prévu par l'art. 34 de la Constitution; on ne peut s'y occuper que d'élections; toutes discussions, toutes délibérations sont interdites. La police appartient au président, qui seul peut faire placer la force armée aux abords du lieu où se tient l'assemblée et dans la salle, et qui a le droit d'adresser à cet effet aux autorités civiles et militaires des réquisitions auxquelles elles sont tenues de déférer. (*Ibid.*, art. 32, 33 *.)

11. Les art. 34 à 38 de la loi règlent l'organisation du bureau et déterminent les fonctionnaires appelés à le présider. (*Voir* Appendice.) Le bureau prononce provisoirement sur les difficultés qui s'élèvent touchant les opérations du collége électoral ou de la section, par des décisions motivées insérées au procès-verbal, auquel sont annexées les pièces ou bulletins qui s'y rapportent, après qu'elles ont été paraphées par le bureau. (*Ibid.*, article 38 *.)

Pour pouvoir voter, il faut être porté sur la liste, dont une copie est déposée sur la table autour de laquelle siége le bureau, ou être porteur d'une décision du juge de paix ordonnant l'inscription, ou d'un arrêt de la cour de cassation annulant une décision qui aurait prescrit la radiation. Cependant le droit de voter est suspendu, malgré l'inscription sur la liste, pour les détenus, les accusés contumaces, les personnes qui, sans être interdites, sont détenues dans un établissement public d'aliénés. (*Ibid.*, art. 39, 40, 41, 42 et 43 *.)

L'appel des électeurs, la remise du bulletin fermé au président, le dépôt de ce bulletin dans l'urne, la constatation du vote sur la liste par l'un des scrutateurs, le réappel, sont des formalités usitées depuis longtemps.

(*V*. art. 46, 48, 49, 50*.) Ce qu'il faut remarquer comme une innovation, c'est que les électeurs ne sont plus tenus d'écrire ou de faire écrire leurs bulletins dans la salle et qu'ils peuvent en apporter du dehors; ces bulletins peuvent même être imprimés, mais ils doivent tous être sur du papier blanc et sans signature, pour éviter tout ce qui pourrait faire connaître le vote. (*Ibid.*, art. 47*.) Nul électeur ne peut entrer dans le collége électoral, s'il est porteur d'armes quelconques. (*Ibid.*, art. 45 *.) Le scrutin reste ouvert pendant deux jours; les boites sont scellées et déposées pendant la nuit dans une salle de la mairie, dont les ouvertures sont également scellées; elles y sont gardées par un poste de la garde nationale. (*Ibid.*, art. 51, 52*.)

Après la clôture, il est procédé au dépouillement, pour lequel le bureau peut se faire aider par des groupes de quatre scrutateurs au moins, qu'il choisit parmi les électeurs sachant lire et écrire, entre lesquels il répartit les bulletins à dépouiller. Les tables sont disposées de manière qu'on puisse circuler autour. L'opération est surveillée par le président et les membres du bureau. (*Ibid.*, art. 53, 54, 55*.)

Les bulletins contenant plus ou moins de noms qu'il n'y a de candidats à élire sont valables; les derniers noms inscrits au delà de ce nombre ne sont pas comptés. Les bulletins blancs, ceux qui ne contiennent pas une désignation suffisante, ceux qui contiennent une désignation ou une qualification inconstitutionnelle, ceux dans lesquels les votants se font connaître, n'entrent point en compte dans le résultat du dépouillement, mais sont annexés au procès-verbal. (*Ibid.*, art. 56, 57*.)

Le dépouillement des votes dans les différentes sections du même collége, le recensement de ces votes

8

dans le premier bureau du collége, puis au chef-lieu de canton, quand le canton contient plusieurs colléges, et enfin le recensement général des votes au chef-lieu de département, sont réglés par les art. 59, 60 et 61*. Les procès-verbaux sont rédigés en double; l'un des doubles est déposé au greffe de la justice de paix, l'autre au chef-lieu du département. (*Ibid.*, art. 61*.)

Le recensement général des votes étant terminé, le président fait connaître le résultat, et proclame représentants, dans la limite du nombre attribué au département, les candidats qui ont obtenu le plus de voix, selon l'ordre de la majorité relative, pourvu qu'ils aient réuni au moins le huitième des voix des électeurs inscrits sur la totalité des listes électorales du département (1). Si ce nombre n'est pas atteint, l'élection est continuée au deuxième dimanche qui suit le jour de la proclamation du résultat du premier scrutin, et alors elle a lieu à la majorité relative, quel que soit le nombre des suffrages obtenus. En cas de concours par égalité de suffrages, le plus âgé obtient la préférence. Les procès-verbaux, les pièces y annexées, sont transmis par le préfet au président de l'Assemblée nationale, laquelle vérifie les opérations et en juge la validité. (*Ibid.*, art. 63 et 69*.)

12. Les militaires et les marins votent à leur corps, d'après des extraits de la liste électorale de leur département envoyés au corps par le préfet et l'intendant militaire. (*Ibid.*, art. 17*.) Ils sont, dans chaque localité, répartis, suivant leur département, en sections électorales présidées par l'officier ou le sous-officier le plus élevé en grade, ou, à défaut, par le soldat le plus

---

(1) Les causes qui rendent inéligibles ont été indiquées p. 10, 11, 12 du Supplément. (Voir, d'ailleurs, loi du 15 mars 1849, art. 79 à 90*.)

ancien, assisté de quatre scrutateurs choisis parmi les deux plus âgés et les deux plus jeunes électeurs présents sachant lire et écrire. Le résultat est, pour chaque département, envoyé par le président de la section au préfet, qui l'adresse au président électoral du chef-lieu, lequel le comprend dans le recensement général du département. Il faut observer, toutefois, que l'exercice du droit électoral est suspendu pour les militaires en campagne et les marins de la flotte en cours de navigation. (*Ibid.*, art. 62 *.)

Lorsqu'il s'agit de la nomination du président de la république, les militaires en activité de service votent avec les autres électeurs au lieu où ils se trouvent le jour de l'élection. Dans les villes divisées en plusieurs sections, ils sont répartis entre elles par un arrêté spécial du maire; leurs bulletins sont confondus avec ceux des autres citoyens. Si le vote en commun est rendu impossible par des circonstances particulières, les opérations électorales ont lieu sous la présidence de l'officier le plus élevé en grade, assisté de quatre scrutateurs. Le procès-verbal, signé par les membres du bureau, est envoyé directement aux membres de l'Assemblée nationale. (*Ibid.*, art. 69 à 74 *.)

Les électeurs momentanément retenus par leurs affaires dans une commune autre que celle sur la liste de laquelle ils sont inscrits sont admis à voter, pour l'élection du président de la république, dans le lieu de leur présence actuelle, en produisant, dans les trois jours qui précèdent l'élection, la preuve de leur inscription régulière sur la liste de leur commune. (*Ibid.*, art. 74 *.) Le même droit appartient, à plus forte raison, aux membres de l'Assemblée nationale, qui peuvent même, s'ils le requièrent, voter pour les représentants du peuple dans la circonscription du lieu où siége l'Assemblée. (*Ibid.*, art. 44 *.)

Les dispositions spéciales pour l'Algérie et les colonies se trouvent dans les articles 75 à 79 *.

13. Le titre VI de la loi électorale contient l'énumération des délits et des crimes qui peuvent être commis à l'occasion des élections, et l'indication des peines destinées à les réprimer. (*V.* art. 98 à 124 *.)

Liste du jury.

14. Le principe du suffrage universel devait entraîner l'abrogation de la loi du 2 mai 1825 sur le jury : elle a été en effet remplacée par un décret du 7 août 1848 *. Tous les Français âgés de trente ans, jouissant des droits civils et politiques, doivent être aujourd'hui portés sur la liste générale du jury, sauf les cas d'incapacité, d'indignité, d'incompatibilité ou de dispense prévus par les articles 2, 3, 4 et 5 du décret du 7 août 1848, qu'on peut lire à l'Appendice. La liste générale du jury, qui a été rédigée dans chaque commune, en vertu de l'article 6 du décret, est permanente. Tous les ans, avant le 15 septembre, le maire opère les rectifications en retranchant les jurés qui sont décédés ou devenus incapables, et en ajoutant les citoyens qui ont acquis les conditions exigées. La liste rectifiée est affichée principalement sur la porte de l'église et de la maison commune.

15. Pendant dix jours, à partir de l'affiche, tout citoyen peut réclamer soit contre une inscription, soit contre une omission, en déposant sa réclamation à la mairie. La réclamation est appréciée dans les huit jours par le conseil municipal, et l'on a trois jours, à partir de la noti-

fication de la décision du conseil, pour se pourvoir devant le tribunal civil, s'il s'agit d'incapacité légale; devant le conseil de préfecture, s'il s'agit de toute autre cause. Le tribunal statue en dernier ressort, les parties intéressées présentes ou dûment appelées. La cause est jugée sommairement, toutes affaires cessantes, et sans qu'il soit besoin du ministère d'avoué. L'affaire est rapportée en audience publique par un des membres du tribunal, et le jugement est prononcé après que les parties et le ministère public ont été entendus. Les actes judiciaires auxquels l'affaire donne lieu sont exempts de timbre et enregistrés gratis. Le conseil de préfecture statue aussi définitivement et sans frais; les décisions du tribunal et du conseil doivent être rendues dans les quinze jours du recours. (*Ibid.*, art. 6 et 7 *.)

Les additions ou retranchements opérés par suite des décisions intervenues sur les réclamations sont affichés dans la commune. Avant le 1er novembre, le maire transmet au préfet la liste des jurés de la commune; le préfet dresse la liste générale du département par canton et par ordre alphabétique; la liste de chaque canton est envoyée au juge de paix. (*Ibid.*, art. 6, § dernier, et 8 *.)

16. Il est extrait chaque année de la liste générale une liste des jurés destinés à faire le service. Cette liste comprend un juré par 200 habitants, sans, toutefois, que le nombre total puisse excéder trois mille dans le département de la Seine, et quinze cents dans les autres départements. Il est en outre formé, en dehors de la liste annuelle, une liste spéciale de jurés suppléants, pris parmi les jurés de la ville où se tiennent les assises, et composée, à Paris, de 300, dans les départements, de 50 noms. (*Ibid.*, art. 9 *.) Le nombre des jurés, calculé comme il est dit ci-dessus, est réparti par le

préfet, en conseil de préfecture, à Paris, entre les arrondissements, dans les départements, entre les cantons, proportionnellement au nombre des jurés portés sur la liste générale.

La désignation des jurés qui doivent faire partie de la liste annuelle est faite dans chaque canton par une commission spéciale dont la composition, qui varie suivant l'importance des cantons, est réglée par les articles 11, 12, 13 et 14 *. Il faut observer dans cette opération que nul ne peut être contraint à remplir les fonctions de juré plus d'une fois en trois années. (*Ibid.*, art. 21 *.) Pour assurer l'exécution de cette disposition, le préfet envoie au juge de paix, en lui adressant l'arrêté de répartition, les noms des jurés qui ont été désignés par le sort dans le cours de l'année précédente et de l'année courante. (*Ibid.*, art. 10 *.) Les membres de la commission se réunissent dans la dernière quinzaine de novembre, sous peine d'amende. (Art. 15 et 16 *.) La liste est transmise au préfet ; un double reste au greffe de la justice de paix, où chaque citoyen peut en prendre communication. (Art. 17 *.)

Le préfet dresse sur les listes de canton la liste du département par ordre alphabétique, ainsi que la liste des suppléants ; il envoie le tout, avant le 15 décembre, au greffier du tribunal chargé de la tenue des assises. Si dans le cours de l'année il survient des décès ou des incapacités, le maire de chaque commune est tenu d'en instruire immédiatement le président du tribunal ou de la cour. Il est statué conformément à l'article 390 du Code d'instruction criminelle. (*Ibid.*, art. 18 et 19 *.)

17. C'est sur ces listes qu'a lieu le tirage au sort, en audience publique, des noms des jurés et des suppléants composant la liste qui doit faire le service de chaque session d'assises. (*Ibid.*, art. 20 *.)

Élections départementales.

N° 535 , après.

L'article 77 de la Constitution a supprimé les conseils d'arrondissement, et leur a substitué les conseils cantonaux, dont l'organisation n'a point encore eu lieu. (Avril 1850.)

L'organisation des conseils généraux a été modifiée par le décret du 3 juillet 1848, qui n'est lui-même que provisoire, mais qui n'a point été encore remplacé. D'après ce décret, les conseils généraux se composeront d'autant de membres qu'il y a de cantons dans le département, ce qui est une dérogation à la loi du 22 juin 1832, qui fixait le maximum à trente, de telle sorte que, dans les départements dont les cantons excédaient ce nombre, deux cantons se réunissaient pour nommer un seul conseiller.

N°s 536, 537, 538. Ces trois numéros sont supprimés, et remplacés par les dispositions suivantes :

Les élections des conseillers généraux sont faites par les citoyens portés sur la liste électorale du canton. Ils seront réunis en une seule assemblée, ou en plusieurs circonscriptions, conformément aux articles 25 et 27 de la loi du 15 mars 1849 *. Nous croyons que l'on doit combiner ici le décret spécial et transitoire du 3 juillet 1848 avec la loi organique électorale ; car, les électeurs étant les mêmes, il n'y a pas lieu de faire des listes différentes, comme le voulaient les articles 5, 6, 12 et 13 du décret du 3 juillet 1848.

N° 539. Il faut substituer à ce numéro le paragraphe de l'article 14 du décret du 3 juillet 1848, ainsi conçu :

« Sont éligibles aux conseils généraux, les électeurs âgés de 25 ans au moins, domiciliés dans le département, et les citoyens ayant atteints le même âge qui, sans y être domiciliés, y payent une contribution directe. Néanmoins, le nombre de ces derniers ne pourra dépasser le quart desdits conseillers. »

N° 540. Les incompatibilités sont maintenues par la dernière phrase de l'art. 14 du décret du 3 juillet 1848; il n'y a donc rien à changer à ce numéro.

N° 541. Il faut supprimer l'alinéa 1°, les conseils généraux ne pouvant plus maintenant être dissous, et substituer dans le dernier alinéa, à partir des mots : *quand une assemblée*, etc., ce qui suit :

Le bureau de chaque assemblée ou section sera présidé par le maire, ou, à défaut, par les adjoints ou conseillers municipaux, selon l'ordre du tableau. Les scrutateurs, au nombre de six, seront pris parmi les plus âgés des maires, adjoints et conseillers municipaux des communes du canton ou de la circonscription sectionnaire, appelés au défaut les uns des autres, selon l'ordre de ces diverses fonctions. Le président et les scrutateurs choisissent le secrétaire; les votes sont recensés au bureau de la première section. Il suffit, pour être élu, d'avoir obtenu la majorité relative et le cinquième au moins des suffrages exprimés. En cas d'égalité de suffrages, l'élection est acquise au plus âgé. S'il n'y a pas d'élection lors d'une première convocation,

il est procédé à de nouvelles élections huit jours après.
(Décret du 3 juillet 1848, art. 15, 16, 17.)

N° 542, 543, 544. Supprimés avec les conseils d'arrondissement.

N°ˢ 545, 546. Nous pensons que ces deux numéros, relatifs aux recours auxquels peuvent donner lieu les élections des membres des conseils généraux, sont encore en vigueur. (*V.* décret du 3 juillet 1848, art. 2.)

Élections municipales.

N° 547. Supprimé.

N° 548. Le premier alinéa subsiste. Les n°ˢ 548, deuxième alinéa, 549, 550, 551, 552, alinéas 1 et 2, sont remplacés par les dispositions suivantes :

Les élections des conseillers municipaux seront faites par les citoyens *ayant leur domicile réel* depuis six mois dans la commune, et *appelés* à nommer les représentants du peuple. Ainsi on ne peut plus, comme sous l'empire de la loi du 21 mars 1831, voter dans plusieurs communes. Nous pensons, comme nous l'avons dit ci-dessus, p. 119, que depuis la loi électorale législative les listes dressées dans chaque commune servent pour toutes les élections.

Les éligibles sont les citoyens inscrits sur les listes électorales de la commune, âgés de 25 ans, et ceux du même âge qui, sans y être domiciliés, y payent une contribution directe ; mais le nombre de ces derniers ne peut excéder le quart des membres du conseil. (Décret du 3 juillet 1848, art. 5, 9.)

Le n° 552 survit à partir du troisième alinéa.

N°ˢ 553, 554. Ces numéros, étant relatifs à la confection des listes et aux réclamations auxquelles cette opération pouvait donner lieu, doivent être supprimés aujourd'hui qu'on ne connait plus de différentes classes d'électeurs, et que la même liste sert à toutes les élections. (*V. hìc*, p. 119.)

N° 555. Ce numéro subsiste, sauf l'alinéa premier, le chef du pouvoir exécutif n'ayant plus aujourd'hui le droit de dissoudre un conseil municipal.

N° 556. Substituer ce qui suit :

Dans les communes qui ont 2,500 âmes et plus, les électeurs sont divisés en sections; chaque section procède par scrutin de liste à l'élection des conseillers municipaux pour toute la commune; les votes sont recensés au bureau de la première section. Cependant, dans les communes où le gouvernement le juge nécessaire, on pourra répartir les conseillers à nommer entre les différentes sections. (Décret du 3 juillet 1848, art. 7, 8.)

N° 557. Ce numéro, relatif aux réclamations contre les élections, continue d'être applicable. (Décret du 3 juillet 1848, art. 2 et 3.)

N° 558, à supprimer.

N°ˢ 559 à 564, à remplacer ainsi :

Le décret du 3 juillet 1848 décide que la ville de Paris et le département de la Seine seront l'objet d'un décret spécial ; mais qu'en attendant, une commission provisoire, municipale et départementale, instituée par le pouvoir exécutif, remplacera le conseil dissous par le gouvernement provisoire. (Art. 1, § dernier.) Le décret annoncé n'est pas encore rendu. (Avril 1850.)

Nᵒˢ 568, page 633, note 1.—Cette exemption est étendue par le décret du 1ᵉʳ avril 1848 aux frères des combattants de février.

Nᵒ 579.

L'âge, pour l'engagement dans l'armée de terre, a été abaissé à 17 ans accomplis, par le décret du 10 juillet 1848.

Nᵒ 592, après.

L'article 24 de la loi du 19 mai 1849, portant fixation du budget des dépenses et des recettes de 1849, est ainsi conçu : « Les deux tiers des employés subalternes, » dans les administrations dépendant de l'État, tels » qu'hommes de service, garçons de bureau, portiers » et autres, seront exclusivement choisis parmi les » citoyens, soldats, marins et ouvriers des arsenaux » qui auront passé sous les drapeaux le nombre d'an- » nées voulues par la loi, et qui auront été réformés » pour infirmités ou blessures contractées au service. » Le ministre déterminera par un règlement les con- » ditions d'âge pour l'admission.

» Les dispositions précédentes sont applicables aux » blessés de juillet 1830, de février et de juin 1848, et » aux condamnés politiques depuis 1830. »

N° 600, après.

Les dispositions de l'article 64 et 67 de la loi du 22 mars 1831 ont été modifiées par le décret du 7 juillet 1849, qui autorise le pouvoir exécutif, sous sa responsabilité, et seulement jusqu'à la publication de la loi organique de l'armée et de la garde nationale, à réunir le commandement des troupes dans un ou plusieurs départements, et le commandement supérieur de tout ou partie des gardes nationales comprises dans la même circonscription.

N° 615, après.

Une loi du 30 avril 1846 apporte quelques modifications à l'organisation des compagnies et escadrons de la garde nationale, et du conseil de discipline.

Expropriation des canaux.

N° 620 et 664, après.

Plusieurs lois des 5 août 1821 et 14 août 1822 ont concédé à des compagnies la jouissance d'un certain nombre de canaux. Les conditions de ces concessions ont été très-onéreuses pour l'État, parce qu'à cette époque l'esprit d'association était encore dans son enfance, et qu'on ne pouvait obtenir de lui quelques efforts que par l'attrait de grands avantages. Le commerce se plaignait depuis longtemps de l'élévation des droits de péage sur ces canaux, élévation qui nuisait à la circulation et augmentait le prix des marchandises. Le moyen de remédier à cet inconvénient était d'exproprier moyennant une indemnité les compagnies concessionnaires, et d'exploiter les canaux au profit de l'Etat avec des tarifs modérés. Toutefois, le principe de l'expropriation pour des droits de cette nature pouvait être l'objet de doutes et de contestations; il était évident, d'un autre côté, que les formes de la loi de 1841 ne s'appliquaient pas à des actions sur les canaux. La loi du 29 mai 1845 a pour but de poser le principe d'une manière bien nette, et de déterminer une forme particulière pour la fixation de l'indemnité.

L'article 1 porte que les droits attribués aux compagnies par les lois des 5 août 1821 et 14 août 1822, représentés par les actions de jouissance des canaux exécutés par voie d'emprunt, pourront être rachetés par l'Etat pour cause d'utilité publique. Mais comme le rachat des droits de jouissance des différents canaux n'est pas également nécessaire, parce que, sur quelques-uns, les tarifs ont toute la modération possible, et qu'à l'égard des autres la menace de l'expropriation peut amener les compagnies à transiger avec l'Etat, la loi ajoute que ces rachats ne pourront s'opérer, pour chaque compagnie, qu'en vertu de *lois spéciales*. (L. du 29 mai 1845, art. 1.)

Ce sera donc le pouvoir législatif qui déclarera l'utilité de l'expropriation. Comme cette déclaration emportera la détermination de la chose à exproprier, il n'y aura à cet égard aucune formalité à remplir. L'expropriation ici est prononcée par le pouvoir législatif lui-même, après la fixation du prix des valeurs; cette fixation est opérée par une commission spéciale instituée pour chaque compagnie par arrêté du président de la république, et composée de neuf membres, dont trois sont désignés par le ministre des finances, trois

par la compagnie, et trois par le premier président
et les présidents réunis de la cour d'appel de Paris. (*Id.*,
art. 2.)

La loi, dans les articles 3, 4, 5 et 6, détermine l'organisation de cette commission, indique la marche à
suivre si la compagnie ne nomme pas ses commissaires,
et si les commissaires nommés par elle s'abstiennent de
prendre part aux délibérations de la commission. Enfin, dans l'article 7, elle déclare qu'après que la commission aura prononcé, le rachat ne deviendra définitif
qu'en vertu d'une loi spéciale qui ouvrira, s'il y a lieu,
les crédits nécessaires. Cette loi devra être proposée
aux chambres dans l'année qui suivra la décision ; sinon le rachat ne pourra avoir lieu qu'en vertu d'une
loi nouvelle. (Art. 7, 8.)

N° 726, après.

La loi du 10 juin 1847 proroge pour 10 ans les
articles 1 et 2 de la loi du 20 mai 1836. Les terrains
dépendant du sol forestier à concéder de cette manière
ne pourront dépasser 5 hectares, à moins qu'ils ne
soient possédés par des communautés d'habitants. Les
terrains situés dans les villes dont la population agglo-
mérée dépasse cinq mille habitants ne pourront excéder 10 ares.

N°ˢ 743 à 755.

Les matières traitées dans ces différents numéros
n'ont plus aujourd'hui qu'un intérêt historique. Un
décret du gouvernement provisoire, en date du 26
février 1848, a prescrit le retour au domaine de l'État
de tous les biens, meubles et immeubles, composant la

liste civile; quant aux biens désignés sous le nom de domaine privé, tant ceux du roi que des membres de la famille royale, ils ont été placés sous le séquestre pour la conservation des droits de l'Etat et des droits des tiers. Un décret du 25 octobre 1848 a prescrit au ministre des finances d'opérer l'entière liquidation des dettes de l'ancienne liste civile et du domaine privé; il a déterminé les règles de cette liquidation, et a ordonné que le compte définitif, en ce qui concerne les droits de l'État, serait soumis à l'approbation de l'Assemblée nationale.

Deux ordonnances, en date des 21 juillet et 9 novembre 1848, ont statué sur le domaine en Algérie.

N° 768 , note 2.

L'article 6 du budget des recettes du 19 juillet 1845 modifie ainsi les dispositions contenues dans cette note:

« Les prélèvements sur les ventes ou délivrances en nature des produits du bois des communes et des établissements publics, prescrits par l'article 5 de la loi du 25 juillet 1841, continueront à porter sur les produits principaux. Ils cesseront d'être appliqués aux produits accessoires. Quant aux produits délivrés en nature, la valeur en sera fixée définitivement par le ministre des finances, sur les propositions des agents forestiers, les observations des conseils municipaux et des administrateurs, et l'avis des préfets. »

N° 774 bis.

Une ordonnance du 20 juin 1845 porte qu'à l'avenir le droit de chasse dans les forêts domaniales sera affermé, soit par adjudication aux enchères et à l'ex-

tinction des feux, soit par adjudication au rabais, soit
enfin sur soumissions cachetées, pour une durée de neuf
années au plus.

Nº 782.

Les dispositions transitoires du titre 15 du Code
forestier, relatives aux défrichements, qui devaient
cesser d'être appliquées au 23 mai 1847, ont été proro-
gées jusqu'au 31 juillet 1850 par la loi du 22 juillet
1847.

Un décret du gouvernement provisoire, en date du
2 mai 1848, porte que les autorisations de défrichement de bois appartenant aux particuliers, aux communes ou aux établissements publics, ne seront accordées qu'à la condition de payer une taxe de 25 pour
cent de la plus-value résultant de la conversion du sol
boisé en terres arables, prés ou autres natures de culture; de cinquante pour cent à l'égard des bois na-
tionaux qui pourront être aliénés à l'avenir ou qui ont
été aliénés sans faculté de défricher depuis la promulgation du Code forestier, s'ils se trouvent dans les mains
des premiers acquéreurs au moment du décret. On excepte de cette disposition les bois énumérés dans l'article 223 du Code forestier, dispensés par cet article
de la nécessité de l'autorisation.

La plus-value destinée à servir de base à la taxe
est fixée par le conseil de préfecture, sur les rapports
des agents de l'administration des forêts et des contributions directes, après les observations du propriétaire
et du conseil municipal de la commune sur le territoire
de laquelle le bois est situé. Si le propriétaire repousse
l'évaluation, l'autorisation de défricher est suspendue,
mais reste valable, si plus tard il consent à payer la

taxe déterminée, dont il ne peut pas demander le changement pendant 10 ans; passé ce délai, il peut les
faire reviser. (*V*. pour la marche que doit suivre l'administration, l'arrêté du 4 mai 1848.)

L'art. 219 du Code forestier porte que si, dans les
six mois après la signification de l'opposition au défrichement, la décision du ministre n'a pas été rendue et
signifiée au propriétaire, le défrichement pourra être
effectué. Mais l'article 4 du décret du 3 mai 1848
décide que ce délai n'est point applicable à la durée
des opérations et des formalités nécessaires pour déterminer le chiffre de la taxe.

N° 789.

Supprimer la fin du n° 789, à partir de ces mots :
« L'article 2 de la loi du 14 juillet 1838, » cet article
ayant été abrogé par l'article 5 de la loi du 4 août 1844.
La même suppression doit avoir lieu dans la note n° 1,
où cet article abrogé aujourd'hui est cité.

La loi du 4 août 1844 prescrit les mesures suivantes relativement à la répartition des contributions :
« A dater du 1er janvier 1846, le contingent de chaque
département dans la contribution personnelle et mobilière sera diminué du montant en principal des
cotisations personnelles et mobilières afférentes aux
maisons qui auront été détruites. A partir de la même
époque, ce contingent sera augmenté proportionnellement à la valeur locative des maisons nouvellement
construites ou reconstruites, à mesure que ces maisons
seront imposées à la contribution foncière. L'augmentation sera du vingtième de la valeur locative réelle
des locaux consacrés à l'habitation personnelle..........
A l'avenir, lorsque, par suite du recensement officiel de

9

la population, une commune passera dans une catégorie inférieure ou supérieure à celle dont elle faisait
partie, le contingent du département dans la contribution des portes et fenêtres sera diminué ou augmenté
de la différence résultant du changement de tarif. En
cas de difficulté sur la catégorie dans laquelle une
commune doit être rangée par suite d'un nouveau
recensement de la population, la réclamation sera
instruite et jugée conformément aux dispositions de
l'article 22 de la loi du 28 avril 1816. » (L. du 4 août
1844, art. 2, 3, 4.)

N° 791.

Il existe une classe de biens appartenant à des personnes morales, telles que départements, communes,
hospices, séminaires, fabriques, congrégations religieuses, consistoires, établissements de charité, bureaux de bienfaisance, sociétés anonymes, etc., qui sont
susceptibles de produits, et par conséquent portés sur
les rôles de la contribution foncière. Ces biens ne sont
jamais transmis à titre de succession, puisque les personnes morales ne meurent pas; ils sont en quelque
sorte enlevés à la circulation, puisqu'ils ne peuvent
être aliénés que dans des cas tout exceptionnels et avec
l'accomplissement de nombreuses formalités. Il en
résulte qu'ils ne donnent lieu que très-rarement au
payement des droits qui sont perçus, lorsque les biens
passent d'une main dans une autre. Afin de remédier
au préjudice que le Trésor éprouve par suite de ce caractère des biens dits de *mainmorte*, une loi du 16 janvier 1849 frappe les biens immeubles passibles de la
contribution foncière, c'est-à-dire non affectés à un
service public, appartenant aux personnes morales

indiquées ci-dessus, d'une taxe annuelle représentative des droits de transmission entre-vifs ou par décès. Cette taxe est calculée à raison de 62 centimes par franc du principal de la contribution foncière. Les biens dont il s'agit ont un produit annuel de 64,209,456 fr.; le principal de la contribution foncière qu'ils payent est de 5,280,000 fr., qui, multiplié par 0,625, produit la taxe de 3,300,000 fr., c'est-à-dire un peu plus du vingtième de leurs revenus. C'est la proportion qui existait dans l'ancienne législation.

Cette taxe est à la charge du propriétaire, comme toutes les contributions de la même nature; elle peut être mise à la charge du fermier par une clause spéciale du bail; mais, pendant la durée des baux existants au moment de la promulgation de la loi, elle doit être payée par le propriétaire, nonobstant la généralité des stipulations qu'on est dans l'usage d'insérer dans les baux touchant les contributions qui pourront être imposées pendant leur durée. (L. du 16 janvier 1849, article 3.)

Nos 804, 805.

Voir les dispositions de la loi du 4 août 1844, citées ci-dessus comme modifiant le no 789. (*Hic.*, p. 129.)

No 808.

L'article 5 du budget des recettes du 3 juillet 1846 modifie la fin de ce numéro, en permettant aux conseils municipaux de répartir la portion du contingent restant à percevoir au moyen d'un rôle, soit au centime le franc des loyers d'habitation, soit *d'après un tarif gradué en raison de la progression ascendante de ces loyers*, déduction faite, dans l'un et l'autre cas, des faibles loyers jugés devoir être exemptés de toutes cotisations. Les délibérations prises à ce sujet ne reçoivent leur exécution qu'après avoir été approuvées par un arrêté du président de la république.

N° 810.

Voir les dispositions des art. 3 et 4 de la loi du 4 août 1844, cités comme modifiant le n° 789. (*Hic*, p. 129.)

Substituer ce qui suit aux n°ˢ 813 à 818.

DES PATENTES.

(Loi du 25 avril 1845.)

SOMMAIRE.

1. *Individus assujettis à la patente.*
2. *Droit fixe, comment il est évalué.*
3. *Droit proportionnel, comment il est évalué.*
4. *Règles spéciales aux associés, aux maris et femmes.*
5. *Pour quel temps est due la contribution.*
6. *Comment et de qui la contribution peut-elle être exigée.*
7. *Obligation des patentables d'exhiber et d'indiquer leur patente.*
8. *Recensement des patentables.*

1. La législation sur les patentes a été refondue dans la loi du 25 avril 1844, dont nous allons faire connaître les principales dispositions.

Tout individu, français ou étranger, qui exerce en France un commerce, une industrie, une profession, est assujetti à la contribution de la patente (l. du 25 avril 1844, art. 1); mais la loi elle-même établit un nombre considérable d'exceptions en faveur d'industries d'une mince importance, dont on peut lire la nomenclature dans l'art. 13.

2. La contribution des patentes est un impôt de quotité qui se compose d'un droit fixe et d'un droit proportionnel. (*Ibid.*, art. 2.) Le droit fixe est réglé tantôt eu égard à la population et d'après un tarif général; tantôt eu égard à la population, mais d'après un tarif exceptionnel, pour les industries les plus importantes; tantôt sans égard à la population. Les diverses professions sont réparties, conformément à cette division, dans trois tableaux annexés à la loi. (*Ibid.*, art. 3.) Les professions non dénommées dans les tableaux n'en sont pas moins assujetties à la patente. Le droit qu'elles payent est réglé, d'après l'analogie, par un arrêté du préfet rendu sur la proposition du directeur des contributions directes, après avoir pris l'avis du maire. Tous les cinq ans, des tableaux additionnels sont soumis à la sanction législative. (*Ibid.*, art. 4.) Les commis voyageurs des nations étrangères sont traités, relativement à la patente, sur le même pied que les commis voyageurs français chez ces mêmes nations. (*Ibid.*, article 19.) Le patentable qui exerce plusieurs professions, même dans des communes différentes, n'est soumis qu'à un seul droit fixe, qui est le plus élevé de ceux afférents à ses diverses professions. (*Ibid.*, art. 7.)

3. Le droit proportionnel est fixé en général, et sauf des exceptions pour lesquelles nous renvoyons à la loi, au vingtième de la valeur locative tant de la maison d'habitation que des magasins, boutiques, usines, ateliers, hangars et remises, chantiers et autres locaux

servant à l'exercice des professions imposables; il est dû
lors même que le logement et les locaux sont occupés
à titre gratuit. Le droit proportionnel pour les usines
et les établissements industriels est calculé sur la valeur
locative de ces établissements pris dans leur ensemble,
et de tous leurs moyens matériels de production.
(*Ibid.*, art. 8, 9.)

4. Les patentes sont personnelles; en conséquence,
les associés en nom collectif sont tous assujettis à la
patente; le principal associé paye seul le droit fixe en
entier; les autres associés ne sont imposés qu'à la
moitié de ce droit. Le droit proportionnel est établi
sur la maison d'habitation de l'associé principal et sur
tous les locaux qui servent à la société pour l'exercice de son industrie. (*Ibid.*, art. 16.) Les sociétés
anonymes sont imposées à un seul droit fixe sous la
désignation de l'objet de l'entreprise, et au droit proportionnel. (*Ibid.*, art. 17.) Le mari et la femme,
même séparés de biens, ne doivent qu'une patente, à
moins qu'ils n'aient des établissements distincts. (*Ibid.*,
art. 15.)

5. La contribution des patentes est due en général
pour l'année entière par ceux qui exerçaient au mois
de janvier, sauf la translation au successeur en cas
de cession, ou la décharge pour l'avenir, en cas de
fermeture par suite de décès ou de faillite déclarée.
Ceux qui entreprennent, après le mois de janvier, une
profession sujette à patente, ne doivent la contribution
qu'à partir du premier du mois dans lequel ils ont
commencé d'exercer, à moins que la profession ne
puisse pas être exercée toute l'année; dans ce cas, elle
est due pour l'année entière. Des suppléments sont dus
par les patentés qui prennent dans le courant de l'an-

née des locaux d'un prix supérieur aux anciens, ou embrassent une profession d'une classe supérieure à la leur. (*Ibid.*, art. 23.)

6. La contribution des patentes est payable par douzièmes; cependant les patentables qui mènent une vie errante sont obligés de payer la totalité du droit au moment où on leur délivre leur patente. Les patentables qui quittent le ressort de la perception, ceux qui vendent volontairement ou forcément leurs fonds, sont tenus de payer tout ce qui reste dû pour l'année. Les propriétaires, et, à leur place, les principaux locataires, sont responsables du dernier douzième échu et du douzième courant, quand ils n'ont pas averti le percepteur du déménagement de leurs locataires un mois avant le terme fixé par le bail, et, en cas de déménagement furtif, dans les trois jours. (*Ibid.*, art. 24, 25.)

7. Tous les patentables doivent se munir de la formule de leur patente; ils peuvent être requis de la présenter par les juges de paix, commissaires de police, maires, adjoints et tous autres officiers ou agents de police judiciaire. La non-représentation donne lieu, suivant les circonstances, à la saisie des marchandises et à une amende. Bien plus, tous les actes judiciaires ou extrajudiciaires, relatifs à l'industrie sujette à la patente, doivent en contenir la mention en tête, avec désignation de la date, du numéro et de la commune, à peine d'amende de 25 francs, tant contre les particuliers sujets à la patente, que contre les fonctionnaires publics, tels que notaires, avoués, huissiers, etc., qui auraient fait ou reçu lesdits actes. (*Ibid.*, art. 27, 28, 29.)

8. Il est procédé tous les ans au recensement des imposables et à la formation des matrices de patente; les maires en sont prévenus, ils peuvent présenter des

observations, que les contrôleurs, quand ils ne les admettent pas, doivent consigner dans une colonne spéciale ; la matrice est déposée pendant 10 jours au secrétariat de la mairie, afin que les intéressés puissent en prendre connaissance et remettre au maire leurs observations, lesquelles, en cas de contestation, sont transmises au préfet avec l'avis du directeur des contributions directes. Si le préfet ne croit pas devoir adopter cet avis, il en est référé au ministre des finances. (*Ibid.*, art. 20.)

N° 833.

L'article 6 de la loi du 4 août 1844 a supprimé la rétribution universitaire à partir du 1er janvier 1845.

N° 838, 5e alinéa.

Voir, pour la mise à exécution du droit qu'a le propriétaire ou usufruitier de répartir ses contributions entre ses fermiers, l'article 6 du budget des recettes du 4 août 1844.

N° 842, 2e alinéa, à la fin.

La différence d'un dixième entre la cote du réclamant et celle qu'il présente comme point de comparaison, qui était exigée par la loi du 2 messidor an VII, ne l'est plus depuis la loi du 24 floréal an VIII. (Arrêt du conseil d'État du 5 juin 1845.)

N° 844 et note 1.

L'article 8 du budget des recettes du 4 août 1844 a rétabli les véritables principes, en décidant que le délai de trois mois, accordé aux contribuables pour présenter les réclamations qu'ils sont autorisés à former contre les rôles des contributions directes, ne court qu'à partir de la *publication* de ces rôles, et non plus du jour où ils sont rendus exécutoires par le préfet, comme le décidait l'article 28 de la loi du 21 avril 1832; mais c'est du jour de la *publication*, et non du jour de la *notification* faite à chaque contribuable, que court le délai. (Arrêt du conseil d'État du 26 mai 1848.) Si la *publication* des rôles a eu lieu avant l'ouverture de l'exercice, le délai ne court que du premier jour de l'exercice. (Arrêt du conseil d'État du 15 mai 1848.)

Il résulte d'un arrêt du conseil d'État du 20 novembre 1840 que l'exemption de tous droits d'enregistrement et des formes du règlement du 22 juillet 1806, à l'égard des recours dirigés contre les arrêtés des conseils de préfecture en matière de contributions directes, prononcée par les articles 29 de la loi du 26 mars 1831 et 30 de la loi du 21 avril 1832, ne s'applique qu'au cas où les recours sont transmis par l'intermédiaire des préfets.

Idem, alinéa 3, après les mots : « Les frais sont supportés par la commune quand la réclamation est admise, » ajoutez : « s'il s'agit d'impôt de répartition, et par l'État, s'il s'agit d'impôt de quotité. » (Conseil d'État, 13 avril 1844.) Ces frais sont ceux de vérification et d'expertise.

Idem, au bas de la page, note 2.

La jurisprudence citée dans cette note se trouve modifiée par les considérants suivants d'un arrêt du conseil du 3 janvier 1848 : « Considérant que, d'après l'article 29 de la loi du 26 mars 1831 et l'article 30 de la loi du 21 avril 1832, les contribuables sont admis à transmettre au gouvernement leur recours contre les décisions des conseils de préfecture rendus en cette matière, par l'intermédiaire des préfets...; que le recours du sieur *N.* contre les décisions par lui attaquées a été enregistré à la préfecture de... dans les trois mois de la notification desdites décisions; que dès lors il a été formé dans les délais du règlement, etc. »

Nº 847, 2ᵉ alinéa.

Le droit du percepteur de saisir le conseil de préfecture pour en obtenir la décharge des cotes indûment imposées ayant été dénié par le conseil d'État (*v.* notamment arrêts du 8 sept. 1846), la loi de finances du 3 juillet 1846 a régularisé l'exercice de ce droit par une disposition ainsi conçue : « Dans les trois mois de la publication des rôles, les percepteurs des contributions directes formeront, s'il y a lieu, pour chacune des communes de leur perception, des états présentant par nature de contribution les cotes qui leur paraîtront avoir été indûment imposées, et adresseront ces·états au préfet et au sous-préfet, par l'intermédiaire des receveurs de finances. Les états dont il s'agit seront renvoyés aux contrôleurs des contributions directes, qui vérifieront les faits et les motifs allégués par les percepteurs, et donneront leur avis, après avoir pris celui du maire et des répartiteurs. Le directeur des contributions fera son rapport, et le *conseil de préfecture statuera.* Le montant des décharges prononcées sur les contributions foncière, personnelle et mobilière, sera réimposé au rôle de l'année suivante. »

Ainsi, à l'égard des cotes indûment imposées, on agit conformément à la loi ci-dessus; à l'égard des cotes irrecouvrables, on suit la marche indiquée dans le troisième alinéa du n° 847 des *Éléments*.

N° 860, après ce numéro.

Les droits sur les boissons ont subi de nombreuses vicissitudes depuis la révolution du 25 février 1848. Un décret du gouvernement provisoire, en date du 31 mars 1848, supprima l'exercice; il fut abrogé par un décret de l'Assemblée constituante du 22 juin 1848. L'article 2 de la loi de finances du 16 décembre 1848 prorogea la perception des contributions indirectes jusqu'au 1er avril 1849. L'article 3 de la loi de finances du 19 mai 1849 prononça l'abolition de l'impôt sur les boissons à partir du 1er janvier 1850, en prescrivant la présentation d'un projet de loi pour aviser à son remplacement. Mais la loi du 20 décembre 1849 a rapporté cet article, et a créé dans le sein de l'Assemblée une commission chargée de procéder immédiatement à une enquête sur l'état de la production et de la consommation des vins et des esprits, sur l'influence qu'exerce en cette matière l'impôt des boissons, et sur les modifications que cet impôt peut recevoir; le rapport, les résultats de l'enquête et les modifications dont la législation actuelle sera jugée susceptible, doivent être soumis à l'Assemblée législative avant le 1er juillet 1850.

En présence de la refonte générale que va subir la législation sur les boissons, nous croyons inutile d'exposer les modifications partielles qu'elle a reçues depuis notre dernière édition.

N° 888, après le premier alinéa.

Le décret du gouvernement provisoire du 15 avril

1848 a aboli l'impôt du sel à partir du 1er janvier 1849 ;
mais une loi de l'Assemblée constituante, en date du
28 décembre 1848 , a rapporté ce décret en réduisant
l'ancien impôt à 10 francs par cent kilogrammes. Le
même décret permet l'entrée des sels étrangers en
France, moyennant un droit d'entrée et le payement
de la taxe de consommation. (*V*. loi du 13 janv. 1849.)

Une loi du 26 février 1846 avait déjà abaissé à
un centime par kilogramme le droit sur les sels destinés
à l'alimentation des bestiaux, sous la condition que ces
sels seraient mélangés, aux frais des intéressés, avec des
substances qui les rendraient impropres à toute autre
destination. Cette loi est encore en vigueur, puisque
le droit qu'elle établit est inférieur de moitié au droit
nouveau. (*V*. décr. du 28 décembre 1848, art. 7.)

Nº 892 , après.

La législation relative au sucre indigène a été com-
plétée par la loi du 2 juillet 1843 , qui prescrit dans
son article premier l'élévation progressive du droit au
taux payé à l'importation pour les sucres des colonies
françaises, soumet les glucoses granulées aux mêmes
droits, et établit un droit spécial pour les glucoses à
l'état de sirop. Une loi du 31 mai 1846 règle le mode
de perception de l'impôt.

Nº 901 , après.

Prévoyant le cas où la perception des droits sur les
boissons serait interrompue dans une localité, la loi
du 22 juin 1848 autorise le gouvernement à faire appliquer d'office, et pour tous les droits non perçus,
l'abonnement général autorisé par l'article 73 de la loi
du 28 avril 1816, pendant toute la durée de l'interrup-

tion. A défaut du vote spécial et immédiat du conseil municipal, le remplacement s'opère dans chaque commune au moyen de centimes additionnels au principal des quatre contributions directes, et les communes sont autorisées à recouvrer par voie d'abonnement forcé, sur les débitants, les sommes qu'elles ont été contraintes de verser au Trésor pour leur compte. (Décret du 22 juin 1848, art. 4.)

N° 959, à la fin.

La surtaxe d'un décime, établie sur les lettres recueillies ou adressées dans les communes où il n'existe pas d'établissement de poste, a été abrogée par la loi du 3 juillet 1846. (Art. 1.)

N° 960, à la fin.

L'article 8 du décret du 24 août 1848 permet aux tribunaux, dans tous les cas de contravention aux lois sur la poste, de modérer la peine et de réduire l'amende à 16 fr.

N° 965, à la fin.

La taxe des lettres a été établie, par le décret du 14 août 1848, d'une manière uniforme quant aux distances, et proportionnelle quant au poids. La taxe est de 20 centimes pour 7 grammes et demi et au-dessous; 40 centimes de 7 grammes et demi à 15 grammes; un franc de 15 à cent grammes; et au-dessus, un franc par cent grammes ou fraction de cent grammes, pour les lettres circulant à l'intérieur, et pour les lettres *de* et *pour* la Corse en Algérie. (Décret du 24 août 1848, art. 1, 2, 3.)

Les lettres recommandées et les lettres chargées sont soumises au double port; l'affranchissement en est obligatoire. L'affranchissement s'opère à l'aide *de timbres* vendus par l'administration et apposés sur les lettres. (*Ibid.*, art. 4, 5.)

Nº 968.

Une ordonnance du 21 juillet 1846 généralise la *recommandation* des lettres, qui peut avoir lieu aujourd'hui non-seulement des départements à Paris, mais de tous les bureaux pour tous les lieux où la France entretient des bureaux de poste. L'ordonnance indique les formalités qui doivent être observées dans ce cas par l'administration; elle veut que la lettre soit sous enveloppe et fermée de trois cachets de cire avec empreintes.

La taxe à percevoir sur les envois de fonds et de valeurs a été réduite à deux pour cent du montant des envois ou de la valeur des objets par la loi du 3 juillet 1846.

Nº 972 après.

Une ordonnance du 19 février 1843 autorise l'administration des postes à transiger, avant comme après le jugement, sauf l'approbation du ministre des finances, dans toutes les affaires contentieuses qui concernent son service.

Nº 989, après.

D'après l'article 31 de la loi de finances du 19 mai 1849, aucune pension civile ne peut être accordée en vertu des décrets des 22 août 1790, 15 germinal an XI et 13 septembre 1806, qu'autant que les infirmités sur lesquelles on se fonde pour les obtenir ont été constatées par trois médecins désignés par le ministre, avec l'accomplissement des formalités prescrites par les articles 26 à 34.

N° 1023, après.

Les décrets du 15 juillet et du 15 novembre 1848 autorisent le ministre des travaux publics à adjuger ou à concéder aux associations d'ouvriers les travaux publics qui en sont susceptibles; les actes d'association sont enregistrés gratis.

N° 1065, 1066, 1067.

La permanence du corps législatif a permis de modifier la législation relative aux crédits non compris dans le budget. Aux termes de l'article 14 de la loi du 19 mai 1849, les suppléments de crédit nécessaires pour subvenir à l'insuffisance dûment justifiée des fonds affectés à un service porté au budget ne peuvent être accordés que par une loi, sauf le cas de prorogation de l'Assemblée nationale. La même disposition est applicable aux crédits extraordinaires, complémentaires et supplémentaires, à ouvrir dans les cas prévus par l'article 12 de la loi du 23 mai 1834.

N° 1076.

Les comptes de chaque ministre doivent désormais présenter dans leurs développements la comparaison, article par article, des dépenses prévues et des dépenses imprévues. (Décret du 20 juillet 1848, art. 13.)

N° 1079, après.

Une ordonnance du 26 août 1844 règle la comptabilité des matières appartenant à l'État ; une ordonnance du 25 janvier 1845, la comptabilité des matières appartenant au ministère de la guerre ; une ordonnance du 22 juin 1847, la solde, les revues, l'administration et la comptabilité des corps de troupe de la marine.

N° 1081.

Voir, sur les saisies-arrêts des cautionnements, une circulaire du directeur des domaines du 22 juillet 1847.

N° 1110, 2ᵉ alinéa de la page 365.

La disposition de la loi du 11 juin 1842, qui accordait un recours à l'État contre les départements et les communes traversés par les chemins de fer, pour les deux tiers du prix des indemnités dues pour les terrains et bâtiments occupés par les chemins de fer, a été abrogée par la loi du 19 juillet 1845.

N° 1110. Ajouter à ce numéro.

POLICE DES CHEMINS DE FER.

SOMMAIRE.

1. *But de la loi du* 15 *juillet* 1845.
2. *Les chemins de fer font partie de la grande voirie.*
3. *Servitudes qu'ils imposent aux riverains.*
4. *Constatation et poursuite des contraventions.*
5. *Expropriations sur les terrains riverains.*
6. *Précautions que doivent prendre les concessionnaires.* — *Peines.*
7. *Peines des crimes, délits et contraventions relatifs aux chemins de fer.*

1. La création d'un grand nombre de lignes de che-

mins de fer nécessitait une loi qui déterminât les règles spéciales de police qui leur sont applicables, les servitudes auxquelles doivent être assujetties les propriétés riveraines, les précautions à prendre pour que les chemins ne soient pas nuisibles à la navigation et aux routes qu'ils traversent, et enfin le système de pénalité applicable aux nouvelles contraventions auxquelles une nouvelle espèce de voies de communication pouvait donner lieu. Cette matière importante a été réglée par la loi du 15 juillet 1845.

2. Les chemins de fer, construits ou concédés par l'État, sont rangés par l'article 1er dans la grande voirie, et l'article 2 déclare leur être applicables les lois et règlements de grande voirie qui ont pour objet d'assurer la conservation des fossés, talus, levées et ouvrages d'art dépendant des routes, et d'interdire sur toute leur étendue le pacage des bestiaux, les dépôts de terres et d'autres objets.

3. D'un autre côté, l'article 3 étend aux propriétés riveraines des chemins de fer les servitudes imposées par les lois et règlements sur la grande voirie, et qui concernent l'alignement, l'écoulement des eaux, l'occupation temporaire des terrains en cas de réparations, la distance à observer pour les plantations et l'élagage des arbres plantés, le mode d'exploitation des mines, minières, tourbières, carrières et sablières dans la zone déterminée à cet effet, enfin les lois et règlements sur l'extraction des matériaux nécessaires aux travaux publics.

A partir de la promulgation de la loi, aucune construction, autre qu'un mur de clôture, n'a pu être établie dans une distance de deux mètres d'un chemin de fer; les constructions existant à ce moment ou lors de l'établissement d'un nouveau chemin de fer, dans la

10

zone indiquée, peuvent être entretenues dans l'état où elles se trouvaient à cette époque.

Dans les localités où le chemin se trouve en remblai de plus de trois mètres au-dessus du terrain naturel, les riverains ne peuvent pratiquer, sans autorisation préalable, donnée après avoir entendu ou appelé les fermiers ou concessionnaires, des excavations dans une zone de largeur égale à la hauteur verticale du remblai. (Loi du 15 juillet 1845, art. 6.) Il ne peut être établi à une distance de moins de vingt mètres d'un chemin de fer desservi par des machines à feu, des couvertures en chaume, des meules de paille, de foin, et aucun autre dépôt des matières inflammables, sauf les dépôts de récolte, mais seulement pour le temps de la moisson (*ibid.*, art. 7); à une distance de moins de cinq mètres, aucun dépôt de pierres ou d'objets non inflammables, sans l'autorisation préalable du préfet. Il faut excepter les dépôts temporaires d'engrais et autres objets nécessaires à la culture des terres, et, si le chemin est en remblai, des dépôts de matières non inflammables dont la hauteur n'excède pas celle du remblai du chemin. Ces différentes distances peuvent être diminuées en vertu d'arrêtés du pouvoir exécutif, rendus après enquêtes. (*Ibid.*, art. 7, 8, 9.)

4. Les contraventions sont constatées, poursuivies et réprimées comme en matière de grande voirie; elles sont punies d'amendes de 16 à 300 fr., et les contrevenants sont condamnés à supprimer, dans le délai déterminé par l'arrêté du conseil de préfecture, les excavations, constructions, etc., faites contrairement aux dispositions de la loi; s'ils ne le font pas, la suppression a lieu d'office, et le montant de la dépense est recouvré par voie de contrainte. (*Ibid.*, art. 11.)

5. Si la sûreté publique ou la conservation du che-

min de fer l'exige, l'administration peut faire supprimer, moyennant une juste indemnité, les constructions, plantations, couvertures en chaume, les amas de toute nature existant dans les zones ci-dessus spécifiées au moment de la promulgation de la loi ; elle a le même droit lors de l'établissement des nouveaux chemins de fer. L'indemnité est réglée conformément à la loi du 3 mai 1841 pour la suppression des constructions, et conformément à la loi du 16 septembre 1807 pour tous les autres cas. Enfin, s'il y avait urgence, on appliquerait la loi des 16 et 24 août 1790. (*Ibid.*, art. 10, titre XI, art. 3.) *V. Éléments*, nᵒˢ 1168 à 1171, et le *Supplément*, p. 148, 149.

6. Les chemins de fer doivent être clos des deux côtés et sur toute l'étendue de la voie d'après le mode déterminé par l'administration ; partout où ils croisent de niveau les routes de terre, des barrières sont établies et tenues fermées. Les mesures qui ont pour but de garantir le service de la navigation, le libre écoulement des eaux, la viabilité des routes nationales, départementales et vicinales, sont imposées aux concessionnaires par le cahier des charges ; s'ils y contreviennent ou s'ils n'exécutent pas les décisions qui ont pour but d'en assurer l'exécution, ils sont poursuivis devant le conseil de préfecture, et condamnés à une amende de trois cents à trois mille francs, et l'administration prend à leurs frais toutes les mesures provisoires nécessaires pour faire cesser le dommage. (*Ib.*, art. 4, 12, 13, 14, 15.)

Une ordonnance du 9 novembre 1846, en 80 articles, contient des règles nombreuses concernant la police, la sûreté et l'exploitation des chemins de fer. Le ministre des travaux publics, et les préfets sous son approbation, peuvent prendre des arrêtés dont les dispositions, ainsi que celles de l'ordonnance, sont obligatoires, sous la sanction des pénalités déterminées par le titre 3 de la loi du 15 juillet 1845.

7. Le titre 3 de la loi (art. 16 à 27) est relatif aux crimes, délits et contraventions relatifs aux chemins de fer qui sont poursuivis devant les juridictions ordinaires. Il faut remarquer dans ce titre l'article 22, qui établit la responsabilité des concessionnaires et fermiers d'un chemin de fer, et de l'*État* lui-même quand ce chemin est exploité à ses frais, envers les particuliers, pour dommage causé par les administrateurs, directeurs ou employés à un titre quelconque au service de l'exploitation du chemin de fer.

N° 1157, § 1, après.

Une circulaire du ministre de l'intérieur, du 18 mai 1849, délègue aux sous-préfets la délivrance des alignements partiels sur le bord des grandes routes, dans les traverses des villes et villages, lorsque l'alignement est fixé définitivement par un plan général.

N° 1166.

Un arrêt de la cour de cassation, du 6 avril 1846, paraît contraire à la jurisprudence indiquée dans ce numéro ; mais le dispositif de cet arrêt, cité dans Dalloz, 4° partie, colonne 52, n'indique pas les faits qui peuvent avoir influé sur la décision. Il paraît qu'il était question d'une *reconstruction* sur un terrain *retranchable*.

N° 1169.

La jurisprudence, qui attribuait compétence aux conseils de préfecture pour connaître de l'opposition formée contre les arrêtés des préfets ordonnant la démolition des maisons qui menacent ruine (arrêt du conseil du 2 juillet 1820), a été modifiée par des arrêts postérieurs du conseil d'État. Il est jugé aujourd'hui que le droit d'ordonner la démolition des édifices qui menacent ruine appartient au préfet, à l'exclusion du conseil de préfecture (arr. du cons. 1er septembre 1832, 23 juillet et 30 décembre 1841); que les décisions administratives rendues sur cette matière après l'accomplissement des formalités prescrites ne peuvent être attaquées devant le conseil d'État par la voie contentieuse. (Conseil d'État, 26 mai 1845, 18 septembre 1846.) Mais le conseil de préfecture n'en est pas moins compétent pour examiner si des faits constatés aux procès-verbaux il résulte des contraventions aux règlements de grande voirie, et pour les réprimer dans le cas de l'affirmative. (C. d'État, 1 juin 1843.)

N° 1170.

Ce que nous venons de dire nous semble devoir entraîner la suppression du second alinéa, qui était fondé sur la jurisprudence ancienne du conseil d'État.

N° 1173.

Voir les ordonnances sur la police du roulage, en date des 2 février et 5 octobre 1843, 2 octobre 1844, 29 octobre 1845, 22 septembre 1846, 1er octobre 1847, 1er octobre 1849.

N° 1177.

Il faut ajouter aux individus énumérés dans ce paragraphe les agents de surveillance et les gardes nommés ou agréés par les administrations des chemins de fer, dûment assermentés, qui peuvent instrumenter sur toute la ligne à laquelle ils sont attachés, pour la constatation des crimes, délits ou contraventions prévus dans les titres 1 et 3 de la loi du 15 juillet 1845. (*V*. cette loi, art. 23.)

N° 1194.

Le conseil d'État n'a point adopté la solution que nous donnons dans ce numéro ; il a décidé, notamment le 19 avril 1844, que toutes les contraventions en matière de grande voirie se prescrivaient par un an, en vertu de l'article 640 du Code d'instruction criminelle, quelle que fût la peine applicable : d'où l'on est fondé à conclure que la peine se prescrirait par deux années, en vertu de l'article 639 du même Code. Mais la réparation du dommage doit être poursuivie, quel que soit le laps de temps écoulé, dans l'intérêt toujours subsistant de la viabilité. (C. d'Etat, 19 avril 1834.)

N° 1201 , 4ᵉ alinéa.

Un arrêt du conseil, du 26 avril 1844, décide que, dans le cas de l'article 15 de la loi du 21 mai 1836, c'est le juge de paix chargé de régler l'indemnité, et non le conseil de préfecture, qui nomme le tiers expert.

5ᵉ alinéa.

Une circulaire du ministre de l'intérieur, du 16 juillet 1845, émet l'opinion, contraire à la nôtre et fort contestable, qu'il n'est pas nécessaire que l'indemnité soit préalable, lorsque la portion de terrain ajoutée au chemin est couverte de constructions.

Nᵒ 1205.

Voir une ordonnance du 8 août 1845, relative aux formalités à remplir en cas d'extraction de matériaux des forêts soumises au régime forestier, pour les travaux des chemins vicinaux.

Nᵒ 1207.

Une décision du ministre des finances, du 26 août 1846, porte que les actes énumérés dans l'article 58 de la loi du 3 mai 1841, sur l'expropriation pour cause d'utilité publique, doivent être visés pour timbre et dispensés, en vertu de cet article, du droit fixe d'un franc auquel ils étaient assujettis par l'article 20 de la loi du 21 mai 1836: ce dernier article continue à s'appliquer à ceux qui ne sont pas énumérés dans l'art. 58 de la loi du 3 mai. (*V*. aussi instruction de l'administration de l'enregistrement, du 26 novembre 1846; instr. du ministre de l'intérieur, du 4 février 1847.) Les mêmes dispenses sont accordées aux actes de cession amiable, postérieurs à la déclaration d'utilité publique, de propriétés nécessaires aux chemins.

Nᵒ 1214, alinéa quatrième.

Le conseil d'État n'a point confirmé l'opinion émise

dans cet alinéa sur la *constatation* de la viabilité *avant l'exploitation ;* il a, au contraire, décidé plusieurs fois qu'il n'est pas nécessaire que la constatation de viabilité soit antérieure à l'usage ; qu'il suffit que l'existence de la viabilité à l'époque où l'usage a commencé soit prouvée. (*V.* arrêts des 10 décembre 1846, 15 mai, 9 et 18 juillet 1848, 12 février 1849.) Il a été jugé aussi, le 17 janvier 1849, qu'à défaut par la partie de nommer son expert, c'est au conseil de préfecture, et non au sous-préfet, qu'il appartient d'en nommer un d'office ; et le 12 février 1849, que les recours contre les arrêtés des conseils de préfecture en cette matière ont lieu sans frais, l'article 14 de la loi du 21 mai 1836 assimilant le recouvrement des subventions à celui des contributions directes. (*V.* l. du 21 avril 1832.)

N° 1218, après.

Une circulaire du directeur des contributions directes, en date du 12 décembre 1846, décide, conformément à la jurisprudence du conseil d'État (arrêt du 18 avril 1845), que, bien que les rôles de prestation soient publiés au mois de novembre pour l'année suivante, le délai du recours ne part que du 1er janvier suivant.

N° 1244.

A la fin du premier alinéa, supprimer la dernière phrase : « Aucune disposition de loi, etc. » Cette proposition cesse d'être vraie en présence de la circulaire du 23 août 1841, qui prescrit une enquête.

N° 1243.

Un avis du conseil d'État, du 11 janvier 1848,

porte : 1° qu'il n'y a pas lieu de percevoir des droits de voirie sur les points du territoire de la commune où il n'y a pas d'habitations agglomérées; 2° que, dans ces limites, les droits de voirie sont applicables à toutes les constructions, quel qu'en soit le propriétaire, fût-ce même l'État, pour les édifices affectés à un service public; 3° que le recouvrement de ce droit doit être poursuivi dans les formes indiquées par l'article 63 de la loi du 18 juillet 1837.

N° 1244.

Un arrêt de la cour de cassation, du 30 janvier 1836, décide qu'en matière de petite voirie les maires sont seuls appréciateurs des causes qui peuvent rendre la démolition des édifices nécessaire, sauf recours devant l'autorité administrative supérieure ; que, par conséquent, le tribunal de police municipale, saisi d'une poursuite en contravention dirigée contre un propriétaire qui n'a point satisfait à l'arrêté qui lui enjoignait de démolir un mur dans un délai déterminé, ne peut, avant de prononcer la peine, ordonner que des experts vérifieront si le mur menace ruine. Ainsi il n'y a entre cette procédure et celle relative aux édifices qui bordent les grandes routes, qu'une différence; c'est que dans l'une c'est le maire, et dans l'autre c'est le préfet qui ordonne la démolition: le recours à exercer est, dans l'un et dans l'autre cas, administratif. (Conseil d'État, 26 mai 1845, 18 septembre 1846. *V. hic*, p. 148 et 149.)

N° 1245, à la fin.

La dépense des trottoirs peut être reconnue d'utilité publique par un arrêté du président de la république, sur la demande du conseil municipal, dans les rues et places dont l'alignement a été arrêté par un acte du pouvoir exécutif. La dépense de construction est alors répartie entre la commune et les propriétaires riverains dans des proportions déterminées par l'arrêté, après une enquête *de commodo aut incommodo*, de telle sorte que la portion à la charge de la commune ne soit jamais inférieure à la moitié de la dépense totale, sauf les usages en vertu desquels ces frais seraient à la charge des propriétaires riverains pour une proportion supérieure, usages qui sont maintenus. La portion de dépense à la charge des propriétaires est recouvrée dans la forme déterminée par l'article 28 de la loi de finances du 25 juin 1844, c'est-à-dire à l'aide d'un tarif dressé par le conseil municipal, approuvé par le président de la république. (L. du 7 juin 1845.)

1268, à ajouter.

Un décret du gouvernement provisoire, en date du 8 mars 1848, fondé sur ce que les sources d'eau minérales constituent une richesse publique dont la conservation importe à l'intérêt national et à l'humanité, et dans le but de prévenir les tentatives qui pourraient en compromettre l'existence, défend de faire aucun sondage, aucun travail souterrain dans un périmètre de mille mètres de rayon autour des sources d'eau minérales dont l'exploitation a été régulièrement autorisée, sans l'autorisation du préfet du département, donnée sur l'avis de l'ingénieur, du maire et du médecin inspecteur de l'établissement thermal.

N° 1284, quatrième alinéa.

Après les mots : « Les seuls titres qui puissent conférer un droit sont ceux antérieurs à cette date, » ajoutez :

Le conseil d'État décide même qu'il n'est pas nécessaire, pour que les propriétaires d'usine aient droit à l'indemnité, qu'ils rapportent un titre régulier de concession ; qu'il leur suffit de prouver que l'usine existait avant 1566. (*V.* arrêt du conseil du 10 mars 1848.) Il décide également que l'indemnité est due lorsqu'il y a affectation spéciale d'une force motrice à l'usine par un acte de vente nationale. (**C. d'État**, 3 décembre 1846.)

N° 1286, deuxième alinéa, à la fin.

Le conseil d'État a décidé, le 3 janvier 1848, que les travaux de curage et de simple entretien d'une rivière navigable, effectués, au nom et par ordre de l'administration, dans l'intérêt de la police des eaux et de la bonne exploitation des usines elles-mêmes, ne sauraient donner contre l'État ou le concessionnaire qui le représente un droit à l'indemnité pour chômage des usines.

Idem, quatrième alinéa.

La jurisprudence du Conseil d'État est contraire à l'opinion que nous avons émise dans cet alinéa. Elle décide qu'il ne peut être dû d'indemnité pour diminution de force motrice ou pour chômage d'usine située sur un cours d'eau navigable, qu'autant que l'établissement en est légal, et encore si le titre qui le constitue ne soumet pas le propriétaire à la démolition sans indemnité. (*V.* arrêt du 3 septembre 1844.)

N° 1303, à la fin.

Nous indiquons ici, mais seulement pour mémoire, puisqu'elles ne sont relatives qu'à des intérêts privés, les deux lois des 29 avril 1845 et 11 juillet 1847 : la pre-

mière relative à la *servitude d'aqueduc* imposée sur
le terrain d'autrui au profit du propriétaire qui veut se
servir, pour l'irrigation de sa propriété, des eaux na-
turelles ou artificielles dont il a le droit de disposer; la
seconde, à la *servitude d'appui* sur la propriété du
riverain, servitude créée dans le même but que la précédente. Ces lois déterminent les indemnités qui sont
dues dans ces différents cas, et renvoient les contestations devant les tribunaux ordinaires.

N° 1323, à la fin.

Voir les lois des 29 avril 1845 et 11 juillet 1847,
citées dans l'alinéa ci-dessus.

N° 1359, alinéa troisième.

La jurisprudence du conseil d'État paraît changée
sur ce point. Un arrêt du 23 mars 1845 décide que le
conseil de préfecture est compétent pour statuer sur les
indemnités réclamées par les adjudicataires pour inexé-
cution prétendue des clauses de leur marché. C'est une
opinion fort contestable.

N° 1363.

Le conseil d'État décide que le conseil de préfecture
est compétent pour statuer sur les demandes d'indemnité formées contre l'État par le concessionnaire
du péage d'un pont, en cas de suppression du péage
par le ministre. (*V*. arrêt du 20 mai 1848; même observation que ci-dessus.)

Nᵒˢ 1383, 1390, 1391.

La composition des conseils généraux a été modifiée

par le décret du 3 juillet 1848, que nous avons fait connaître à propos du n° 535, p. 119. Leurs séances ont été rendues publiques.

Les conseils d'arrondissement ont été supprimés pour l'avenir, et remplacés par des conseils cantonaux qui ne sont point encore organisés. (*V. hic*, p. 119.)

N° 1392, à la fin.

V. un arrêt du conseil, du 17 février 1848, qui décide que les délibérations des conseils généraux qui ont pour but de répartir les contributions directes entre les arrondissements, ne peuvent être attaquées par la voie contentieuse, même pour inaccomplissement des formalités prescrites par la loi. (Cette opinion est très-contestable.)

N° 1408, à la fin.

La cour de cassation a décidé, le 5 juillet 1845, qu'un règlement administratif dont la violation emporte une pénalité, et spécialement un règlement sur la chasse, n'est obligatoire qu'autant qu'il est publié dans la forme ordinaire, et que son insertion au *Bulletin officiel* de la préfecture est insuffisante pour en donner aux administrés une connaissance légale.

N° 1432, après.

L'époque de la clôture de l'exercice a été fixée, pour la liquidation et l'ordonnancement des dépenses départementales, au 31 mai de la deuxième année de l'exercice, et pour les payements, au 31 juin. (Ordonnance du 4 juin 1843.) De cette manière le préfet peut présenter au conseil général, dans sa session du mois d'août, des comptes définitifs, tandis qu'auparavant il ne pouvait en présenter que de provisoires.

N° 1465.

L'organisation municipale a été modifiée par le décret du 3 juillet 1848, que nous avons fait connaître à propos du n° 547. (*V. hìc*, p. 121.)

N°ˢ 1473, 1474, 1475.

Voir, relativement aux changements de circonscriptions territoriales des communes, et aux conséquences qu'ils doivent avoir, les circulaires du ministre de l'intérieur des 29 janvier 1848 et 29 août 1849.

N° 1485.

Nous avons fait connaître, à propos du n° 547 *des Éléments*, la nouvelle organisation des conseils municipaux. (*V. hìc*, p. 121.)

N° 1493, après ce numéro.

Le décret du 3 juillet 1848, bien qu'il ne contienne que des mesures provisoires, en attendant des lois organiques sur la composition des administrations municipales (art. 2), a cependant innové d'une manière grave en décidant : 1° que les maires et adjoints seront choisis par le conseil municipal, et pris dans son sein pour les communes dont la population est inférieure à 6 mille âmes, et qui ne sont ni chefs-lieux d'arrondissement ni chefs-lieux de département; l'élection a lieu au scrutin secret, et il faut la majorité absolue aux deux premiers tours de scrutin ; 2° qu'ils ne pourront plus être révoqués que par décision du pouvoir exécutif. Le préfet conserve cependant le droit de suspendre les maires et adjoints pour trois mois. Aux termes de l'article 65 de la Constitution, le président de la république ne peut révoquer les agents du pouvoir exécutif élus par les citoyens, que de l'avis du conseil d'État; et, d'après le décret du 3 juillet 1848, les maires et adjoints révoqués ne peuvent être réélus pendant un an. (Décret du 3 juillet 1848, art. 10, 11.)

N° 1495.

L'art. 15 de la loi du 21 mars 1831, qui exigeait que le maire eût son domicile dans la commune, est abrogé par l'article 3 du décret du 3 juillet 1848.

N° 1522, avant-dernier alinéa, à la fin.

La jurisprudence citée à la fin de cet alinéa a été modifiée par la cour de cassation, qui a décidé, le 12 novembre 1844, que les lois des 28 août 1792 et 10 juin 1793 n'ont pas interverti de plein droit le caractère de la possession des communes; que celles-ci ne pouvaient obtenir la propriété des terrains dont elles n'avaient qu'une jouissance précaire qu'à la charge par elles de former leur action en revendication dans le délai déterminé par la loi. (Chambre civile.)

N° 1538.

L'opinion que nous avons émise sur la question discutée dans cet article est confirmée par les arrêts du conseil des 30 mars et 18 novembre 1846.

N°s 1539 et 1542.

Il existe sur la question de compétence traitée dans

ces numéros un désaccord entre la jurisprudence du conseil d'État et celle de la cour de cassation. *Voir*, pour connaître le dernier état de la question, arrêt du conseil du 8 septembre 1846, et les notes des 29 janvier 1847, 15 mai 1848, 15 janvier 1849 ; arrêts de la cour de cassation des 13 février 1844, 14 juin, 19 avril 1847.

Nº 1540, deuxième alinéa, à la fin.

Le conseil d'État a confirmé et expliqué sa doctrine dans un arrêt du 26 avril 1844, qui porte que les articles 17 et 18 de la loi du 18 juillet 1837 ne s'appliquent qu'à la jouissance indivise ou à la répartition des fruits, mais ne confèrent point aux conseils municipaux, non plus qu'aux préfets, le droit de changer un mode de jouissance individuel et héréditaire des fonds communaux établi par un ancien partage approuvé par l'autorité royale ; qu'un tel mode de jouissance ne saurait, aux termes des articles 1 et 2 du décret du 9 brumaire an XIII, être changé qu'en vertu d'un acte du pouvoir exécutif.

Troisième alinéa, à la fin. — Notre opinion est confirmée par un arrêt du conseil du 8 mars 1847.

Nº 1543, après.

Nous rappelons que les biens communaux assujettis à la contribution foncière payent, en outre, une taxe annuelle comme biens de mainmorte, en vertu de la loi du 16 janvier 1849. (*V. hic*, p. 130 et 131.)

Nº 1547, 4º.

L'art. 32 de la loi du 25 avril 1844 sur les patentes porte qu'il est prélevé, sur le principal de la contribution des patentes, huit centimes par franc au profit de la caisse municipale.

N° 1544, à la fin.

L'article 19 de la loi du 3 mai 1844 attribue aux communes sur le terrain desquelles des délits de chasse ont été commis les amendes prononcées par les tribunaux, déduction faite de la gratification accordée par l'article 10 aux rédacteurs des procès-verbaux.

N° 1557, note 1re.

Le conseil d'État décide que les offres faites pour la confection des chemins vicinaux, quand elles sont devenues définitives et obligatoires par l'acceptation faite par le préfet, en vertu de l'article 7 de la loi du 21 mai 1836, constituent des contrats relatifs à des travaux publics dont le contentieux est de la compétence des conseils de préfecture, mais que, jusqu'à l'acceptation des préfets, les offres peuvent être retirées. (C. d'Ét., 6 janvier 1849.) Il décide que les souscripteurs son aussi dispensés de payer par suite de non-accomplissement des conditions qu'ils avaient mises à leur souscription. (C. d'État, 1er mai 1846, 19 mars 1849.)

N° 1608, premier alinéa, à la fin.

D'après l'arrêt du conseil du 26 août 1848, ce n'est pas au conseil de préfecture, mais au préfet ou au président de la république, suivant la valeur de la chose à partager, qu'il appartient, en vertu des articles 19, 20 et 46 de la loi du 18 juillet 1837, de statuer sur les contestations nées à l'occasion des délibérations prises par les conseils municipaux, relativement à la formation et à l'attribution des lots pour l'exécution d'un partage

11

de biens indivis entre plusieurs communes, fixé dans
ses bases par des jugements et arrêts.

N° 1620.

La jurisprudence du conseil sur cette question paraît fixée en ce sens que les travaux qui intéressent les
biens patrimoniaux sont de la compétence des tribunaux, que ceux qui ont été entrepris en vue d'un service public ou dans un but d'utilité générale sont
soumis à la juridiction des conseils de préfecture.
(*V.* arrêt du conseil du 25 mars 1846, et la note des
rédacteurs du *Recueil des Arrêts du conseil.*)

N° 1633, à la fin.

Un arrêt de la chambre civile de la cour de cassation, du 7 juin 1848, décide que les communes
peuvent être actionnées au possessoire par des particuliers, sans le dépôt préalable du mémoire exigé par
l'art. 54 de la loi du 18 juillet 1837.

N° 1634, après.

La cour de cassation a décidé, le 28 juin 1843, que le
préfet ne peut, en vertu de l'article 15 de la loi du
18 juillet 1837, exercer les actions judiciaires que le
maire refuserait ou négligerait d'exercer. Le conseil
d'État a décidé, le 23 août 1845, qu'un conseil de
préfecture a été régulièrement saisi d'une contestation
par la demande introduite par le préfet, après délibération du conseil municipal de la commune. Nous ne
partageons pas cette opinion.

N° 1678.

Voir une ordonnance du 6 décembre 1843, relative
aux cimetières.

Nº 1689.

Faire précéder le chapitre qui commence par ce numéro de l'annotation suivante : Une loi du 10 janvier 1849 organise l'administration de l'assistance publique à Paris, ce qui comprend le service des secours à domicile et le service des hôpitaux et hospices civils.

Administration des établissements de bienfaisance.

Nº 1696. Remplacer ainsi le premier alinéa :

Une ordonnance du 6 juillet 1846 règle ainsi qu'il suit les formalités à remplir pour l'administration des biens des établissements de charité et de bienfaisance.

Les délibérations des administrations de ces établissements ayant pour objet l'acceptation de dons et legs d'objets mobiliers ou de somme d'argent, sont exécutoires en vertu d'un arrêté du préfet, lorsque leur valeur n'excède pas trois mille francs, et en vertu d'un arrêté du président de la république, lorsque leur valeur est supérieure, ou qu'il y a des réclamations de la part des ayants droit à la succession. Les délibérations qui portent refus de dons et legs, et toutes celles qui concernent des dons et legs d'objets immobiliers, ne sont exécutoires qu'en vertu d'un arrêté du président de la république. (Ord. du 6 juillet 1846, art. 4.)

Substituer à la première phrase du deuxième alinéa :

Les délibérations ayant pour objet des acquisitions, des ventes ou échange d'immeubles, le partage des biens indivis, sont exécutoires sur arrêtés des préfets en conseil de préfecture, quand il s'agit d'une valeur n'excédant pas trois mille francs pour les établissements dont le revenu est au-dessous de cent mille francs, et vingt mille francs pour les autres établissements. S'il s'agit d'une valeur supérieure, il est statué par le président de la république. (*Ibid.*, art. 2.)

N° 1697.

Voir, pour l'autorisation en matière d'échange, l'alinéa ci-dessus. (*Ibid.*, art. 2.)

N° 1698.

Voir le même alinéa pour le cas de vente (*ibid.*, art. 2); ajouter à la fin : La vente des biens mobiliers et immobiliers desdits établissements autres que ceux qui servent à un usage public pourra, sur la demande de tout créancier porteur de titres exécutoires, être autorisée par le président de la république, qui déterminera les formes de la vente. (*Ibid.*, art. 2, à la fin.)

N° 1701.

Substituer le chiffre de 30,000 fr. au chiffre de 20,000 fr., indiqué dans ce numéro. (*Ibid.*, art. 1.)

N° 1704, à la suite.

Les transactions consenties par les administrations des établissements de charité et de bienfaisance ne peuvent être exécutées qu'après homologation par le préfet en conseil de préfecture, s'il s'agit d'une valeur mobilière inférieure à trois mille francs, et par le président de la république s'il s'agit d'objets immobiliers, quelle que soit leur valeur, et d'objets mobiliers d'une valeur supérieure à trois mille francs. (Ordonnance du 6 juillet 1846, art. 5.)

N° 1709.

La cour de cassation a décidé, le 21 mai 1849, que

si les revenus des biens des enfants admis dans les hospices excèdent la dépense, le surplus doit leur être restitué par les hospices, qui exercent à leur égard la tutelle.

Caisses d'épargne. — N°ˢ 1717, 1718, après.

Une loi du 22 juin 1845 contient quelques modifications à celle du 5 juin 1835, sur les caisses d'épargne : le maximum du versement pour un déposant est fixé à 1,500 fr. au lieu de 2,000 ; mais cette somme peut s'élever à 2,000 fr. par suite de la capitalisation des intérêts. (L. 22 juin 1845, art. 1.) Lorsqu'elle a atteint ce chiffre, elle cesse de porter intérêt. (*Ibid.*, art. 3.) Nul ne peut avoir plus d'un livret dans la même caisse ou dans des caisses différentes, sous peine de perdre l'intérêt de la totalité des sommes déposées. (*Ibid.*, art. 5.)

On excepte de la fixation du maximum ci-dessus indiqué : 1° les remplaçants dans les armées de terre et de mer, qui sont admis à déposer en un seul versement le prix stipulé dans l'acte de remplacement, à quelque somme qu'il s'élève, lequel prix, lors même qu'il excède deux mille francs, produit des intérêts pendant la durée du service ; 2° les marins portés sur les contrôles de l'inscription maritime, qui peuvent déposer en un seul versement le montant de leur solde, décompte ou salaire, au moment soit de leur embarquement, soit de leur débarquement, mais sans pouvoir excéder le maximum fixé par l'art. 1ᵉʳ ; 3° les sociétés de secours mutuels dûment autorisées, qui peuvent verser jusqu'à concurrence de six mille francs, et dont le dépôt peut s'élever par l'accumulation des intérêts jusqu'à huit mille francs. (*Ibid.*, art. 4.)

Tout déposant dont le crédit est d'une somme suffisante pour acheter une rente de cinq francs au moins peut obtenir, par l'intermédiaire de l'administration de la caisse d'épargne, et sans frais, la conversion de la rente en une inscription au grand-livre de la dette publique. (*Ibid.*, art. 6, et décret du 7 juillet 1848, art. 7.)

A l'époque de la révolution de février 1848, le montant des dépôts des différentes caisses d'épargne à la charge du Trésor s'élevait à la somme de trois cent cinquante-cinq millions quatre-vingt-sept mille sept cent dix-sept francs trente-deux centimes. Le gouvernement provisoire commença par élever le taux de l'intérêt de 4, à 5 pour cent (décret du 7 mars 1848); puis, craignant que les demandes de remboursement n'excédassent les sommes dont le Trésor pouvait disposer, il rendit, le 9 mars 1848, un décret prescrivant le remboursement partie en argent, partie en bons du Trésor. Ce décret fut remplacé par celui de l'assemblée constituante, du 7 juillet 1848, qui ordonna les remboursements, partie en numéraire, partie en inscriptions de rentes 5 p. 0⁄0 au cours de 80 francs, de tous les dépôts antérieurs au 24 février. Mais, comme le cours public des rentes tomba bientôt au-dessous de 80 fr., un décret du 21 nov. 1848 voulut qu'il fût tenu compte aux déposants de la différence entre le taux de soixante et onze francs soixante centimes et celui de quatre-vingts francs, prix d'émission de la rente. Il est résulté de ces différentes opérations que le Trésor s'est libéré des créances provenant des dépôts faits aux caisses d'épargne avant le 24 février, en remboursant une petite partie en numéraire, et le reste en rentes, de telle sorte que les déposants ont reçu cinq francs de rente pour chaque somme de 71 fr. 60 c.; ils ont donc gagné sur le capital 28 fr. 40 c., et sur l'intérêt 1 pour cent.

Les caisses d'épargne, ainsi libérées, continuent à recevoir les dépôts produisant 5 pour cent, d'après les règles exposées ci-dessus.

N° 1724, alinéa 2.

La loi du 19 janvier 1850 a modifié les obligations des communes relativement à l'enseignement primaire.

L'enseignement primaire n'a plus, à proprement parler, deux degrés ; il comprend nécessairement certaines matières, et il peut être étendu à d'autres. Ces matières sont énumérées dans l'article 23 de la loi du 19 janvier 1850. (*V*. à l'Appendice.)

N° 1725. Substituer :

L'enseignement primaire est donné gratuitement à tous les enfants dont les familles sont hors d'état de payer ; la liste en est dressée tous les ans par le maire, de concert avec les ministres des différents cultes, approuvée par le conseil municipal et arrêtée par le préfet (*Ibid.*, art. 24 et 45 *.) Toute commune doit entretenir une ou plusieurs écoles primaires, ou, avec l'autorisation du conseil académique, s'entendre avec une commune voisine pour l'entretien d'une école, ou encore pourvoir à l'enseignement gratuit, dans une école libre, de tous les enfants dont les familles sont hors d'état d'y subvenir. (*Ibid.*, art. 36 *.) Les départements sont tenus de pourvoir au recrutement des instituteurs communaux, en entretenant des élèves-maîtres soit dans les établissements d'instruction primaire désignés par le conseil académique, soit dans l'école normale établie à cet effet par le département. (*Ibid.*, art. 35 *.)

N°ˢ 1726, 1727. Substituer:

Toute commune doit fournir à l'instituteur un local convenable tant pour son habitation que pour la tenue de l'école, le mobilier de la classe et un traitement. (*Ibid.*, art. 37 *.) Le traitement des instituteurs se composera, à partir du 1ᵉʳ janvier 1851 : 1° de 200 fr.; 2° de la rétribution scolaire; 3° d'un supplément accordé à tous ceux dont le traitement, joint au produit de la rétribution scolaire, n'atteindra pas 600 fr. Cette dépense doit être supportée par la commune, et, en cas d'insuffisance, par le département, et même par l'État. (Art. 38, 40 *.) La rétribution scolaire est perçue dans la même forme que les contributions publiques directes; cependant l'instituteur peut être autorisé par le conseil académique, sur l'avis conforme du conseil général , à la percevoir lui-même. (*Ibid.*, art. 41 *.)

N° 1728. Substituer:

Les autorités préposées à la surveillance et à la direction morale de l'enseignement primaire sont les inspecteurs généraux ou spéciaux , le recteur, le maire, le curé , le pasteur ou le délégué du culte israélite ; et dans les communes de deux mille âmes et au-dessus, un ou plusieurs habitants de la commune, délégués par le conseil académique. (*Ibid.*, art. 18, 19, 20, 21, 22, 42, 43, 44 *.)

Les instituteurs communaux sont nommés par le conseil municipal, et choisis soit sur une liste d'admissibilité ou d'avancement dressée par le conseil académique, soit sur la présentation qui est faite par les supérieurs pour les membres des associations religieuses vouées à l'enseignement, et autorisées par la loi ou reconnues comme établissements d'utilité publique, soit par les consistoires pour les écoles protestantes, soit enfin par le conseil académique, après une mise en demeure d'un mois, si le conseil a fait un choix non conforme à la loi, ou s'il n'en a fait aucun. L'institution est donnée par le ministre de l'instruction publique (1). (*Ibid.*, art. 31 *.) Les instituteurs communaux sont soumis à des obligations spéciales et assujettis à une juridiction disciplinaire. (*V.* les art. 32, 33 *.)

Nᵒ 1729.

Les communes de 800 âmes de population et au-dessus, celles même d'une population inférieure peuvent être tenues d'entretenir une école de filles, si leurs ressources le leur permettent. (*V. ibid.*, art. 48, 49, 50, 51, 52 *.) *Voir*, pour les salles d'asile, les art. 57, 58, 59 *; pour les pensionnats primaires, l'art. 58 *; pour les écoles d'adultes et d'apprentis, les art. 54, 55 *; pour les différents établissements communaux d'instruction, l'art. 56 *.

Nᵒ 1730, après.

Ce qui est relatif aux colléges communaux est réglé par les art. 71, 72, 73, 74, 75 * de la loi.

Nᵒ 1742.

Voir une loi du 10 mai et une circulaire du 11 mai 1846, relatives à la perception des droits d'octroi

(1) Voir, pour les examens et les certificats de stage, les art. 46, 47 *.

sur les bestiaux, et une circulaire du 12 février 1848 sur la marche à suivre dans l'instruction des affaires ayant pour objet la création d'un octroi ou la modification des tarifs et règlements de cette perception;

Sur les exemptions de prélèvement dont il est question dans la note 1.

Des difficultés s'étant élevées sur les cas où les exemptions de prélèvement doivent avoir lieu, l'art. 12 du budget du 3 juillet 1846 a décidé que l'exemption du prélèvement accordée, par l'art. 16 de la loi du 17 août 1822, aux villes qui sont autorisées à ajouter des centimes additionnels aux tarifs de leur octroi pour subvenir à des dépenses d'établissement d'utilité publique, ou pour se libérer d'emprunt, est applicable toutes les fois que les taxes additionnelles concernent des objets d'utilité publique générale ou locale, et qu'elles sont spécialement affectées à des dépenses temporaires et accidentelles.

Des conflits.

Nos 1802, deuxième alinéa, 1803, 1804. Substituer:

La Constitution a créé, pour juger les conflits d'attribution entre l'autorité judiciaire et l'autorité administrative, un tribunal spécial composé de membres de la cour de cassation et du conseil d'État, désignés tous les trois ans par leur corps respectif. (Const., art. 89 *.)

Le tribunal des conflits n'est pas permanent. Il se réunit sur la convocation du ministre de la justice, son président. (Règl. du 26 octobre 1849 *.) Il ne peut rendre sa décision qu'au nombre de neuf juges, outre le président, qui est, comme nous l'avons dit, le ministre de la justice, et, en cas d'empêchement, le ministre de l'instruction publique. Le conseil d'État et la cour de cassation choisissent dans leur sein, outre les juges, chacun deux suppléants qui sont appelés à faire le service dans l'ordre de leur nomination, en cas d'empêchement des juges. (L. du 4 février 1850, art. 1, 2, 3*.) Les fonctions du ministère public sont remplies par deux commissaires du gouvernement, choisis tous les ans par le président de la république, l'un parmi les maîtres des requêtes au conseil d'État, l'autre dans le parquet de la cour de cassation (*ibid.*, art. 6 *); les fonctions de greffier, par un secrétaire nommé par le ministre de la justice. Les parties peuvent se faire représenter par des avocats au conseil d'État et à la cour de cassation. (Règl., art. 4*.)

Nº 1805 et suivants.

L'organisation du tribunal des conflits ne change rien à la procédure qui a lieu devant les tribunaux, conformément à l'ordonnance du 1er juin 1828.

Nᵒˢ 1807.

Le principe développé dans cet article est modifié par l'art. 47 de la loi du 3 mars 1849 *. Aujourd'hui le ministre de la justice a le droit de revendiquer les affaires portées devant la section du contentieux du conseil d'État qui n'appartiennent pas au contentieux administratif, et, lorsque la section du contentieux a refusé de faire droit à sa demande en revendication, de porter la question devant le tribunal des conflits. (*V.* plus bas, p. 175.)

Nº 1811.

Le conseil d'État a jugé, le 18 juillet 1846, contrairement à notre opinion, que le conflit ne pouvait être élevé devant le tribunal de simple police.

N° 1817.

Voir, comme complément de la jurisprudence citée dans ce numéro, l'arrêt du conseil du 6 mars 1846 (*Recueil des Arrêts du conseil*, p. 116) et la note de l'arrêtiste.

N° 1825. Substituer ce qui suit :

A l'expiration du délai de quinzaine, les arrêtés de conflit et les pièces à l'appui continuent d'être transmis au ministre de la justice par le procureur de la république et les procureurs généraux, conformément à l'article 14 de l'ordonnance du 1er juin 1828, et à l'article 6 de l'ordonnance du 12 mars 1831; ils sont enregistrés immédiatement au tribunal des conflits. Dans les cinq jours de leur arrivée, les arrêtés de conflit et les pièces sont communiqués au ministre dans les attributions duquel se trouve placé le service auquel se rapporte le conflit. La date de la communication est consignée sur un registre à ce destiné. Dans la quinzaine, le ministre doit fournir les observations et les documents qu'il juge convenables sur la question de compétence; dans tous les cas les pièces sont rétablies au secrétariat du tribunal des conflits dans le délai précité. Les avocats des parties peuvent être autorisés à prendre communication des pièces au secrétariat sans déplacement. (Règl. du 26 octobre 1849, art. 12, 13*.)

N° 1826.

L'art. 15 du règlement porte qu'il est statué par le tribunal des conflits dans les délais fixés par l'art. 7 de l'ordonnance du 12 mars 1831 et l'art. 15 de l'arrêté du 30 décembre 1848; que ces délais sont suspendus pendant les mois de septembre et d'octobre. Cet article laisse subsister les difficultés discutées dans ce numéro.

N° 1827. Substituer :

Les décisions du tribunal des conflits sont précédées d'un rapport écrit, fait par l'un des membres du tribunal designé par le ministre de la justice immédiatement après le dépôt des pièces au secrétariat du tribunal. Les fonctions de rapporteur doivent être alternativement confiées à un conseiller d'État et à un membre de la cour de cassation, sans que cet ordre puisse être interverti. Le rapporteur doit déposer son rapport au secrétariat dans les vingt jours qui suivent la rentrée des pièces. Ce rapport est transmis à celui des commissaires du gouvernement que le ministre de la justice a désigné pour chaque affaire, et qui doit toujours appartenir à un autre corps que le rapporteur. (L. du 4 février 1850, art. 4, 5, 7 *. Règl. du 26 octobre 1849, art. 6, 7, 14 *.) Le rapport est lu en séance; immédiatement après, les avocats des parties peuvent présenter des observations orales. Le commissaire du gouvernement est ensuite entendu dans ses conclusions. (Règl., art. 7, 8 *.) La décision est rendue dans la forme prescrite par l'art. 9 du règlement; elle n'est pas susceptible d'opposition. (Règl., art. 9, 10 *.) Lorsque la décision a été rendue, le ministre de la justice pourvoit à la notification prescrite par l'article 7 de l'ordonnance du 12 mars 1831, et par l'article 16 de l'arrêté du 30 décembre 1848. (Règl., art. 16 *.)

N° 1828, deuxième alinéa.

La solution de la question traitée dans cet alinéa ne peut être douteuse aujourd'hui, parce que le tribunal des conflits n'a qualité que pour statuer sur les conflits qui s'élèvent entre *l'autorité judiciaire* et *l'autorité administrative*. (Art. 89 * de la Constitution). Les questions de même nature qui naissent entre les différents organes de l'autorité administrative sont jugées par le conseil d'État, qui conserve à cet égard ses anciennes attributions de régulateur des compétences. (*V*. art. 9 de la loi du 3 mars 1849 *.)

N° 1829.

Par qui seraient annulées aujourd'hui les décisions rendues, au mépris du jugement du tribunal des conflits, par l'autorité déclarée incompétente? Les parties pourraient sans doute se pourvoir devant la juridiction supérieure, et remonter ainsi jusqu'à la cour de cassation ou jusqu'au conseil d'État, suivant la nature de l'affaire. L'on ne peut douter que la décision rendue par une autorité incompétente ne soit annulée. Mais le ministre de la justice pourrait aussi saisir le tribunal des conflits, qui, usant du droit que lui attribue, dans une circonstance analogue, l'article 4 de l'ordonnance du 1er juin 1828, annulerait la décision, fût-elle émanée du conseil d'État ou de la cour de cassation.

N° 1831. Substituer à partir du deuxième alinéa :

Le règlement du 26 octobre 1849 établit, en matière de conflit négatif, la procédure suivante : Le recours est exercé par l'une des parties intéressées au moyen d'une requête signée d'un avocat au conseil et à la cour de cassation. Lorsque l'affaire intéresse directement l'État, le recours peut être formé par le ministre dans les attributions duquel se trouve placé le service public que l'affaire concerne. Le ministre de la justice peut aussi l'exercer lorsque la déclaration d'incompétence de l'autorité judiciaire émane d'un tribunal statuant en matière de simple police ou de police correctionnelle. (Règl., art. 17, 18, 19 *.)

Le recours doit être communiqué aux parties intéressées. L'ordonnance de *soit communiqué*, rendue par le ministre de la justice, est signifiée à la partie adverse dans le délai d'un mois, augmenté du délai prescrit par l'art. 75 du C. de proc. civ. pour ceux qui demeurent hors de la France continentale. Cette communication a lieu par les voies de droit, lorsque le recours est formé par un particulier contre un particulier, et par la voie administrative quand le recours est formé par un ministre, ou quand il est formé par un particulier dans une affaire qui intéresse directement l'État. La partie à laquelle la notification a été faite est tenue, si elle réside sur le territoire continental, de répondre et de fournir ses défenses dans le délai d'un mois à partir de la notification; si elle réside dans les colonies, le délai est déterminé par l'ordonnance de soit communiqué. Les parties intéressées peuvent prendre par elles-mêmes ou par leurs avocats communication des productions au secrétariat, sans déplacement et dans le délai déterminé par le rapporteur. (Règl., art. 17, 25 *.)

N° 1832 *bis*.

Revendication des affaires judiciaires.

La revendication des affaires judiciaires portées mal à propos devant la section du contentieux du conseil d'État est une heureuse innovation de la loi du 3 mars 1849, innovation que rendait possible la création d'une juridiction nouvelle chargée de statuer sur les questions de compétence. C'est le ministre de la justice qui exerce la revendication, en adressant un mémoire à la section du contentieux. On applique ensuite des règles analogues à celles prescrites par l'ordonnance du 1ᵉʳ juin 1828 en matière de conflits. La section du contentieux doit statuer sur sa propre compétence dans les formes et les délais prescrits par les art. 28, 29, 30 du règlement du 26 octobre 1849 *. A défaut par elle de statuer dans le délai fixé, le ministre peut se pourvoir devant le tribunal des conflits. Lorsque la section du contentieux a statué, sa décision est transmise au ministre, qui, en cas de rejet de sa demande, a quinze jours, à partir de l'envoi, pour faire connaître, par une déclaration adressée au président, s'il entend porter la revendication devant le tribunal des conflits. La section, pendant cette quinzaine, doit surseoir à statuer, à moins que le ministre ne lui ait fait connaître qu'il n'entendait pas se pourvoir. Si le ministre a déclaré qu'il portait la revendication devant le tribunal des conflits, la section est obligée d'attendre sa décision et de s'y soumettre. Le ministre adresse au tribunal des conflits un mémoire contenant l'exposé de l'affaire et ses conclusions, la demande en revendication qu'il a soumise à la section du contentieux, et la décision par laquelle cette section a refusé de se dessaisir. Il est ensuite procédé conformément aux art. 13, 14, 15 et 16 du règlement *. La décision qui intervient est transmise au président de la section du contentieux. Il en est fait mention en marge de la décision qui a donné lieu au recours du ministre. (Règl. du 26 octobre 1849. *V.* les art. 28 à 33 *.)

N° 1838, fin du premier alinéa.

La jurisprudence citée dans la fin du premier alinéa a été changée par un arrêt du conseil du 24 juillet 1848, lequel décide que l'article 78 de la loi du 28 avril 1816 ne renvoie au préfet en conseil de préfecture, sauf recours au conseil d'État, que la connaissance des contestations qui s'élèvent entre la régie et les débitants ou leurs syndics, pour fixer l'équivalent du droit qui doit être réparti sur la totalité des redevables, en remplacement du droit de détail par exercice, et non le jugement des contestations qui s'élèvent entre les syndics et les débitants à l'occasion de la répartition.

N° 1867, à la fin.

Cependant le conseil d'État a décidé, le 3 janvier 1848, qu'un conseil de préfecture, en ajoutant à l'indemnité qu'il condamnait l'État à payer à un particulier pour préjudices résultant de travaux d'utilité publique, le montant des frais d'expertise nécessités par le refus de l'administration, n'avait violé aucun principe de la matière. Le principe de la condamnation aux dépens de la partie qui succombe, même lorsque cette partie est l'État, est aujourd'hui proclamé dans l'art. 44 de la loi du 3 mars 1849 *.

Quoique cette loi ne soit relative qu'au conseil d'État, la règle qu'elle pose est évidemment applicable à tous les tribunaux administratifs. Cette règle, en effet, est fondée sur l'équité, et l'on ne comprendrait pas que ce qu'on trouve juste de faire en appel ne puisse être fait en première instance. S'il en était ainsi, la partie qui aurait gagné son procès contre l'État devant le conseil de préfecture, mais à laquelle on aurait refusé d'accorder les dépens, se verrait obligée, pour les obtenir, de se pourvoir devant le conseil d'État, qui devrait nécessairement ajouter aux dépens de première instance ceux qui auraient été faits devant lui, de telle sorte qu'en définitive l'État supporterait une perte plus considérable.

N°s 1882, 1883.

Voir, pour la nouvelle composition du conseil académique et du conseil supérieur de l'instruction publique, la loi du 19 janvier 1850, art. 1 à 3, 7 à 13*; pour leurs attributions, art. 5 à 7, 14 à 17*.

N° 1895.

Le principe que l'autorité administrative est seule compétente toutes les fois qu'il y a des créances à mettre à la charge de l'État, ou des condamnations à prononcer contre lui, est ébranlé sur plusieurs points par la doctrine et par la jurisprudence. Nous nous contenterons de citer les arrêts de la cour de cassation des 1er avril 1845, 22 novembre 1848, qui jugent que les tribunaux civils sont compétents pour connaître de l'action en réparation du dommage causé par le fait ou la négligence de l'administration des postes. La même chose a été décidée plus récemment encore, à l'égard de détournement de lettres par un employé de la poste, dans l'arrêt du 12 janvier 1849. *Voir* aussi, dans un cas spécial, l'arrêt du conseil d'État du 20 avril 1847. (Consulter, sur cette question, les ouvrages spéciaux. Dufour, t. II, p. 561; Trolley, t. I, p. 167 et suivantes.)

N° 1897, après.

Il faut distinguer, dans les réponses faites par les ministres aux réclamations qui leur sont adressées, s'ils ont prononcé comme juges en vertu d'une loi qui leur attribue juridiction sur la matière, ou seulement comme contradicteurs des réclamants. Dans le premier cas, il faut se pourvoir contre la décision devant le juge supérieur; dans le second cas, il faut attaquer le ministre, qui n'est pas un juge mais un adversaire, devant l'autorité compétente. Cette distinction est rappelée dans de nombreux arrêts du conseil, et notamment dans ceux des 26 juin 1845, 5 juin, 24 juillet, 29 novembre 1848, 28 novembre 1849.

Cour des comptes. — N° 1903 , alinéa premier.

L'organisation de la cour des comptes a été modifiée ainsi qu'il suit par le décret du gouvernement provisoire du 2 mai 1848. Le nombre des conseillers maîtres a été réduit de 18 à 12; le nombre des conseillers référendaires de première classe, de 18 à 15 ; celui des conseillers référendaires de seconde classe, de 62 à 55. Il suffit de trois membres présents pour qu'une chambre puisse juger. (Décret du 2 mai 1848, article 1, 5.)

Idem, alinéa deuxième.

Les fonctions de conseiller maître sont attribuées, moitié au moins aux conseillers référendaires de première classe, et le reste à des fonctionnaires publics ayant au moins quinze ans de service.

Les fonctions de conseiller référendaire de première classe sont dévolues à ceux de la seconde, savoir : deux tiers aux choix, et un tiers à l'ancienneté.

Les fonctions de référendaire de seconde classe sont dévolues, moitié à des citoyens qui justifient de dix ans de services publics, moitié au choix du ministre des finances.

N° 1904, premier et dernier alinéa.

Le premier secrétaire du parquet a reçu le titre et

remplit les fonctions de substitut du procureur général. (*Ibid.*, art. 2, 3, 4, 6 *.)

N° 1914, à la place des cinq premières lignes.

Aux termes de l'art. 90 de la Constitution, c'est aujourd'hui devant le tribunal des conflits que sont portés les recours pour incompétence et excès de pouvoir contre les arrêts de la cour des comptes. (*Voir*, pour la procédure à suivre, les art. 25, 26, 27 du règlement du 26 octobre 1849 *.)

Conseil d'État. — Section du contentieux.

N°ˢ 1918 à 1928.

La théorie que nous avions embrassée sur la nature de la juridiction du conseil d'État a été adoptée par la loi du 3 mars 1849, dont l'article 6 porte que : « Le » conseil d'État statue en dernier ressort sur le con- » tentieux administratif. » Ainsi le conseil d'État est aujourd'hui un véritable tribunal; ses décisions puisent leur force en elles-mêmes, et n'ont plus besoin d'être approuvées par le pouvoir exécutif. L'application de la loi n'est plus subordonnée à la volonté d'un ministre, et le ministre n'est plus obligé d'apposer sa signature à un acte dont il était impossible qu'il fût responsable.

Ce n'est plus le conseil d'État tout entier, mais une section qui est chargée du jugement des affaires contentieuses. La section dite du contentieux est composée de neuf membres; elle ne peut délibérer qu'en nombre impair et lorsque sept au moins de ses membres sont présents; les conseillers absents ou empêchés sont remplacés par des conseillers pris dans les autres sections, d'après l'ordre du tableau. Un maître des requêtes nommé par le président de la république remplit auprès d'elle les fonctions du ministère public. La police de ses audiences est régie par les art. 88 et suivants du Code de procédure civile. (L. du 3 mars 1849, art. 36, 38, 41, 42*.)

La section du contentieux prononce tantôt en premier et dernier ressort, tantôt comme tribunal d'appel, tantôt comme tribunal de cassation et régulateur des compétences.

En premier et dernier ressort. Ce sont là des cas exceptionnels qui doivent être prévus par la loi. On peut voir, comme exemple, la loi du 22 avril 1806, art. 21, citée dans le n° 1923 des Éléments, et les lois des 1er mars 1808, 4 mai 1809, relatives aux majorats, matière qui disparaît tous les jours.

Elle statue comme tribunal d'appel sur les recours dirigés contre les décisions du contentieux administratif rendues par les juges du premier degré.

Comme tribunal de cassation, elle annule pour vice de forme, pour incompétence et excès de pouvoir, les décisions contentieuses qui lui sont déférées par les parties, et celles qui lui sont déférées par le ministre, à défaut par les parties de s'être pourvues dans les délais. Dans ce dernier cas, l'annulation n'a lieu que dans l'intérêt de la loi, les parties ne profitant pas de l'annulation. Elle annule aussi les actes purement administratifs contraires à la loi qui lui sont dénoncés par le ministre. (*Ibid.*, art. 43, 44*.)Elle a évidemment le même droit, quoique la loi ne le dise pas, lorsque ces actes lui sont déférés par les parties elles-mêmes.

Il résulte encore des principes posés par les articles que nous venons de citer, que la section du contentieux résout les questions de compétence qui naissent entre les différents organes de l'administration.

Nous pensons même que c'est elle qui doit statuer, dans le cas prévu par l'art. 6, sur les difficultés qui s'élèvent entre les ministres relativement aux attributions qu'ils tiennent de la loi. En effet, aucun article de la loi ou du règlement ne saisit une autre section de cette attribution, et nulle autre n'est plus propre que celle du contentieux à prononcer sur cette matière; enfin il y a toujours possibilité d'un recours devant l'assemblée générale. (*Ibid.*, art. 46 *.)

Le recours comme d'abus, les autorisations de poursuivre les fonctionnaires publics, les prises maritimes, ne sont pas portés à la section du contentieux, mais à l'assemblée générale du conseil d'État. (Règl. du 26 mai 1849, art. 9 *. Les conflits sont portés devant le tribunal spécial créé par la Constitution. *V.* ci-dessus, p. 170.)

N° 1928, au commencement.

Le décret du 24 juillet 1806 et les lois et règlements relatifs à l'instruction des affaires contentieuses continuent à être observés devant la section du contentieux. Ces lois et règlements sont exposés dans les nᵒˢ 1928 et suivants des Éléments, sauf les modifications suivantes.

N° 1930.

La règle que le dépôt du pourvoi à la préfecture ne peut équivaloir au dépôt au secrétariat du conseil d'État reçoit exception dans le cas où, aux termes de l'art. 29 de la loi du 26 mars 1831 et de l'art. 30 de la loi du 21 avril 1832, les contribuables sont admis à transmettre leurs recours contre les décisions du conseil de préfecture par l'intermédiaire des préfets. (Arrêt du conseil du 3 janvier 1848 (d'Huart). *Voir hic*, p. 137 et 138.) Il est utile alors de tirer un certificat de l'enregistrement du dépôt.

N° 1931.

L'opinion que nous avons émise dans ce numéro est confirmée par l'arrêt du conseil du 31 mai 1848, qui décide que le pourvoi incident peut être formé en tout état de cause, nonobstant l'acquiescement qui aurait pu résulter du payement du montant de la condamnation, et qui est non avenu par suite du pourvoi principal.

N°s 1933, 1934, 1935.

L'incertitude introduite par la jurisprudence du conseil d'État sur le point de départ des délais du pourvoi est encore augmentée par un arrêt du 25 mars 1846, qui décide que le ministre des travaux publics a dû se pourvoir contre une décision du conseil de préfecture relative au décompte des entrepreneurs, dans les trois mois de la connaissance qu'il a eue de l'arrêté par une lettre du préfet. (*Voir*, sur cette question, la note de l'arrêt du 25 mars 1846, *Recueil des Arrêts*, t. 1846, p. 184; *Serrigny*, Supplément, p. 125; *Chauveau*, Code d'instruction administrative, p. 131.) Nous empruntons à cet auteur le conseil suivant : « Quelle que soit d'ailleurs l'opinion qu'adoptent à cet égard les tribunaux administratifs, je conseille aux parties intéressées de faire des notifications par huissiers quand elles voudront être assurées de la conservation de leurs droits, car une jurisprudence qui ne s'appuie que sur des considérations ne peut jamais offrir aux plaideurs une complète sécurité. »

N° 1936.

Le pourvoi dans l'intérêt de la loi, qui avait été introduit par la jurisprudence, est aujourd'hui régularisé par l'art. 44 de la loi du 3 mars 1849. (*V*. à l'Appendice.)

N° 1938, à la fin.

Dans les cas prévus par la fin de ce paragraphe, la

requête doit être signée par la partie, et non par un des
officiers ministériels qui ont qualité pour représenter
les parties devant les tribunaux ordinaires (C. d'Et. des
2 sept. 1840, 5 mars 1841); elle ne serait pas valablement signée par un mandataire autre qu'un avocat
au conseil. (*Id.*, 21 décembre 1847.)

N° 1942.

La communication aux parties adverses, ainsi que
les demandes de pièces, les mises en cause, et tous les
autres actes d'instruction, sont aujourd'hui délibérés
en chambre du conseil, sur l'exposé du rapporteur.
(Règlement du 26 mai 1849, art. 37 *.) Les décisions
relatives à ces actes d'instruction sont signées par le
président.

N° 1944. (*V.* l'alinéa ci-dessus.)

N° 1948, à la fin.

Nous avons cité à la fin de ce numéro un arrêt du
conseil qui admet l'intervention de créanciers hypothé-
caires dans une instance dont le résultat pouvait les
priver de leur gage. Nous devons dire que trois autres
arrêts repoussent, le premier, l'intervention des créanciers d'un entrepreneur (C. d'Ét. du 22 février 1821);
les deux autres, l'intervention des créanciers dans la
liquidation d'une indemnité d'émigré, parce qu'ils ne
sont pas subrogés aux droits de leurs débiteurs. (C.
d'Ét., 16 août 1832, 24 janvier 1834.)

N° 1956. Substituer ce qui suit:

Le rapport des affaires contentieuses est fait en séance
publique, par écrit, devant la section, par celui des
conseillers d'Etat ou maitres des requêtes que le président de la section en a chargé. Après le rapport, les

avocats des parties sont admis à présenter des observations orales ; le maître des requêtes chargé des fonctions du ministère public donne ses conclusions. La décision est lue en séance publique ; elle est transcrite sur le procès-verbal des délibérations et signée par le président, les rapporteurs et le secrétaire du contentieux. Il y est fait mention des membres présents et ayant délibéré. Elle contient les noms et demeures des parties, leurs conclusions, le vu des pièces principales et les lois appliquées. Elle porte en tête : « AU NOM DU PEUPLE FRANÇAIS, LE CONSEIL D'ÉTAT, SECTION DU CONTENTIEUX. » Les expéditions qui en sont délivrées par le secrétaire général portent la formule exécutoire. (*Voir* lòi du 3 mars 1849, art. 37, 39 ✶; règlement du 26 mai 1849, art. 39, 40 ✶.)

La mise à exécution contre la partie doit être précédée de la signification à l'avocat qui a occupé pour elle. (Décret du 22 juillet 1806, art. 27, 28 ✶.)

N° 1957. Supprimer le premier alinéa.

N° 1959. Substituer :

Rien n'était réglé relativement aux dépens par le décret de 1806. Cependant la jurisprudence avait admis que la partie qui perdait son procès devait être condamnée à payer les dépens, si celle qui le gagnait y avait conclu. Lorsque l'État était en cause, on décidait en général qu'aucune loi n'autorisait à prononcer des dépens pour ou contre l'État. L'article 42 de la loi du 3 mars 1849 déclare applicable à la section du contentieux l'article 130 du Code de procédure civile, relatif à la condamnation aux dépens. Aucune difficulté ne pourra donc exister à l'avenir sur ce point, et l'État, quand il perdra son procès, pourra être condamné aux dépens comme un simple particulier.

13

N° 1965 , alinéa premier. Substituer :

Le procès-verbal de la section du contentieux doit mentionner l'accomplissement des articles 37, 38 et 39 de la loi du 3 mars 1849, relatifs au rapport en séance publique, aux observations orales des avocats, aux conclusions du ministère public, à la composition de la section, à la lecture de la décision en séance publique, à la transcription sur le procès-verbal des délibérations, à la signature du président, du rapporteur et du secrétaire, à la mention des membres présents et ayant délibéré, à la formule exécutoire. Dans le cas où ces dispositions n'ont point été observées, la décision peut être l'objet d'un recours en révision, qui est introduit dans les formes prescrites par l'article 33 du décret du 22 juillet 1806, c'est-à-dire qui est formé dans le même délai et admis de la même manière que l'opposition à une décision par défaut. (L. du 3 mars 1849, art. 39 *.)

N° 1965 bis.

L'article 46 de la loi du 3 mars 1849 autorise le ministre de la justice à déférer à l'assemblée générale du conseil d'État toutes les décisions de la section du contentieux contenant excès de pouvoir ou violation de la loi. Dans ce cas, le pourvoi est déposé au secrétariat du conseil d'État, où il est enregistré. Dans les cinq jours de cet enregistrement, le président nomme , pour l'examen de l'affaire, une commission de cinq conseillers d'État pris en dehors de la section du contentieux. Dans les quinze jours de la réception du pourvoi , un membre de la commission désigné par elle fait le rapport en assemblée générale ; la décision qui intervient est transmise au ministre de la justice et transcrite, en cas d'annulation , en marge de la décision annulée. Mais l'annulation n'a lieu que dans l'intérêt de la loi, et ne peut ni profiter ni préjudicier aux parties dont le sort est fixé. (Loi du 3 mars 1849, art. 46 * ; règlement du 26 mai 1849, art. 41, 42, 43, 44*.)

N° 1966, quatrième alinéa.

Nous avons déjà signalé l'article 42 de la loi du 3 mars 1840, qui rend applicable à la section du contentieux l'article 130 du Code de procédure civile, relatif aux dépens.

N° 1968.

C'est aujourd'hui l'assemblée générale qui statue sur les recours pour abus, sur les prises maritimes, sur les autorisations de poursuites intentées contre des commissaires de police, des maires, des sous-préfets, des préfets et des agents du gouvernement autres que ceux de l'administration forestière, des douanes et des régies financières ; car c'est la section de législation qui est compétente à l'égard de ces derniers. (Règl. du 26 mai 1849, art. 9, n°s 2, 4, 5, et art. 12, n° 2 *.)

L'assemblée générale est aussi chargée de faire des rapports sur les fonctionnaires publics dont les actes sont soumis à son appréciation par l'assemblée nationale ou par le président de la république, en vertu de l'article 99 de la Constitution. L'instruction est faite par la section de législation, qui entend les fonctionnaires, si elle le juge convenable ou s'ils le demandent, et tient procès-verbal des questions et des réponses. Le fonctionnaire peut aussi se contenter de fournir un mémoire écrit. Le rapport fait en assemblée générale est transmis, soit à l'assemblée nationale, soit au président de la république. (Règlement du 26 mai 1849, art. 33, 34, 35, 36*.)

TABLE DES MATIÈRES

CONTENUES DANS LE SUPPLÉMENT.

(Nous ne comprenons dans cette table que les matières qui se détachent assez par leur étendue pour avoir mérité un titre. Les simples modifications sont indiquées par le numéro des paragraphes des *Éléments* auquel elles se rapportent.)

ÉLÉMENTS

DE

DROIT PUBLIC ET ADMINISTRATIF.

SUPPLÉMENT.

APPENDICE.

CONSTITUTION DE LA RÉPUBLIQUE FRANÇAISE,

DÉCRÉTÉE PAR L'ASSEMBLÉE NATIONALE LE 4 NOVEMBRE 1848.

Au nom du Peuple Français,

L'Assemblée nationale a adopté, et, conformément à l'article 6 du décret du 28 octobre 1848, le président de l'Assemblée nationale promulgue la Constitution dont la teneur suit :

En présence de Dieu, et au nom du Peuple Français, l'Assemblée nationale proclame :

I. La France s'est constituée en République. En adoptant cette forme définitive de gouvernement, elle s'est proposé pour but de marcher plus librement dans la voie du progrès et de la civilisation, d'assurer une répartition de plus en plus équitable des charges et des avantages de la société ; d'augmenter l'aisance de chacun par la réduction graduée des dépenses publiques et des impôts, et de faire parvenir tous les citoyens, sans nouvelle commotion, par l'action successive et constante des institutions et des lois, à un degré toujours plus élevé de moralité, de lumières et de bien-être.

II. La République française est démocratique, une et indivisible.

III. Elle reconnaît des droits et des devoirs antérieurs et supérieurs aux lois positives.

IV. Elle a pour principes la Liberté, l'Égalité et la Fraternité.

1

Elle a pour bases la famille, le travail, la propriété, l'ordre public.

V. Elle respecte les nationalités étrangères, comme elle entend faire respecter la sienne ; n'entreprend aucune guerre dans des vues de conquête et n'emploie jamais ses forces contre la liberté d'aucun peuple.

VI. Des devoirs réciproques obligent les citoyens envers la République, et la République envers les citoyens.

VII. Les citoyens doivent aimer la patrie, servir la République, la défendre au prix de leur vie, participer aux charges de l'État en proportion de leur fortune ; ils doivent s'assurer, par le travail, des moyens d'existence, et, par la prévoyance, des ressources pour l'avenir ; ils doivent concourir au bien-être commun en s'entr'aidant fraternellement les uns les autres, et à l'ordre général en observant les lois morales et les lois écrites qui régissent la société, la famille et l'individu.

VIII. La République doit protéger le citoyen dans sa personne, sa famille, sa religion, sa propriété, son travail, et mettre à la portée de chacun l'instruction indispensable à tous les hommes ; elle doit, par une assistance fraternelle, assurer l'existence des citoyens nécessiteux, soit en leur procurant du travail dans les limites de ses ressources, soit en donnant, à défaut de la famille, des secours à ceux qui sont hors d'état de travailler.

En vue de l'accomplissement de tous ces devoirs, et pour la garantie de tous ces droits, l'Assemblée nationale, fidèle aux traditions des grandes assemblées qui ont inauguré la Révolution française, décrète, ainsi qu'il suit, la Constitution de la République :

CONSTITUTION.

Chapitre 1er. — *De la souveraineté.*

Art. 1er. La souveraineté réside dans l'universalité des citoyens français. Elle est inaliénable et imprescriptible.

Aucun individu, aucune fraction du peuple ne peut s'en attribuer l'exercice.

Chapitre II. — *Droits des citoyens garantis par la Constitution.*

2. Nul ne peut être arrêté ou détenu que suivant les prescriptions de la loi.

3. La demeure de toute personne habitant le territoire français est inviolable ; il n'est permis d'y pénétrer que selon les formes et dans les cas prévus par la loi.

4. Nul ne sera distrait de ses juges naturels.

Il ne pourra être créé de commissions et de tribunaux extraordinaires, à quelque titre et sous quelque dénomination que ce soit.

5. La peine de mort est abolie en matière politique.

6. L'esclavage ne peut exister sur aucune terre française.

7. Chacun professe librement sa religion, et reçoit de l'État, pour l'exercice de son culte, une égale protection.

Les ministres, soit des cultes actuellement reconnus par la loi, soit de ceux qui seraient reconnus à l'avenir, ont le droit de recevoir un traitement de l'État.

8. Les citoyens ont le droit de s'associer, de s'assembler paisiblement et sans armes, de pétitionner, de manifester leurs pensées par la voie de la presse ou autrement.

L'exercice de ces droits n'a pour limites que les droits ou la liberté d'autrui et la sécurité publique.

La presse ne peut, en aucun cas, être soumise à la censure.

9. L'enseignement est libre.

La liberté d'enseignement s'exerce selon les conditions de capacité et de moralité déterminées par les lois, et sous la surveillance de l'État.

Cette surveillance s'étend à tous les établissements d'éducation et d'enseignement, sans aucune exception.

10. Tous les citoyens sont également admissibles à tous les emplois publics, sans autre motif de préférence que leur mérite, et suivant les conditions qui seront fixées par les lois.

Sont abolis à toujours, tout titre nobiliaire, toute distinction de naissance, de classe ou de caste.

11. Toutes les propriétés sont inviolables. Néanmoins l'État peut exiger le sacrifice d'une propriété pour cause d'utilité publique légalement constatée, et moyennant une juste et préalable indemnité.

12. La confiscation des biens ne pourra jamais être rétablie.

13. La Constitution garantit aux citoyens la liberté du travail et de l'industrie.

La société favorise et encourage le développement du travail par l'enseignement primaire gratuit, l'éducation professionnelle, l'égalité de rapports entre le patron et l'ouvrier, les institutions de prévoyance et de crédit, les institutions agricoles, les associations volontaires et l'établissement, par l'État, les départements et les communes, de travaux publics propres à employer les bras inoccupés; elle fournit l'assistance aux enfants abandonnés, aux infirmes et aux vieillards sans ressources, et que leurs familles ne peuvent secourir.

14. La dette publique est garantie.

Toute espèce d'engagement pris par l'État avec ses créanciers est inviolable.

15. Tout impôt est établi pour l'utilité commune.

Chacun y contribue en proportion de ses facultés et de sa fortune.

16. Aucun impôt ne peut être établi ni perçu qu'en vertu de la loi.

17. L'impôt direct n'est consenti que pour un an.

Les impositions indirectes peuvent être consenties pour plusieurs années.

CHAPITRE III. — *Des pouvoirs publics.*

18. Tous les pouvoirs publics, quels qu'ils soient, émanent du peuple.

Ils ne peuvent être délégués héréditairement.

19. La séparation des pouvoirs est la première condition d'un gouvernement libre.

Chapitre IV. — *Du pouvoir législatif.*

20. Le Peuple Français délègue le pouvoir législatif à une Assemblée unique.

21. Le nombre total des représentants du peuple sera de sept cent cinquante, y compris les représentants de l'Algérie et des colonies françaises.

22. Ce nombre s'élèvera à neuf cents pour les assemblées qui seront appelées à reviser la Constitution.

23. L'élection a pour base la population.

24. Le suffrage est direct et universel. Le scrutin est secret.

25. Sont électeurs, sans condition de cens, tous les Français âgés de vingt et un ans, et jouissant de leurs droits civils et politiques.

26. Sont éligibles, sans condition de domicile, tous les électeurs âgés de vingt-cinq ans.

27. La loi électorale déterminera les causes qui peuvent priver un citoyen français du droit d'élire et d'être élu.

Elle désignera les citoyens qui, exerçant ou ayant exercé des fonctions dans un département ou un ressort territorial, ne pourront y être élus.

28. Toute fonction publique rétribuée est incompatible avec le mandat de représentant du peuple.

Aucun membre de l'Assemblée nationale ne peut, pendant la durée de la législature, être nommé ou promu à des fonctions publiques salariées dont les titulaires sont choisis à volonté par le pouvoir exécutif.

Les exceptions aux dispositions des deux paragraphes précédents seront déterminées par la loi électorale organique.

29. Les dispositions de l'article précédent ne sont pas applicables aux assemblées élues pour la révision de la Constitution.

30. L'élection des représentants se fera par département, et au scrutin de liste.

Les électeurs voteront au chef-lieu de canton; néanmoins, en raison des circonstances locales, le canton pourra être divisé en plusieurs circonscriptions, dans la forme et aux conditions qui seront déterminées par la loi électorale.

31. L'Assemblée nationale est élue pour trois ans, et se renouvelle intégralement.

Quarante-cinq jours au plus tard avant la fin de la législature, une loi détermine l'époque des nouvelles élections.

Si aucune loi n'est intervenue dans le délai fixé par le paragraphe précédent, les électeurs se réunissent de plein droit le trentième jour qui précède la fin de la législature.

La nouvelle Assemblée est convoquée de plein droit pour le lendemain du jour où finit le mandat de l'Assemblée précédente.

32. Elle est permanente.

Néanmoins elle peut s'ajourner à un terme qu'elle fixe.

Pendant la durée de la prorogation, une commission composée des membres du bureau et de vingt-cinq représentants nommés par l'Assemblée au scrutin secret et à la majorité absolue, a le droit de la convoquer en cas d'urgence.

Le président de la République a aussi le droit de convoquer l'Assemblée.

L'Assemblée nationale détermine le lieu de ses séances. Elle fixe l'importance des forces militaires établies pour sa sûreté, et elle en dispose.

33. Les représentants sont toujours rééligibles.

34. Les membres de l'Assemblée nationale sont les représentants, non du département qui les nomme, mais de la France entière.

35. Ils ne peuvent recevoir de mandat impératif.

36. Les représentants du peuple sont inviolables.

Ils ne pourront être recherchés, accusés, ni jugés, en aucun temps, pour les opinions qu'ils auront émises dans le sein de l'Assemblée nationale.

37. Ils ne peuvent être arrêtés en matière criminelle, sauf le cas de flagrant délit, ni poursuivis qu'après que l'Assemblée a permis la poursuite.

En cas d'arrestation pour flagrant délit, il en sera immédiatement référé à l'Assemblée, qui autorisera ou refusera la continuation des poursuites.

Cette disposition s'applique au cas où un citoyen détenu est nommé représentant.

38. Chaque représentant du peuple reçoit une indemnité à laquelle il ne peut renoncer.

39. Les séances de l'Assemblée sont publiques.

Néanmoins l'Assemblée peut se former en comité secret, sur la demande du nombre de représentants fixé par le règlement.

Chaque représentant a le droit d'initiative parlementaire; il l'exercera selon les formes déterminées par le règlement.

40. La présence de la moitié plus un des membres de l'Assemblée est nécessaire pour la validité du vote des lois.

41. Aucun projet de loi, sauf les cas d'urgence, ne sera voté définitivement qu'après trois délibérations, à des intervalles qui ne peuvent pas être moindres de cinq jours.

42. Toute proposition ayant pour objet de déclarer l'urgence est précédée d'un exposé des motifs.

Si l'Assemblée est d'avis de donner suite à la proposition d'urgence, elle en ordonne le renvoi dans les bureaux, et fixe le moment où le rapport sur l'urgence lui sera présenté.

Sur ce rapport, si l'Assemblée reconnaît l'urgence, elle le déclare et fixe le moment de la discussion.

Si elle décide qu'il n'y a pas urgence, le projet suit le cours des propositions ordinaires.

Chapitre V. — *Du pouvoir exécutif.*

43. Le peuple français délègue le pouvoir exécutif à un citoyen qui reçoit le titre de Président de la République.

44. Le président doit être né Français, âgé de trente ans au moins, et n'avoir jamais perdu la qualité de Français.

45. Le président de la République est élu pour quatre ans, et n'est rééligible qu'après un intervalle de quatre années.

Ne peuvent, non plus, être élus après lui, dans le même intervalle, ni le vice-président ni aucun des parents ou alliés du président, jusqu'au sixième degré inclusivement.

46. L'élection a lieu de plein droit le deuxième dimanche du mois de mai.

Dans le cas où, par suite de décès, de démission ou de toute autre cause, le président serait élu à une autre époque, ses pouvoirs expireront le deuxième dimanche du mois de mai de la quatrième année qui suivra son élection.

Le président est nommé, au scrutin secret et à la majorité absolue des votants, par le suffrage direct de tous les électeurs des départements français et de l'Algérie.

47. Les procès-verbaux des opérations électorales sont transmis immédiatement à l'Assemblée nationale, qui statue sans délai sur la validité de l'élection et proclame le président de la République.

Si aucun candidat n'a obtenu plus de la moitié des suffrages exprimés, et au moins deux millions de voix, ou si les conditions exigées par l'article 44 ne sont pas remplies, l'Assemblée nationale élit le président de la République, à la majorité absolue et au scrutin secret, parmi les cinq candidats éligibles qui ont obtenu le plus de voix.

48. Avant d'entrer en fonctions, le président de la République prête au sein de l'Assemblée nationale le serment dont la teneur suit :

En présence de Dieu et devant le Peuple Français, représenté par l'Assemblée nationale, je jure de rester fidèle a la République démocratique, une et indivisible, et de remplir tous les devoirs que m'impose la Constitution.

49. Il a le droit de faire présenter des projets de loi à l'Assemblée nationale par les ministres.

Il surveille et assure l'exécution des lois.

50. Il dispose de la force armée, sans pouvoir jamais la commander en personne.

51. Il ne peut céder aucune portion du territoire, ni dissoudre ni proroger l'Assemblée nationale, ni suspendre, en aucune manière, l'empire de la Constitution et des lois.

52. Il présente, chaque année, par un message à l'Assemblée nationale, l'exposé de l'état général des affaires de la République.

53. Il négocie et ratifie les traités.

Aucun traité n'est définitif qu'après avoir été approuvé par l'Assemblée nationale.

54. Il veille à la défense de l'État, mais il ne peut entreprendre aucune guerre sans le consentement de l'Assemblée nationale.

55. Il a le droit de faire grâce; mais il ne peut exercer ce droit qu'après avoir pris l'avis du Conseil d'État.

Les amnisties ne peuvent être accordées que par une loi.

Le président de la République, les ministres, ainsi que toutes autres personnes condamnées par la haute Cour de justice, ne peuvent être graciés que par l'Assemblée nationale.

56. Le président de la République promulgue les lois au nom du Peuple Français.

57. Les lois d'urgence sont promulguées dans le délai de trois jours, et les autres lois dans le délai d'un mois, à partir du jour où elles auront été adoptées par l'Assemblée nationale.

58. Dans le délai fixé pour la promulgation, le président de la République peut, par un message motivé, demander une nouvelle délibération.

L'Assemblée délibère : sa résolution devient définitive; elle est transmise au président de la République.

En ce cas, la promulgation a lieu dans le délai fixé pour les lois d'urgence.

59. A défaut de promulgation par le président de la République dans les délais déterminés par les articles précédents, il y serait pourvu par le président de l'Assemblée nationale.

60. Les envoyés et les ambassadeurs des puissances étrangères sont accrédités auprès du président de la République.

61. Il préside aux solennités nationales.

62. Il est logé aux frais de la République, et reçoit un traitement de six cent mille francs par an.

63. Il réside au lieu où siége l'Assemblée nationale, et ne peut sortir du territoire continental de la République sans y être autorisé par une loi.

64. Le président de la République nomme et révoque les ministres.

Il nomme et révoque, en conseil des ministres, les agents diplomatiques, les commandants en chef des armées de terre et de mer, les préfets, le commandant supérieur des gardes nationales de la Seine, les gouverneurs de l'Algérie et des colonies, les procureurs généraux et autres fonctionnaires d'un ordre supérieur.

Il nomme et révoque, sur la proposition du ministre compétent, dans les conditions réglementaires déterminées par la loi, les agents secondaires du gouvernement.

65. Il a le droit de suspendre, pour un terme qui ne pourra excéder trois mois, les agents du pouvoir exécutif élus par les citoyens.

Il ne peut les révoquer que de l'avis du Conseil d'Etat.

La loi détermine les cas où les agents révoqués peuvent être déclarés inéligibles aux mêmes fonctions.

Cette déclaration d'inéligibilité ne pourra être prononcée que par un jugement.

66. Le nombre des ministres et leurs attributions sont fixés par le pouvoir législatif.

67. Les actes du président de la République, autres que ceux par lesquels il nomme et révoque les ministres, n'ont d'effet que s'ils sont contre-signés par un ministre.

68. Le président de la République, les ministres, les agents et dépositaires de l'autorité publique, sont responsables, chacun en ce qui le concerne, de tous les actes du gouvernement et de l'administration.

Toute mesure par laquelle le président de la République dissout l'Assemblée nationale, la proroge ou met obstacle à l'exercice de son mandat, est un crime de haute trahison.

Par ce seul fait, le président est déchu de ses fonctions ; les citoyens sont tenus de lui refuser obéissance ; les juges de la haute Cour de justice se réunissent immédiatement, à peine de forfaiture ; ils convoquent les jurés dans le lieu qu'ils désignent, pour procéder au jugement du président et de ses complices ; ils nomment eux-mêmes les magistrats chargés de remplir les fonctions du ministère public.

Une loi déterminera les autres cas de responsabilité, ainsi que les formes et les conditions de la poursuite.

69. Les ministres ont entrée dans le sein de l'Assemblée nationale ; ils sont entendus toutes les fois qu'ils le demandent, et peuvent se faire assister par des commissaires nommés par un décret du président de la République.

70. Il y a un vice-président de la République nommé par l'Assemblée nationale, sur la présentation de trois candidats faite par le président, dans le mois qui suit son élection.

Le vice-président prête le même serment que le président.

Le vice-président ne pourra être choisi parmi les parents et alliés du président jusqu'au sixième degré inclusivement.

En cas d'empêchement du président, le vice-président le remplace.

Si la présidence devient vacante par décès, démission du président, ou autrement, il est procédé, dans le mois, à l'élection d'un président.

CHAPITRE VI. — *Du Conseil d'État.*

71. Il y aura un Conseil d'État, dont le vice-président de la République sera de droit président.

72. Les membres de ce conseil sont nommés pour six ans par l'Assemblée nationale. Ils sont renouvelés par moitié, dans les deux premiers mois de chaque législature, au scrutin secret et à la majorité absolue.

Ils sont indéfiniment rééligibles.

73. Ceux des membres du Conseil d'État qui auront été pris dans le sein de

l'Assemblée nationale seront immédiatement remplacés comme représentants du peuple.

74. Les membres du Conseil d'État ne peuvent être révoqués que par l'Assemblée, et sur la proposition du président de la République.

75. Le Conseil d'État est consulté sur les projets de loi du Gouvernement, qui, d'après la loi, devront être soumis à son examen préalable, et sur les projets d'initiative parlementaire que l'Assemblée lui aura renvoyés.

Il prépare les règlements d'administration publique; il fait seul ceux de ces règlements à l'égard desquels l'Assemblée nationale lui a donné une délégation spéciale.

Il exerce, à l'égard des administrations publiques, tous les pouvoirs de contrôle et de surveillance qui lui sont déférés par la loi.

La loi réglera ses autres attributions.

CHAPITRE VII. — *De l'administration intérieure.*

76. La division du territoire en départements, arrondissements, cantons et communes, est maintenue. Les circonscriptions actuelles ne pourront être changées que par la loi.

77. Il y a : 1o dans chaque département, une administration composée d'un préfet, d'un conseil général, d'un conseil de préfecture ;

2o Dans chaque arrondissement, un sous-préfet ;

3o Dans chaque canton, un conseil cantonal ; néanmoins un seul conseil cantonal sera établi dans les villes divisées en plusieurs cantons ;

4o Dans chaque commune, une administration composée d'un maire, d'adjoints et d'un conseil municipal.

78. Une loi déterminera la composition et les attributions des conseils généraux, des conseils cantonaux, des conseils municipaux, et le mode de nomination des maires et des adjoints.

79. Les conseils généraux et les conseils municipaux sont élus par le suffrage direct de tous les citoyens domiciliés dans le département ou dans la commune. Chaque canton élit un membre du conseil général.

Une loi spéciale réglera le mode d'élection dans le département de la Seine, dans la ville de Paris et dans les villes de plus de vingt mille âmes.

80. Les conseils généraux, les conseils cantonaux et les conseils municipaux peuvent être dissous par le président de la République, de l'avis du Conseil d'Etat. La loi fixera le délai dans lequel il sera procédé à la réélection.

CHAPITRE VIII. — *Du pouvoir judiciaire.*

81. La justice est rendue gratuitement au nom du Peuple Français.

Les débats sont publics, à moins que la publicité ne soit dangereuse pour l'ordre et les mœurs ; et, dans ce cas, le tribunal le déclare par un jugement.

82. Le jury continuera d'être appliqué en matière criminelle.

83. La connaissance de tous les délits politiques et de tous les délits commis par la voie de la presse appartient exclusivement au jury.

Les lois organiques détermineront la compétence en matière de délits d'injures et de diffamation contre les particuliers.

84. Le jury statue seul sur les dommages-intérêts réclamés pour faits ou délits de presse.

85. Les juges de paix et leurs suppléants, les juges de première instance et d'appel, les membres de la Cour de cassation et de la Cour des comptes, sont nommés par le président de la République, d'après un ordre de candidature ou d'après des conditions qui seront réglées par les lois organiques.

86. Les magistrats du ministère public sont nommés par le président de la République.

87. Les juges de première instance et d'appel, les membres de la Cour de cassation et de la Cour des comptes, sont nommés à vie.

Ils ne peuvent être révoqués ou suspendus que par un jugement, ni mis à la retraite que pour les causes et dans les formes déterminées par les lois.

88. Les conseils de guerre et de révision des armées de terre et de mer, les tribunaux maritimes, les tribunaux de commerce, les prud'hommes et autres tribunaux spéciaux, conservent leur organisation et leurs attributions actuelles jusqu'à ce qu'il y ait été dérogé par une loi.

89. Les conflits d'attribution entre l'autorité administrative et l'autorité judiciaire seront réglés par un tribunal spécial de membres de la Cour de cassation et de conseillers d'État, désignés tous les trois ans en nombre égal par leurs corps respectifs.

Ce tribunal sera présidé par le ministre de la justice.

90. Les recours pour incompétence et excès de pouvoirs contre les arrêts de la Cour des comptes seront portés devant la juridiction des conflits.

91. Une haute Cour de justice juge, sans appel ni recours en cassation, les accusations portées par l'Assemblée nationale contre le président de la République ou les ministres.

Elle juge également toutes personnes prévenues de crimes, attentats ou complots contre la sûreté intérieure ou extérieure de l'Etat, que l'Assemblée nationale aura renvoyées devant elle.

Sauf le cas prévu par l'article 68, elle ne peut être saisie qu'en vertu d'un décret de l'Assemblée nationale, qui désigne la ville où la Cour tiendra ses séances.

92. La haute Cour est composée de cinq juges et de trente-six jurés.

Chaque année, dans les quinze premiers jours du mois de novembre, la Cour de cassation nomme, parmi ses membres, au scrutin secret et à la majorité absolue, les juges de la haute Cour, au nombre de cinq et deux suppléants. Les cinq juges appelés à siéger feront choix de leur président.

Les magistrats remplissant les fonctions du ministère public sont désignés par le président de la République, et, en cas d'accusation du président ou des ministres, par l'Assemblée nationale.

Les jurés, au nombre de trente-six, et quatre jurés suppléants, sont pris parmi les membres des conseils généraux des départements.

Les représentants du peuple n'en peuvent faire partie.

93. Lorsqu'un décret de l'Assemblée nationale a ordonné la formation de la haute Cour de justice, et dans le cas prévu par l'article 68, sur la réquisition du président ou de l'un des juges, le président de la Cour d'appel, et, à défaut de Cour d'appel, le président du tribunal de première instance du département tire au sort, en audience publique, le nom d'un membre du conseil général.

94. Au jour indiqué pour le jugement, s'il y a moins de soixante jurés présents, ce nombre sera complété par des jurés supplémentaires tirés au sort, par le président de la haute Cour, parmi les membres du conseil général du département où siégera la Cour.

95. Les jurés qui n'auront pas produit d'excuse valable seront condamnés à une amende de mille à dix mille francs, et à la privation des droits politiques pendant cinq ans au plus.

96. L'accusé et le ministère public exercent le droit de récusation, comme en matière ordinaire.

97. La déclaration du jury portant que l'accusé est coupable ne peut être rendue qu'à la majorité des deux tiers des voix.

98. Dans tous les cas de responsabilité des ministres, l'Assemblée nationale peut, selon les circonstances, renvoyer le ministre inculpé, soit devant la haute Cour de justice, soit devant les tribunaux ordinaires, pour les réparations civiles.

99. L'Assemblée nationale et le président de la République peuvent, dans tous les cas, déférer l'examen des actes de tout fonctionnaire, autre que le président de la République, au Conseil d'Etat, dont le rapport est rendu public.

100. Le président de la République n'est justiciable que de la haute Cour de justice.

Il ne peut, à l'exception des cas prévus par l'article 68, être poursuivi que sur l'accusation portée par l'Assemblée nationale et pour crimes et délits qui seront déterminés par la loi.

CHAPITRE IX. — *De la force publique.*

101. La force publique est instituée pour défendre l'État contre les ennemis du dehors, et pour assurer au dedans le maintien de l'ordre et l'exécution des lois.

Elle se compose de la garde nationale et de l'armée de terre et de mer.

102. Tout Français, sauf les exceptions fixées par la loi, doit le service militaire et celui de la garde nationale.

La faculté pour chaque citoyen de se libérer du service militaire personnel sera réglée par la loi du recrutement.

103. L'organisation de la garde nationale et la constitution de l'armée seront réglées par la loi.

104. La force publique est essentiellement obéissante.

Nul corps armé ne peut délibérer.

105. La force publique employée pour maintenir l'ordre à l'intérieur n'agit que sur la réquisition des autorités constituées, suivant les règles déterminées par le pouvoir législatif.

106. Une loi déterminera les cas dans lesquels l'état de siége pourra être déclaré, et réglera les formes et les effets de cette mesure.

107. Aucune troupe étrangère ne peut être introduite sur le territoire français sans le consentement préalable de l'Assemblée nationale.

CHAPITRE X. — *Dispositions particulières.*

108. La Légion-d'Honneur est maintenue; ses statuts seront revisés et mis en harmonie avec la Constitution.

109. Le territoire de l'Algérie et des colonies est déclaré territoire français, et sera régi par des lois particulières jusqu'à ce qu'une loi spéciale les place sous le régime de la présente Constitution.

110. L'Assemblée nationale confie le dépôt de la présente Constitution et des droits qu'elle consacre à la garde et au patriotisme de tous les Français.

CHAPITRE XI. — *De la révision de la Constitution.*

111. Lorsque, dans la dernière année d'une législature, l'Assemblée nationale aura émis le vœu que la Constitution soit modifiée en tout ou en partie, il sera procédé à cette révision de la manière suivante :

Le vœu exprimé par l'Assemblée ne sera converti en résolution définitive qu'après trois délibérations consécutives, prises chacune à un mois d'intervalle et aux trois quarts des suffrages exprimés. Le nombre des votants devra être de cinq cents au moins.

L'Assemblée de révision ne sera nommée que pour trois mois.

Elle ne devra s'occuper que de la révision pour laquelle elle aura été convoquée.

Néanmoins elle pourra, en cas d'urgence, pourvoir aux nécessités législatives.

CHAPITRE XII. — *Dispositions transitoires.*

112. Les dispositions des codes, lois et règlements existants, qui ne sont

pas contraires à la présente Constitution, restent en vigueur jusqu'à ce qu'il y soit légalement dérogé.

113. Toutes les autorités constituées par les lois actuelles demeurent en exercice jusqu'à la promulgation des lois organiques qui les concernent.

114. La loi d'organisation judiciaire déterminera le mode spécial de nomination pour la première composition des nouveaux tribunaux.

115. Après le vote de la Constitution, il sera procédé, par l'Assemblée nationale constituante, à la rédaction des lois organiques dont l'énumération sera déterminée par une loi spéciale.

116. Il sera procédé à la première élection du président de la République, conformément à la loi spéciale rendue par l'Assemblée nationale, le 28 octobre 1848.

DÉCRET

RELATIF A LA NATURALISATION DES ÉTRANGERS (28-31 MARS 1848).

Le gouvernement provisoire, attendu que beaucoup d'étrangers ont pris une part active aux glorieux événements de février; attendu que ces étrangers, quoique résidant en France depuis plusieurs années, n'ont pas accompli ou pu accomplir les conditions exigées par les lois pour être admis à jouir des droits de citoyen français; attendu que, s'il est urgent, tout en respectant les principes de la législation existante, de faciliter la naturalisation des étrangers qui ont des titres certains à l'estime publique, il faut en même temps éviter d'étendre cette mesure à ceux dont la position n'est pas suffisamment établie,

Décrète :

Art. 1er. Le ministre de la justice est provisoirement autorisé à accorder la naturalisation à tous les étrangers qui la demanderont et qui justifieront par actes officiels ou authentiques qu'ils résident en France depuis cinq ans au moins, et qui, en outre, produiront, à l'appui de leur demande, l'attestation par le maire de Paris ou le préfet de police, pour le département de la Seine, et par les commissaires du gouvernement pour les autres départements, qu'ils sont dignes, sous tous les rapports, d'être admis à jouir des droits de citoyen français.

2. Le payement des droits établis, dans l'intérêt du trésor national, par l'ordonnance du 8 octobre 1814 et par la loi du 28 avril 1816, continuera d'être opéré. Est également maintenue la disposition de l'ordonnance du 8

octobre 1814, qui autorise à remettre lesdits droits, en tout ou en partie, mais seulement quand l'état de fortune des parties exigera cette remise.

DÉCRET

RELATIF A L'ABOLITION DE L'ESCLAVAGE DANS LES COLONIES ET POSSESSIONS FRANÇAISES (27 AVRIL-3 MAI 1848).

Le gouvernement provisoire, considérant que l'esclavage est un attentat contre la dignité humaine ; qu'en détruisant le libre arbitre de l'homme, il supprime le principe naturel du droit et du devoir ; qu'il est une violation flagrante du dogme républicain : *Liberté, Égalité, Fraternité* ; considérant que, si des mesures effectives ne suivaient pas de très-près la proclamation déjà faite du principe de l'abolition, il en pourrait résulter, dans les colonies, les plus déplorables désordres,

Décrète :

Art. 1er. L'esclavage sera entièrement aboli dans toutes les colonies et possessions françaises, deux mois après la promulgation du présent décret dans chacune d'elles. A partir de la promulgation du présent décret dans les colonies, tout châtiment corporel, toute vente de personnes non libres, seront absolument interdits.

2. Le système d'engagement à temps établi au Sénégal est supprimé.

3. Les gouverneurs ou commissaires généraux de la République sont chargés d'appliquer l'ensemble des mesures propres à assurer la liberté à la Martinique, à la Guadeloupe et dépendances, à l'île de la Réunion, à la Guiane, au Sénégal et autres établissements français de la côte occidentale d'Afrique, à l'île Mayotte et dépendances et en Algérie.

4. Sont amnistiés les anciens esclaves condamnés à des peines afflictives ou correctionnelles pour des faits qui, imputés à des hommes libres, n'auraient point entraîné ce châtiment. Sont rappelés les individus déportés par mesure administrative.

5. L'Assemblée nationale réglera la quotité de l'indemnité qui devra être accordée aux colons.

6. Les colonies purifiées de la servitude et les possessions de l'Inde seront représentées à l'Assemblée nationale.

7. Le principe que le sol de la France affranchit l'esclave qui le touche est appliqué aux colonies et possessions de la République.

8. A l'avenir, même en pays étranger, il est interdit à tout Français de pos-

séder, d'acheter ou de vendre des esclaves, et de participer soit directement, soit indirectement, à tout trafic ou exploitation de ce genre. Toute infraction à ces dispositions entraînera la perte de la qualité de citoyen français. Néanmoins les Français qui se trouveront atteints par ces prohibitions au moment de la promulgation du présent décret auront un délai de trois ans pour s'y conformer. Ceux qui deviendront possesseurs d'esclaves en pays étrangers par héritage, don ou mariage, devront, sous la même peine, les affranchir ou les aliéner dans le même délai, à partir du jour où leur possession aura commencé.

DÉCRET

PORTANT QUE TOUT FRANÇAIS AGÉ DE DIX-SEPT ANS POURRA ÊTRE ADMIS À CONTRACTER UN ENGAGEMENT VOLONTAIRE (10-13 JUILLET 1848).

Art. 1er. Tout Français âgé de dix-sept ans accomplis pourra être admis à contracter un engagement volontaire pour l'armée de terre.

2. Ces engagements seront soumis aux formalités exigées par la loi du recrutement pour les engagements volontaires.

DÉCRET

SUR LE JURY (7-12 AOUT 1848).

TITRE 1er. *De la composition de la liste générale du jury.*

Art. 1er. Tous les Français âgés de trente ans, jouissant des droits civils et politiques, seront portés sur la liste générale du jury, sauf les cas d'incapacité ou de dispense prévus par les articles suivants.

2. Ne peuvent être jurés :

1o Ceux qui ne savent pas lire et écrire en français ;

2o Les domestiques et serviteurs à gages.

3. Sont incapables d'être jurés :

Ceux à qui l'exercice de tout ou partie des droits politiques, civils et de famille a été interdit ;

Les faillis non réhabilités ;

Les interdits et ceux qui sont pourvus d'un conseil judiciaire ;

Ceux qui sont en état d'accusation ou de contumace ;

Les individus qui ont été condamnés soit à des peines afflictives ou infamantes, soit à des peines correctionnelles pour faits qualifiés crimes par la loi, ou pour délits de vol, d'escroquerie, abus de confiance, usure, attentat aux mœurs, vagabondage ou mendicité, et ceux qui, à raison de tout autre délit, auront été condamnés à plus d'un an d'emprisonnement.

Les condamnations pour délits politiques n'entraîneront l'incapacité qu'autant que le jugement la prononcerait.

4. Les fonctions de juré sont incompatibles avec celles de représentant du peuple, de ministre, de sous-secrétaire d'Etat, de secrétaire général d'un ministère, de préfet et de sous-préfet, de juge, de procureur général, de procureur de la République et de leurs substituts, de ministre d'un culte quelconque, de membre du conseil d'Etat, de commissaire de la République près les administrations ou régies, de fonctionnaire ou préposé chargé d'un service actif, de militaire en activité de service, d'instituteur primaire communal.

5. Pourront, sur leur demande, ne point être portés sur la liste :

1o Les septuagénaires ;

2o Les citoyens qui, vivant d'un travail journalier, justifieraient qu'ils ne peuvent supporter les charges résultant des fonctions de juré.

6. La liste des jurés, pour chaque commune, sera dressée par le maire sur la liste générale des électeurs ; il se conformera aux prescriptions des articles précédents ; cette liste sera, par ses soins, affichée sur la porte de l'église, de la maison commune et partout où il jugera convenable.

Pendant les dix jours qui suivront cette publication, tout citoyen pourra réclamer soit contre une inscription, soit contre une omission, en déposant sa réclamation à la mairie. Cette réclamation sera jugée dans les huit jours par le conseil municipal, sauf recours devant le tribunal civil, s'il s'agit d'incapacité légale, ou, s'il s'agit de toute autre cause, devant le conseil de préfecture, lequel statuera définitivement et sans frais. Ce recours sera formé dans les trois jours de la notification, faite administrativement, de la décision du conseil municipal.

Le tribunal statuera également en dernier ressort, les parties intéressées présentes ou dûment appelées. La cause sera jugée sommairement, toutes affaires cessantes, et sans qu'il soit besoin du ministère d'avoué. Les actes judiciaires auxquels l'affaire donnera lieu seront exempts de timbre et enregistrés gratis.

L'affaire sera rapportée en audience publique par un des membres du tribunal, et le jugement sera prononcé après que les parties et le ministère public auront été entendus.

Les décisions du tribunal et du conseil de préfecture devront être rendues, au plus tard, dans les quinze jours du recours.

Les additions ou retranchements opérés par suite des décisions intervenues sur les réclamations seront affichés dans la commune, conformément au paragraphe premier du précédent article.

7. La liste des jurés sera permanente.

Tous les ans, avant le 15 septembre, le maire rectifiera cette liste, en retranchant les jurés qui seraient décédés ou devenus incapables, et en ajoutant les citoyens qui auraient acquis les conditions exigées.

La liste ainsi rectifiée sera publiée comme il est dit en l'article ci-dessus, et tout citoyen pourra, dans le délai de dix jours, faire la réclamation prévue par ce même article, laquelle sera jugée dans les formes indiquées.

8. Avant le 1ᵉʳ novembre de chaque année, la maire transmet au préfet la liste des jurés de la commune. Le préfet dresse sans retard la liste générale du département, par canton et par ordre alphabétique. La liste de chaque canton est envoyée au juge de paix.

TITRE II. *De la composition de la liste annuelle.*

9. La liste annuelle du jury pour chaque département comprendra un juré par deux cents habitants, en prenant pour base le tableau officiel de la population; toutefois le nombre total des jurés ne pourra excéder trois mille dans le département de la Seine, et quinze cents dans les autres départements.

Chaque année, il sera formé sur la liste générale, et en dehors de la liste annuelle du jury, une liste spéciale de jurés suppléants, pris parmi les jurés de la ville où se tiennent les assises; elle sera, pour chaque département, de cinquante, et pour Paris de trois cents.

10. Le nombre des jurés, pour la liste annuelle, sera réparti, à Paris, entre les arrondissements, et, dans les départements, entre les cantons, proportionnellement au nombre des jurés portés sur la liste générale. Cette répartition sera faite par le préfet en conseil de préfecture.

En adressant au juge de paix l'arrêté de répartition, le préfet lui indiquera les noms des jurés désignés par le sort dans le cours de l'année précédente et de l'année courante.

11. Les jurés de chaque canton qui devront faire partie de la liste annuelle seront désignés par une commission composée :

1o Du conseiller général du canton, qui en sera président ;

2o Du juge de paix, vice-président ;

3o Et de deux membres du conseil municipal de chaque commune du canton, désignés spécialement par ce conseil dans la première quinzaine du mois d'août de chaque année.

Le maire devra, sans délai, faire connaître au préfet et au juge de paix les noms des membres désignés.

12. Dans les cantons ne comprenant qu'une seule commune, la commission sera composée :

1o Du conseiller général, président ;

2

2° Du juge de paix , vice-président ;

3° De cinq membres du conseil municipal, désignés conformément à l'art. 11.

13. Dans les communes divisées en plusieurs cantons, il n'y aura qu'une seule commission pour tous les cantons.

Elle sera composée :

1° Des conseillers généraux des cantons , dont le plus âgé sera président ;

2° Des juges de paix, dont le plus ancien sera le vice-président ;

3° De deux membres du conseil municipal de la ville pour chaque canton, désignés comme il est dit en l'art. 11 ;

4° De deux membres du conseil municipal de chaque commune rurale faisant partie des cantons , et désignés comme il est dit ci-dessus.

14. Dans la ville de Paris , la commission sera composée , pour chaque arrondissement :

1° De trois membres du conseil municipal, dont le plus âgé sera le président. Ils seront désignés par le conseil municipal et pris , autant que possible , parmi ceux qui demeurent dans l'arrondissement ;

2° Du maire et des adjoints de l'arrondissement ;

3° Du juge de paix.

Dans les cantons des arrondissements de Sceaux et de Saint-Denis , la commission sera composée comme il est dit en l'art. 11 , et le président , à défaut de conseiller général , sera le juge de paix du canton.

15. La commission s'assemblera , dans la dernière quinzaine de novembre , au chef-lieu de canton , aux jour et heure indiqués par le préfet. Chaque membre sera convoqué par un avertissement notifié dans la forme administrative. Cette commission ne pourra procéder aux opérations qui lui sont confiées qu'autant qu'elle sera composée de la moitié plus un des membres qui doivent en faire partie.

16. Chaque membre absent, dont les excuses n'auront pas été agréées par l'assemblée , pourra être condamné à une amende de quinze francs au moins et de cent francs au plus. Elle sera prononcée par le tribunal de première instance de l'arrondissement, jugeant en matière civile , et conformément à l'art. 6 , sur le vu d'un extrait du procès-verbal de la commission constatant l'absence. La partie intéressée sera appelée par un simple avertissement délivré en la forme administrative.

17. La liste sera rédigée en double exemplaire et signée séance tenante. Un double est transmis immédiatement au préfet par le président de l'assemblée. L'autre double reste au greffe de la justice de paix, où chaque citoyen peut en prendre communication.

Il en sera de même de la liste des jurés suppléants.

18. Le préfet dresse sans retard la liste générale du département, par ordre alphabétique , sur les listes des cantons. Il dresse également , par ordre alphabétique , la liste des suppléants prescrite par l'art. 9. Ces listes ainsi rédigées seront , avant le 15 décembre de chaque année, transmises au greffier du tribunal chargé de la tenue des assises.

19. Si, dans le cours de l'année, il survient des décès ou des incapacités, le maire de chaque commune sera tenu d'en instruire immédiatement le président du tribunal ou de la cour. Il sera statué conformément à l'art. 390 du Code d'instruction criminelle.

TITRE III. *De la composition de la liste du jury pour chaque session.*

20. Dix jours au moins avant l'ouverture des assises, le président de la cour d'appel, ou le président du chef-lieu judiciaire, dans les villes où il n'y aura pas de cour d'appel, tirera au sort, en audience publique, sur la liste annuelle, les noms des trente-six jurés qui formeront la liste de la session ; il tirera, en outre, six jurés suppléants sur la liste supplémentaire.

Si, au jour indiqué pour le jugement de chaque affaire, il y a moins de trente jurés présents, ce nombre sera complété par les jurés suppléants, suivant l'ordre de leur inscription, et, en cas d'insuffisance, par des jurés tirés au sort, et en audience publique, parmi les jurés inscrits sur la liste supplémentaire, subsidiairement parmi les jurés de la ville inscrits sur la liste annuelle, ou enfin parmi les trois cents jurés premiers inscrits sur la liste générale de la ville.

TITRE IV. *Dispositions générales.*

21. Nul ne peut être contraint à remplir les fonctions de juré plus d'une fois en trois années.

22. Toutes les dispositions du Code d'instruction criminelle auxquelles il n'est pas dérogé continueront d'être appliquées.

TITRE V. *Disposition transitoire.*

23. Après la promulgation de la présente loi, il sera immédiatement procédé à la composition de la liste générale, de la liste annuelle et de la liste supplémentaire. Ces deux dernières seront transmises sans délai au greffe. Les jurés extraits de ces listes feront seuls le service des assises qui s'ouvriront ultérieurement.

Les listes ainsi rédigées serviront en outre pour l'année 1849.

LOI

SUR LA CONTRAINTE PAR CORPS (13-16 DÉCEMBRE 1848).

Art. 1er. Le décret du 9 mars 1848, qui suspend l'exercice de la contrainte par corps, cesse d'avoir son effet.

La législation antérieure sur la contrainte par corps est remise en vigueur sous les modifications suivantes.

TITRE Ier. *Dispositions relatives à la contrainte par corps en matière civile.*

2. A l'avenir, la contrainte par corps ne pourra être stipulée dans un acte de bail pour le payement des fermages des biens ruraux.

3. Les greffiers, les commissaires-priseurs et les gardes du commerce seront, comme les notaires, les avoués et les huissiers, soumis à la contrainte par corps dans les cas prévus par le paragraphe 7 de l'art. 2060 du Code civil.

TITRE II. *Dispositions relatives à la contrainte par corps en matière commerciale.*

4. L'emprisonnement pour dette commerciale cessera de plein droit après trois mois, lorsque le montant de la condamnation en principal ne s'élèvera pas à cinq cents francs; après six mois, lorsqu'il ne s'élèvera pas à mille francs; après neuf mois, lorsqu'il ne s'élèvera pas à quinze cents francs; après un an, lorsqu'il ne s'élèvera pas à deux mille francs.

L'augmentation se fera ainsi successivement de trois mois en trois mois pour chaque somme en sus qui ne dépassera pas cinq cents francs, sans pouvoir excéder trois années pour les sommes de six mille francs et au-dessus.

5. Pour toute condamnation en principal au-dessous de cinq cents francs, même en matière de lettre de change et de billet à ordre, le jugement pourra suspendre l'exercice de la contrainte par corps pendant trois mois au plus, à compter de l'échéance de la dette.

6. A l'avenir, les dispositions des art. 24 et 25 de la loi du 17 avril 1832 seront applicables aux matières commerciales.

TITRE III. *Dispositions communes aux dettes civiles et aux dettes commerciales.*

7. Le débiteur contre lequel la contrainte par corps aura été prononcée par jugement des tribunaux civils ou de commerce conservera le droit d'interjeter appel du chef de la contrainte dans les trois jours qui suivront l'emprisonnement ou la recommandation, lors même qu'il aurait acquiescé au jugement et que les délais ordinaires de l'appel seraient expirés. Le débiteur restera en état.

TITRE IV. *Dispositions relatives à la contrainte par corps en matières criminelle, correctionnelle et de police.*

8. La durée de la contrainte par corps, dans les cas prévus par l'art. 35 de la loi du 17 avril 1832, ne pourra excéder trois mois.

Lorsque les condamnations auront été prononcées au profit d'une partie civile, et qu'elles seront inférieures à trois cents francs, si le débiteur fait les justifications prescrites par l'art. 39 de la même loi, la durée de l'emprisonnement sera la même que pour les condamnations prononcées au profit de l'Etat.

Lorsque le débiteur de l'Etat ou de la partie civile ne fera pas les justifications exigées par les articles ci-dessus indiqués de la loi du 17 avril 1832, et par le paragraphe 2 de l'art. 420 du Code d'instruction criminelle, la durée de l'emprisonnement sera du double.

9. Si le débiteur a commencé sa soixante et dixième année avant le jugement, la contrainte par corps sera déterminée dans la limite de trois mois à trois ans.

S'il a atteint sa soixante et dixième année avant d'être écroué ou pendant son emprisonnement, la durée de la contrainte sera, de plein droit, réduite à la moitié du temps qui restera à courir.

La contrainte par corps en matières criminelle, correctionnelle et de simple police, ne sera exercée, dans l'intérêt de l'Etat ou des particuliers, contre des individus âgés de moins de seize ans accomplis à l'époque du fait qui a motivé la poursuite, qu'autant qu'elle aura été formellement prononcée par le jugement de condamnation.

TITRE V. *Dispositions générales.*

10. La contrainte par corps ne peut être prononcée ni exécutée au profit de l'oncle ou de la tante, du grand-oncle ou de la grand'tante, du neveu ou de la nièce, du petit-neveu ou de la petite-nièce, ni des alliés au même degré.

11. En aucune matière, la contrainte par corps ne pourra être exercée simultanément contre le mari et la femme, même pour des dettes différentes.

Les tribunaux pourront, dans l'intérêt des enfants mineurs du débiteur et par le jugement de condamnation, surseoir, pendant une année au plus, à l'exécution de la contrainte par corps.

12. Dans tous les cas où la durée de la contrainte par corps n'est pas déterminée par la loi, elle sera fixée par le jugement de condamnation dans les limites de six mois à cinq ans.

Néanmoins les lois spéciales qui assignent à la contrainte une durée moindre continueront d'être observées.

TITRE VI. *Dispositions transitoires.*

13. Les débiteurs mis en liberté par suite du décret du 9 mars 1848, et à l'égard desquels la contrainte par corps est maintenue, pourront être écroués de nouveau, à la requête de leurs créanciers, huit jours après une simple mise en demeure ; mais ils profiteront des dispositions de la présente loi.

14. Les dettes antérieures ou postérieures au décret du 9 mars, qui, d'après la législation en vigueur avant cette époque, entraînaient la contrainte par corps, continueront à produire cet effet dans les cas où elle demeure autorisée par la présente loi, et les jugements qui l'auront prononcée recevront leur exécution, sous les restrictions prononcées par les articles précédents.

15. Dans les trois mois qui suivront la promulgation de la présente loi, un arrêté du pouvoir exécutif, rendu dans la forme des règlements d'administration publique, modifiera le tarif des frais en matière de contrainte par corps.

LOI SUR LE CONSEIL D'ÉTAT.

(3 MARS 1849.)

TITRE Ier. — *Fonctions du Conseil d'État.*

Art. 1er. Le Conseil d'État est consulté sur tous les projets de lois du gouvernement.

Néanmoins, le gouvernement pourra se dispenser de consulter le Conseil d'État sur les projets de lois suivants :

1° Les projets de lois portant fixation du budget des recettes et des dépenses de chaque exercice ;

2° Les projets de lois de crédits supplémentaires, complémentaires et extraordinaires ;

3° Les projets de lois portant règlement définitif du budget de chaque exercice ;

4° Les projets de lois portant fixation du contingent annuel de l'armée et appel des classes ;

5° Les projets de lois portant ratification de traités et conventions diplomatiques ;

6° Les projets de lois d'urgence.

L'Assemblée nationale renverra à l'examen du Consil d'Etat les projets qui ne rentreraient point dans les catégories précédentes, et dont elle aurait été saisie par le gouvernement sans que le Conseil d'État eût été consulté.

2. Le Conseil d'État donne son avis sur les projets de lois émanant, soit de l'initiative parlementaire, soit du gouvernement, que l'Assemblée nationale juge à propos de lui renvoyer.

3. Le Conseil d'État prépare et rédige des projets de lois sur les matières pour lesquelles le gouvernement réclame son initiative.

Il donne son avis sur les projets d'initiative parlementaire à l'égard desquels il est consulté par le gouvernement.

4. Le Conseil d'État fait, sur le renvoi de l'Assemblée nationale, les règlements d'administration publique à l'égard desquels il a reçu la délégation spéciale énoncée en l'article 75 de la Constitution.

Seront seules considérées comme contenant cette délégation, les lois portant expressément que le Conseil d'État fera un règlement d'administration publique pour en assurer l'exécution.

Il prépare, sur le renvoi du gouvernement, tous les autres règlements d'administration publique.

5. Le Conseil d'État résout, sur la demande des ministres, les difficultés qui s'élèvent entre eux :

1o Relativement aux attributions qu'ils tiennent respectivement des lois;

2o Relativement à l'application des lois.

Il donne son avis sur toutes les questions qui lui sont soumises par le président de la République et par les ministres.

Il exerce, à l'égard des administrations publiques, les pouvoirs de contrôle et de surveillance qui lui sont conférés par les lois.

6. Le Conseil d'État statue en dernier ressort sur le contentieux administratif.

7. Il donne son avis dans les cas déterminés par les articles 55, 65 et 80 de la Constitution.

8. Il apprécie, conformément à l'article 99 de la Constitution, les actes des fonctionnaires dont l'examen lui est déféré.

9. Il exerce en outre, jusqu'à ce qu'il en soit autrement ordonné, les diverses attributions qui appartenaient au Conseil d'État en vertu des lois antérieures.

Titre II. — *Composition du Conseil d'État.*

10. Le Conseil d'État se compose :

1o Du vice-président de la République, président ;

2o De quarante conseillers d'État.

11. Avant de procéder à l'élection des membres du Conseil d'État, dans le cas de l'article 72 de la Constitution, l'Assemblée nationale charge une commission, formée de deux membres élus par chaque bureau, de lui proposer une liste de candidature.

Cette liste contient un nombre de candidats égal à celui des conseillers d'État à élire, avec moitié en sus ; elle est dressée par ordre alphabétique.

12. L'élection ne peut avoir lieu que trois jours au moins après la distribution et la publication de la liste.

Le choix de l'Assemblée peut porter sur des candidats qui ne sont point proposés par la commission.

13. Lors de la première formation du Conseil d'État et des renouvellements qui auront lieu ultérieurement, en exécution de l'article 72 de la Constitution, la moitié au plus des conseillers d'État pourront être élus parmi les membres de l'Assemblée nationale, qui fera l'élection.

14. En cas de vacances par décès ou démission d'un conseiller d'État, ou par toute autre cause, l'Assemblée nationale procède, dans le mois, à l'élection d'un nouveau membre.

15. Les fonctions dans le Conseil d'État sont incompatibles avec tout autre emploi salarié.

TITRE III. — *Des fonctionnaires attachés au Conseil d'État.*

16. Il y a auprès du Conseil d'État :

Vingt-quatre maîtres des requêtes ;

Vingt-quatre auditeurs;

Un secrétaire général ;

Un secrétaire du contentieux.

§ 1er. — Des maîtres des requêtes.

17. Les maîtres des requêtes sont nommés par le président de la République, sur une liste de présentation, double en nombre, dressée par le président et les présidents de section.

Ils doivent être âgés de vingt-cinq ans au moins.

18. Ils peuvent être révoqués par le président de la République, sur la proposition du président du Conseil d'État et des présidents de section, par lesquels ils sont préalablement entendus.

19. Les maîtres des requêtes sont chargés, concurremment avec les conseillers d'État, du rapport des affaires : ils ont voix consultative.

§ 2. — Des auditeurs.

20. Les auditeurs sont nommés au concours, dans les formes et suivant les conditions qui seront déterminées par un règlement d'administration publique que le Conseil d'État sera chargé de faire. (V. plus bas le règlement du 9 mai 1849.)

Ils doivent être âgés, au moment de leur nomination, de vingt et un ans au moins et de vingt-cinq au plus.

21. Les auditeurs sont chargés d'assister les conseillers d'État et les maîtres des requêtes rapporteurs dans la préparation et l'instruction des affaires.

Le règlement prévu dans l'article précédent déterminera les affaires dont le rapport ne pourra pas être confié aux auditeurs.

Ils ont voix consultative dans les affaires dont le rapport leur est confié.

Ils pourront être révoqués dans la forme établie par l'article 18 pour la révocation des maîtres des requêtes.

22. Les auditeurs reçoivent un traitement de l'État; ils sont nommés pour quatre ans. A l'expiration de ce terme, ils cessent de plein droit leurs fonctions.

23. Le quart des emplois de maître des requêtes qui viennent à vaquer est réservé aux anciens auditeurs ayant cinq ans de services dans l'administration active, et le quart des emplois de sous-préfet aux auditeurs attachés depuis deux ans au moins au Conseil d'État.

Les auditeurs nommés aux fonctions de sous-préfet, qui ne les accepteraient point, seront considérés comme démissionnaires et immédiatement remplacés.

§ 3. — Du secrétaire général et du secrétaire du contentieux.

24. Le secrétaire général est nommé et peut être révoqué dans la même forme que les maîtres des requêtes.

Il dirige le travail des bureaux, et tient la plume aux assemblées générales.

25. Le secrétaire du contentieux est nommé par le président du Conseil d'État, sur la proposition du secrétaire général. Il est attaché à la section du contentieux.

TITRE IV. — Des formes de procéder.

26. Le Conseil d'État se divise en trois sections :

1° Section de législation ;

2° Section d'administration ;

3° Section du contentieux administratif.

27. Les conseillers d'État de chaque section élisent au scrutin secret et à la majorité absolue le président de la section.

Le président de la section de législation remplit les fonctions de vice-président du Conseil d'État, et remplace le président en cas d'absence ou d'empêchement.

28. Les fonctions des présidents de section durent jusqu'au moment où ils sont soumis à la réélection par l'Assemblée nationale.

§ 1er. — Section de législation.

29. La section de législation est chargée de l'examen, de la préparation et de la délibération des matières énoncées dans les articles 1, 2, 3, 4, 7 et 8 de la présente loi.

30. Elle forme dans son sein des commissions spéciales permanentes ou temporaires pour l'étude préparatoire des affaires.

31. Sur la demande des commissions ou comités de l'Assemblée nationale, elle désigne des conseillers d'État ou des maîtres des requêtes pour exposer l'avis du Conseil d'État dans les comités ou commissions de l'Assemblée nationale.

32. Tous les projets sur lesquels le Conseil d'État est consulté par l'Assemblée nationale ou par le gouvernement sont transmis à la section de législation; elle en délibère sans retard. L'avis de la section ou du Conseil d'État, selon la nature du projet, doit être transmis à l'Assemblée nationale ou au Gouvernement dans le mois, au plus tard, de la réception des pièces au secrétariat général.

33. Si l'Assemblée nationale, en renvoyant un projet au Conseil d'État, demande qu'il soit examiné d'urgence, le président de la section nomme le rapporteur le jour même de la réception des pièces; le rapport est fait à la section de législation dans les trois jours au plus tard ; la section et le Conseil d'État en délibèrent toutes affaires cessantes, et le résultat de la délibération est transmis sur-le-champ à l'Assemblée nationale.

§ 2. — Section d'administration.

34. Pour l'examen des affaires énoncées en l'article 4 de la présente loi, la section d'administration est divisée en comités correspondant aux divers départements ministériels, et composés de trois membres au moins.

35. Les comités de la section d'administration sont, sur la demande de la section de législation, adjoints aux délibérations de cette dernière section, sur les projets qui concernent le département ministériel auquel ils correspondent.

§ 3. — Section du contentieux administratif.

36. La section du contentieux est chargée du jugement des affaires contentieuses.

Elle est composée de neuf membres.

Un maître des requêtes, désigné par le président de la République, remplit auprès de la section du contentieux les fonctions du ministère public.

Deux autres maîtres des requêtes, désignés de la même manière, le suppléent dans ses fonctions.

37. Le rapport des affaires contentieuses est fait en séance publique par celui des conseillers d'État ou maîtres des requêtes que le président de la section en a chargé.

Après le rapport, les avocats des parties sont admis à présenter des observations orales.

Le maître des requêtes chargé des fonctions du ministère public donne ses conclusions.

38. La section ne peut délibérer qu'en nombre impair, et que si sept au moins de ses membres sont présents.

Les conseillers d'État absents ou empêchés sont remplacés par des conseillers d'État pris dans les autres sections d'après l'ordre du tableau.

39. La décision est lue en séance publique; elle est transcrite sur le procès-verbal des délibérations, et signée par le président, le rapporteur et le secrétaire du contentieux. Il y est fait mention des membres présents et ayant délibéré.

Les expéditions qui sont délivrées portent la formule exécutoire.

40. Le procès-verbal des séances de la section du contentieux mentionne l'accomplissement des dispositions des articles 37, 38 et 39. Dans le cas où ces dispositions n'ont pas été observées, la décision peut être l'objet d'un recours en révision, lequel est introduit dans les formes de l'article 33 du décret du 22 juillet 1806.

41. Le décret du 22 juillet 1806 et les lois et règlements relatifs à l'instruction des affaires contentieuses continueront à être observés devant la section du contentieux.

42. Sont applicables à la section du contentieux, les dispositions des art. 88 et suivants du Code de procédure civile sur la police des audiences, et l'article 130, relatif à la condamnation aux dépens.

43. Le ministre de la justice dénoncera à la section du contentieux les actes administratifs contraires à la loi, et la nullité pourra en être prononcée.

44. Lorsqu'il aura été rendu par une juridiction administrative une décision sujette à annulation, et contre laquelle les parties n'auraient pas réclamé dans le délai déterminé, le ministre de la justice pourra aussi en donner connaissance à la section du contentieux; la décision sera annulée sans que les parties puissent se prévaloir de l'annulation.

§ 4. — Assemblées générales du Conseil d'État.

45. Le Conseil d'État délibère en assemblée générale :

1° Sur tous les projets de loi, et sur les projets de règlement d'administration publique;

2° Sur les projets de décret que le règlement du Conseil d'État aura déférés à l'examen de l'assemblée générale, et sur ceux qui lui seront renvoyés par les diverses sections.

46. Le ministre de la justice défère à l'assemblée générale du Conseil d'État toutes décisions de la section du contentieux contenant excès de pouvoir ou violation de la loi. La décision est annulée dans l'intérêt de la loi.

47. Le ministre de la justice a également le droit de revendiquer devant le tribunal spécial des conflits, organisé par l'article 89 de la Constitution, les affaires portées devant la section du contentieux, et qui n'appartiendraient pas au contentieux administratif.

Toutefois il ne peut se pourvoir devant cette juridiction qu'après que la section du contentieux a refusé de faire droit à la demande en revendication qui doit lui être préalablement soumise.

48. Le règlement du Conseil d'État détermine les formes du pourvoi autorisé par l'article 46.

49. Le Conseil d'État ne peut délibérer en assemblée générale si vingt et un membres au moins ne sont pas présents.

Le président a voix prépondérante en cas de partage.

50. L'assemblée générale du Conseil d'État est présidée par le vice-président de la République.

TITRE V. — *Dispositions générales.*

51. Les ministres ont entrée dans le sein du Conseil d'État et des sections de législation et d'administration. Ils sont entendus toutes les fois qu'ils le demandent.

52. Le Conseil d'État et les sections de législation et d'administration peuvent appeler à assister à leurs délibérations et à y prendre part avec voix consultative, les membres de l'Institut et d'autres corps savants, les magistrats, les administrateurs et tous autres citoyens qui leur paraîtraient pouvoir éclairer les délibérations par leurs connaissances spéciales.

53. Le Conseil d'État et les sections ont le droit de convoquer dans leur sein, sur la désignation des ministres, les chefs de service des administrations publiques et tous autres fonctionnaires, pour en obtenir des explications sur les affaires en délibération.

54. Les séances ne sont publiques que pour le jugement des affaires contentieuses.

55. Les rapports, procès-verbaux et avis des sections ou du Conseil d'État sont annexés aux projets de lois transmis au Gouvernement ou à l'Assemblée nationale.

Les avis sont rendus publics dans les cas spécifiés par le règlement.

56. Le vice-président de la République préside, toutes les fois qu'il le juge convenable, les séances des sections, des commissions et des comités, sauf la section du contentieux.

57. Les projets de lois, règlements d'administration publique et décrets délibérés dans le Conseil d'État, les sections ou les comités, en portent la mention.

58. Un règlement fait par le Conseil d'État déterminera l'ordre intérieur de ses travaux, la composition des sections et des comités, la répartition et le roulement des conseillers d'État, maîtres des requêtes et auditeurs, et toutes les autres mesures de service et d'exécution non prévues par les dispositions qui précèdent.

59. Le même règlement désignera, parmi les affaires soumises à l'examen du Conseil d'État, celles qui seront portées devant l'assemblée générale ou devant les sections, et celles qui ne seront soumises qu'à l'examen d'un comité.

TITRE VI. — *Dispositions transitoires.*

60. Jusqu'à la mise à exécution du règlement prévu par l'art. 58, le président du Conseil d'État prendra provisoirement toutes les mesures nécessaires à l'effet de pourvoir à la formation des sections, à l'élection des présidents et à la plus prompte expédition des affaires.

61. Conformément à l'art. 72 de la Constitution, l'Assemblée actuelle procédera, immédiatement après le vote de la présente loi, à l'élection de la totalité des membres du Conseil d'État, dans les formes établies par les art. 11, 12 et 13.

Les membres de ce conseil seront renouvelés par moitié dans les deux premiers mois de la législature prochaine. Un tirage au sort déterminera la moitié qui devra sortir lors du renouvellement à faire par la prochaine Assemblée législative.

62. Les auditeurs actuellement en exercice seront admis au concours, s'ils ne sont pas âgés de plus de trente ans.

63. Le Conseil d'État actuel continuera à exercer ses fonctions jusqu'à l'installation du nouveau Conseil d'État.

64. Un règlement d'administration publique, qui sera converti en loi dans l'année de sa promulgation, déterminera les formes de procéder du tribunal des conflits créé par l'art. 89 de la Constitution.

Les conseillers d'État et les conseillers à la Cour de cassation qui doivent composer ce tribunal seront au nombre de quatre pour chacun de ces deux corps.

Les lois et ordonnances concernant les formes et les délais des conflits continueront à être observées. Néanmoins les délais établis pour le jugement demeureront suspendus pendant le temps qui s'écoulera entre la cessation des fonctions de l'ancien Conseil d'État et l'installation du tribunal des conflits.

LOI

SUR LES ÉLECTIONS LÉGISLATIVES (15 ET 19 MARS 1849).

TITRE Ier. — *Formation des listes électorales.*

Art. 1er. Dans les douze jours qui suivront la promulgation de la présente loi, la liste électorale sera dressée pour chaque commune par le maire.

Art. 2. Elle comprendra, par ordre alphabétique :

1° Tous les Français, âgés de vingt et un ans accomplis, jouissant de leurs droits civils et politiques, et habitant dans la commune depuis six mois au moins ;

2° Ceux qui, n'ayant pas atteint, lors de la formation de la liste, les conditions d'âge et d'habitation, les acquerront avant sa clôture définitive.

Les militaires en activité de service et les hommes retenus pour le service des ports ou de la flotte, en vertu de leur immatriculation sur les rôles de l'inscription maritime, seront portés sur les listes des communes où ils étaient domiciliés avant leur départ.

Les conditions d'habitation depuis six mois au moins dans la commune ne seront point exigées des citoyens qui, en vertu du décret du 19 septembre dernier, auront quitté la France pour s'établir en Algérie.

Art. 3. Ne seront pas inscrits sur la liste électorale :

1° Les individus privés de leurs droits civils et politiques par suite de condamnation soit à des peines afflictives et infamantes, soit à des peines infamantes seulement ;

2° Ceux auxquels les tribunaux, jugeant correctionnellement, ont interdit le droit de vote et d'élection par application des lois qui autorisent cette interdiction ;

3° Les condamnés pour crime à l'emprisonnement par application de l'article 463 du Code pénal ;

4° Les condamnés à trois mois de prison au moins, pour vol, escroquerie, abus de confiance, soustraction commise par des dépositaires de deniers publics, ou attentat aux mœurs prévu par l'article 334 du Code pénal ;

5° Ceux qui ont été condamnés à trois mois de prison par application des articles 318 et 423 du Code pénal ;

6° Ceux qui ont été condamnés pour délit d'usure ;

7° Les interdits ;

8° Les faillis qui, n'ayant point obtenu de concordat ou n'ayant point été déclarés excusables, conformément à l'article 538 du Code de commerce, n'ont pas d'ailleurs été réhabilités.

Toutefois le paragraphe 3 du présent article n'est applicable ni aux condamnés en matière politique, ni aux condamnés pour coups et blessures, si l'interdiction du droit d'élire n'a pas été, dans le cas où la loi l'autorise, prononcée par l'arrêt de condamnation.

Art. 4. Après l'expiration du délai porté à l'article 1er, la liste, dressée par le maire, sera immédiatement déposée au secrétariat de la mairie pour y être communiquée à tout requérant ; elle pourra être copiée et reproduite par la voie de l'impression.

Le jour même du dépôt de la liste, avis de ce dépôt sera donné par affiches apposées aux lieux accoutumés.

Art. 5. Une copie de la liste et du procès-verbal constatant l'accomplissement des formalités prescrites par l'article précédent sera en même temps transmise au sous-préfet de l'arrondissement, qui l'adressera dans les deux jours, avec ses observations, au préfet du département.

Art. 6. Si le préfet estime que les formalités et les délais prescrits par la loi n'ont pas été observés, il devra, dans les deux jours de la réception de la liste, déférer les opérations du maire au conseil de préfecture du département, qui statuera dans les trois jours, et fixera, s'il y a lieu, le délai dans lequel les opérations annulées devront être refaites.

Dans ce dernier cas, le conseil de préfecture pourra, par la même décision, réduire à cinq jours le terme pendant lequel les citoyens devront prendre connaissance de la liste et former leurs réclamations; il pourra également ordonner que les réclamations seront, dans les trois jours de leur date, portées devant le juge de paix, directement et sans examen préalable, par la commission municipale.

Art. 7. Tout citoyen omis sur la liste pourra, dans les dix jours à compter de l'apposition des affiches, présenter sa réclamation à la mairie.

Dans le même délai, tout électeur inscrit sur l'une des listes du département pourra réclamer la radiation ou l'inscription de tout individu omis ou indûment inscrit.

Il sera ouvert, dans chaque mairie, un registre sur lequel les réclamations seront inscrites par ordre de date : le maire devra donner récépissé de chaque réclamation.

Art. 8. L'électeur dont l'inscription aura été contestée en sera averti sans frais par le maire, et pourra présenter ses observations.

Les réclamations seront jugées, dans les cinq jours, par une commission composée, à Paris, du maire et de deux adjoints; partout ailleurs, du maire et de deux membres du conseil municipal désignés à cet effet par le conseil.

Art. 9. Notification de la décision sera, dans les trois jours, faite aux parties intéressées par le ministère d'un agent assermenté.

Elles pourront en appeler dans les cinq jours de la notification.

Art. 10. L'appel sera porté devant le juge de paix du canton; il sera formé par simple déclaration au greffe; le juge de paix statuera dans les dix jours, sans frais ni formes de procédure, et sur simple avertissement donné trois jours à l'avance à toutes les parties intéressées.

Toutefois, si la demande portée devant lui implique la solution préjudicielle d'une question d'état, il renverra préalablement les parties à se pourvoir devant les juges compétents, et fixera un bref délai dans lequel la partie qui aura élevé la question préjudicielle devra justifier de ses diligences. Il sera procédé, en cette circonstance, conformément aux articles 855, 856 et 858 du Code de procédure.

Art. 11. La décision du juge de paix sera en dernier ressort, mais elle pourra être déférée à la Cour de cassation.

Art. 12. Le pourvoi ne sera recevable que s'il est formé dans les dix jours de la notification de la décision; il ne sera pas suspensif.

Il sera formé par simple requête, dispensé de l'intermédiaire d'un avocat à la cour, et jugé d'urgence sans frais ni consignation d'amende.

Art. 13. Tous les actes judiciaires seront, en matière électorale, dispensés du timbre et enregistrés gratis.

Les extraits des actes de naissance nécessaires pour établir l'âge des électeurs seront délivrés gratuitement sur papier libre à tout réclamant. Ils porteront en tête de leur texte l'énonciation de leur destination spéciale, et ne seront admis pour aucune autre.

Art. 14. Si la décision du maire a été réformée, le juge de paix en donnera avis au préfet et au maire dans les trois jours de la réformation.

Art. 15. A l'expiration du dernier des délais fixés par les articles 1, 6, 7, 8, 9, 10, § 1er, et 14 de la présente loi, le maire opérera toutes les rectifications régulièrement ordonnées, transmettra au préfet le tableau de ces rectifications, et arrêtera définitivement la liste électorale de la commune.

Dans tous les cas, et nonobstant toute espèce de retard, les listes électorales, pour toutes les communes, seront censées closes et arrêtées le cinquantième jour qui suivra celui de la promulgation de la présente loi.

Art. 16. La minute de la liste électorale reste déposée au secrétariat de la commune; la copie et le tableau rectificatif transmis au préfet, conformément aux articles 5 et 15 de la présente loi, restent déposés au secrétariat général du département.

Communication en est toujours donnée aux citoyens qui la demandent.

Art. 17. Dès que les listes seront devenues définitives, le préfet en enverra à l'intendant militaire un extrait contenant les noms de tous les électeurs en activité de service militaire.

L'intendant militaire adressera aux conseils d'administration, aux chefs de corps, copie officielle de la partie de cet extrait concernant les hommes sous leurs ordres.

Des extraits semblables, en ce qui concerne les hommes immatriculés sur les rôles de l'inscription maritime et retenus par le service des ports ou de la flotte, seront également envoyés par les préfets aux commissaires de marine, qui les transmettront sans délai aux chefs maritimes sous les ordres desquels ces hommes sont placés.

Art. 18. Toutefois, et pour l'élection de la prochaine assemblée législative, dans les localités où les extraits officiels de la liste définitive n'auront pu parvenir aux conseils d'administration, aux chefs de corps, pour le jour de l'élection, les militaires et les hommes au service des ports ou de la flotte seront admis à voter sur le vu de l'extrait de la liste telle qu'elle aura été originairement dressée par le maire, et transmise en copie au préfet conformément aux articles 1, 2, 3, 4 et 5 de la présente loi.

A cet effet, dès la réception de cette copie, le préfet pourvoira à ce que les extraits en soient immédiatement envoyés, comme il est dit en l'article précédent.

Art. 19. Quinze jours avant l'élection, le préfet fera publier, dans le Recueil des actes administratifs du département, le tableau des corps auxquels appartiennent les électeurs du département en activité de service militaire ou maritime, et l'indication des lieux où ces corps se trouvent.

Ce tableau sera en même temps déposé au secrétariat de la préfecture, pour y être communiqué à toute réquisition.

TITRE II. — *Révision annuelle des listes électorales.*

Art. 20. Les listes électorales sont permanentes.

Il ne peut y être fait de changement que lors de la révision annuelle ; cette révision s'opère conformément aux dispositions suivantes :

Art. 21. Du 1ᵉʳ au 10 janvier de chaque année, le maire de chaque commune ajoute aux listes les citoyens qu'il reconnaît avoir acquis les qualités exigées par la loi, ceux qui acquerront les conditions d'âge et d'habitation avant le 1ᵉʳ avril, et ceux qui auraient été précédemment omis.

Il en retranche :

1° Les individus décédés ;

2° Ceux dont la radiation a été ordonnée par l'autorité compétente ;

3° Ceux qui ont perdu les qualités requises ;

4° Ceux qu'il reconnaît avoir été indûment inscrits, quoique leur inscription n'ait point été attaquée.

Il tient un registre de toutes ces décisions, et y mentionne les motifs et les pièces à l'appui.

Art. 22. Le tableau contenant les additions et retranchements faits par le maire à la liste électorale est déposé, au plus tard le 15 janvier, au secrétariat de la commune.

Il est ensuite procédé, à l'égard de ce tableau, conformément aux articles 4, 5, 6, 1ᵉʳ §, 7, 8, 9, 10, 11, 12, 13 et 14 de la présente loi.

Art. 23. Le 31 mars de chaque année, le maire opère toutes les rectifications régulièrement ordonnées, transmet au préfet le tableau de ces rectifications, et arrête définitivement la liste électorale de la commune.

Il est ensuite procédé conformément aux articles 16 et 17 de la présente loi.

La liste électorale reste jusqu'au 31 mars de l'année suivante telle qu'elle a été arrêtée, sauf néanmoins les changements qui y auraient été ordonnés par décision du juge de paix, et sauf aussi la radiation des noms des électeurs décédés ou privés des droits civils et politiques par jugement ayant force de chose jugée.

L'élection, à quelque époque de l'année qu'elle ait lieu, se fait sur cette liste.

TITRE III. — *Des colléges électoraux.*

CHAPITRE 1ᵉʳ.

Art. 24. Les colléges électoraux s'ouvrent au jour fixé par la loi pour les élections auxquelles ils doivent procéder.

Le jour de l'ouverture du scrutin devra toujours être un dimanche ou un jour férié, sauf toutefois le cas prévu par le troisième paragraphe de l'article 31 de la Constitution.

Art. 25. Les électeurs se réunissent au chef-lieu de canton.

Art. 26. Néanmoins, en raison des circonstances locales, le canton peut être divisé en circonscriptions.

Art. 27. Toute circonscription électorale doit comprendre une population de plus de cinq cents habitants.

Toutefois, les communes dont le territoire est séparé par la mer du canton dont elles dépendent, peuvent former une circonscription, quel que soit le chiffre de leur population.

Aucune commune rurale ne peut être fractionnée en deux ou plusieurs circonscriptions (1).

Art. 28. Le tableau des circonscriptions est arrêté par le préfet, conformément à l'avis du conseil général. Les conseils cantonaux sont préalablement consultés. Le tableau est revisé tous les trois ans.

Art. 29. Si la division opérée pour un canton n'est pas faite conformément à l'article 27 de la présente loi, le ministre de l'intérieur, soit d'office, soit sur la réclamation d'un ou de plusieurs électeurs du département, annule la délibération du conseil général, l'arrêté du préfet qui s'en est suivi, et pourvoit, par la même décision, à une nouvelle division dans les limites légales (2).

Art. 30. Transitoirement, et seulement pour les élections de la prochaine assemblée législative, les circonscriptions resteront telles qu'elles ont été formées pour l'élection du 10 décembre dernier.

Néanmoins, à l'égard des cantons où, contrairement à la loi, la division aurait été faite en plus de quatre circonscriptions, il sera procédé, par le ministre de l'intérieur, conformément aux dispositions de l'article précédent.

Art. 31. Chaque canton ou circonscription cantonale peut être divisé, par arrêté du préfet, en autant de sections que le rend nécessaire le nombre des électeurs inscrits; mais toutes les sections doivent siéger au chef-lieu du canton ou dans la commune désignée comme chef-lieu de la circonscription électorale.

Art. 32. Les colléges électoraux ne peuvent s'occuper que de l'élection pour laquelle ils sont réunis.

Toutes discussions, toutes délibérations leur sont interdites.

Art. 33. Le président du collége ou de la section a seul la police de l'assemblée.

Nulle force armée ne peut, sans son autorisation, être placée dans la salle des séances, ni aux abords du lieu où se tient l'assemblée.

Les autorités civiles et les commandants militaires sont tenus de déférer à ses réquisitions.

(1-2) Nous donnons ici les articles 27 et 29 tels qu'ils ont été réformés par la loi du 16 décembre 1849.

Art. 34. Le bureau de chaque collége ou section est composé d'un président, de quatre assesseurs, et d'un secrétaire choisi par eux parmi les électeurs.

Dans les délibérations du bureau, le secrétaire n'a que voix consultative.

Art. 35. Les colléges et sections sont présidés au chef-lieu de canton par le juge de paix et ses suppléants, et, à leur défaut, par les maires, ajoints et conseillers municipaux de la commune.

Dans les autres circonscriptions, la présidence est dévolue aux maire, adjoints et conseillers municipaux de la commune désignée comme chef-lieu de la circonscription électorale.

Si les juges de paix, suppléants, maires, adjoints et conseillers municipaux ne se trouvent pas en nombre suffisant pour présider toutes les sections, les présidents sont désignés par le maire parmi les électeurs sachant lire et écrire.

A Paris, les sections sont présidées, dans chaque arrondissement, par le maire, les adjoints, ou des électeurs désignés par eux.

Art. 36. Les assesseurs sont pris, suivant l'ordre du tableau, parmi les conseillers municipaux sachant lire et écrire ; à leur défaut, les assesseurs sont les deux plus âgés et les deux plus jeunes électeurs présents sachant lire et écrire.

A Paris, les fonctions d'assesseurs sont remplies, dans chaque section, par les deux plus âgés et les deux plus jeunes électeurs présents et sachant lire et écrire.

Art. 37. Trois membres du bureau au moins doivent être présents pendant tout le cours des opérations du collége.

Art. 38. Le bureau prononce provisoirement sur les difficultés qui s'élèvent touchant les opérations du collége ou de la section.

Ses décisions sont motivées.

Toutes les réclamations et décisions sont insérées au procès-verbal ; les pièces ou bulletins qui s'y rapportent y sont annexés, après avoir été paraphés par le bureau.

Art. 39. Pendant toute la durée des opérations électorales, une copie officielle de la liste des électeurs, contenant les nom, domicile et qualification de chacun des inscrits, reste déposée sur la table autour de laquelle siége le bureau.

Art. 40. Tout électeur inscrit sur cette liste a le droit de prendre part au vote.

Art. 41. Ce droit est suspendu :

Pour les détenus ;

Pour les accusés contumaces,

Et pour les personnes non interdites, mais retenues, en vertu de la loi du 30 juin 1838, dans un établissement public d'aliénés.

Art. 42. Nul ne peut être admis à voter s'il n'est inscrit sur la liste.

Art. 43. Toutefois, seront admis au vote, quoique non inscrits, les citoyens porteurs d'une décision du juge de paix ordonnant leur inscription, ou d'un arrêt de la cour de cassation annulant un jugement qui aurait ordonné une radiation.

Art. 44. Lors de l'élection, soit du Président de la République, soit des membres de l'Assemblée nationale, les représentants du peuple seront également admis au vote, s'ils le requièrent, dans la circonscription électorale du lieu où siège l'assemblée.

Art. 45. Nul électeur ne peut entrer dans le collège électoral s'il est porteur d'armes quelconques.

Art. 46. Les électeurs sont appelés successivement par ordre de communes.

Art. 47. Ils apportent leurs bulletins préparés en dehors de l'assemblée.

Le papier du bulletin doit être blanc et sans signes extérieurs.

Art. 48. A l'appel de son nom, l'électeur remet au président son bulletin fermé.

Le président le dépose dans la boîte du scrutin, laquelle doit, avant le commencement du vote, avoir été fermée à deux serrures, dont les clefs restent : l'une entre les mains du président, l'autre entre celles du scrutateur le plus âgé.

Art. 49. Le vote de chaque électeur est constaté par la signature ou le paraphe de l'un des membres du bureau, apposé sur la liste, en marge du nom du votant.

Art. 50. L'appel par commune étant terminé, il est procédé au réappel de tous ceux qui n'ont pas voté.

Art. 51. Le scrutin reste ouvert pendant deux jours : le premier jour, depuis huit heures du matin jusqu'à six heures du soir, et le second jour, depuis huit heures du matin jusqu'à quatre heures du soir.

Art. 52. Les boîtes de scrutin sont scellées et déposées pendant la nuit au secrétariat ou dans la salle de la mairie, et elles sont gardées par un poste de la garde nationale.

Les scellés sont également apposés sur les ouvertures de la salle où ces boîtes ont été déposées.

Art. 53. Après la clôture du scrutin, il est procédé au dépouillement de la manière suivante :

La boîte du scrutin est ouverte, et le nombre des bulletins vérifié.

Si ce nombre est plus grand ou moindre que celui des votants, il en est fait mention au procès-verbal.

Le bureau désigne parmi les électeurs présents un certain nombre de scrutateurs sachant lire et écrire, lesquels se divisent par tables de quatre au moins.

Le président répartit entre les diverses tables les bulletins à vérifier.

A chaque table, l'un des scrutateurs lit chaque bulletin à haute voix, et le passe à un autre scrutateur ; les noms portés sur les bulletins sont relevés sur des listes préparées à cet effet.

Art. 54. Le président et les membres du bureau surveillent l'opération du dépouillement.

Néanmoins, dans les colléges ou sections où il se sera présenté moins de 300 votants, le bureau pourra procéder lui-même, et sans l'intervention des scrutateurs supplémentaires, au dépouillement du scrutin.

Art. 55. Les tables sur lesquelles s'opère le dépouillement du scrutin sont disposées de telle sorte que les électeurs puissent circuler alentour.

Art. 56. Sont valables les bulletins contenant plus ou moins de noms qu'il n'y a de citoyens à élire.

Les derniers noms inscrits au delà de ce nombre ne sont pas comptés.

Art. 57. Les bulletins blancs,

Ceux ne contenant pas une désignation suffisante,

Ou contenant une désignation ou qualification inconstitutionnelle,

Ou dans lesquels les votants se font connaître, n'entrent point en compte dans le résultat du dépouillement, mais ils sont annexés au procès-verbal.

Art. 58. Immédiatement après le dépouillement, le résultat du scrutin est rendu public, et les bulletins autres que ceux qui, conformément aux articles 38 et 57, doivent être annexés au procès-verbal, sont brûlés en présence des électeurs.

Art. 59. Pour les colléges divisés en plusieurs sections, le dépouillement du scrutin se fait dans chaque section. Le résultat est immédiatement arrêté et signé par le bureau; il est ensuite porté par le président au bureau de la première section, qui, en présence des présidents des autres sections, opère le recensement général des votes et en proclame le résultat.

Art. 60. Dans les cantons divisés en plusieurs circonscriptions, le résultat du recensement dans chaque circonscription est porté au bureau de la circonscription du chef-lieu, et le recensement cantonal est fait par ce bureau en présence des présidents des autres bureaux.

Art. 61. Les procès-verbaux des opérations électorales de chaque canton sont rédigés en double.

L'un de ces doubles reste déposé au greffe de la justice de paix; l'autre double est porté au chef-lieu du département par le président du bureau, ou par l'un des membres que le bureau délègue à cet effet.

Le bureau pourra, au besoin, décider que ce double sera envoyé par la poste ou par un courrier spécial.

Le recensement général des votes se fait au chef-lieu du département, en séance publique, et en présence des délégués des bureaux des assemblées cantonales, sous la présidence du juge de paix ou du doyen des juges de paix du chef-lieu.

A Paris, ce recensement a lieu sous la présidence du doyen des maires.

Art. 62. Les militaires présents sous le drapeau sont, dans chaque localité, répartis en sections électorales par département.

Chaque section est présidée par l'officier ou sous-officier le plus élevé en grade, ou, à défaut, par le soldat le plus ancien, assisté de quatre scrutateurs.

Ces quatre scrutateurs sont les deux plus âgés et les deux plus jeunes électeurs présents sachant lire et écrire.

Il est procédé de la même manière pour les marins et ouvriers portés sur les rôles de l'inscription maritime, et retenus par leur service hors du lieu de leur résidence habituelle.

Le résultat est, pour chaque département, envoyé au préfet par le président de la section.

Le résultat transmis par le préfet au président du bureau électoral du chef-lieu est compris dans le recensement général des votes du département.

Néanmoins l'exercice du droit électoral est suspendu pour les armées en campagne et pour les marins de la flotte se trouvant en cours de navigation.

Art. 63. Le recensement général des votes étant terminé, le président en fait connaître le résultat. S'il s'agit d'élections à l'Assemblée nationale, le président proclame représentants du peuple, dans la limite du nombre attribué au département par la loi, les candidats qui ont obtenu le plus de voix, selon l'ordre de la majorité relative.

Art. 64. Néanmoins, nul n'est élu ni proclamé au premier tour de scrutin, s'il n'a réuni un nombre de voix égal au huitième de celui des électeurs inscrits sur la totalité des listes électorales du département.

Art. 65. Dans le cas où le nombre des candidats réunissant au moins ce chiffre de voix est resté inférieur au nombre de représentants attribué au département par la loi, l'élection est continuée au deuxième dimanche qui suit le jour de la proclamation du résultat du premier scrutin, et alors elle a lieu à la majorité relative, quel que soit le nombre des suffrages obtenus.

Art. 66. Dans tous les cas où il y a concours par égalité de suffrages, le plus âgé obtient la préférence.

Art. 67. Aussitôt après la proclamation du résultat des opérations électorales, les procès-verbaux et les pièces y annexées sont transmis, par les soins des préfets, au président de l'Assemblée nationale.

Art. 68. Les opérations électorales sont vérifiées par l'Assemblée nationale; elle est seule juge de leur validité.

Art. 69. Pour l'élection du Président de la République, les militaires en activité de service votent avec les autres électeurs au lieu où ils se trouvent au jour de l'élection.

Art. 70. Dans les villes divisées en plusieurs sections, ils sont répartis entre les diverses sections par un arrêté spécial du maire.

Art. 71. Leurs bulletins sont confondus dans la même urne avec ceux des autres citoyens.

Art. 72. Au cas où des circonstances particulières rendent impossible le vote en commun avec les autres électeurs, les opérations électorales ont lieu sous la présidence de l'officier le plus élevé en grade, assisté de quatre scrutateurs choisis comme il est dit en l'article 62.

Art. 73. Le scrutin est dépouillé séance tenante, et le procès-verbal signé par les membres du bureau est envoyé directement au président de l'Assemblée nationale.

Art. 74. Les électeurs momentanément retenus par leurs affaires ou leur travail dans une commune autre que celle sur la liste de laquelle ils sont inscrits, sont également, pour l'élection du Président de la République, admis à voter dans le lieu de leur présence actuelle, s'ils produisent la preuve de leur inscription régulière sur la liste de leur commune.

Pour jouir de cette faculté, ils doivent, dans les trois jours qui précèdent celui de l'élection, déposer les pièces justificatives de leur droit au secrétariat de la mairie ; il leur est donné en échange une carte indiquant le collége ou la section dans lesquels ils seront admis à voter.

CHAPITRE II. — Dispositions spéciales pour l'Algérie et les colonies.

Art. 75. Les élections pour la présidence de la République et pour l'Assemblée nationale auront lieu :

En Algérie, 15 jours. . . . . ⎫
Aux Antilles, 45 jours. . . . . ⎬ Avant celui fixé pour les mêmes
Au Sénégal et à la Guyane, 80 jours. . . . ⎪ élections en France.
A l'île de la Réunion, 120 jours. . . . . . ⎭

Art. 76. Néanmoins, pour l'élection de la prochaine Assemblée législative, les délais et formalités, en ce qui touche les colonies, seront réglés ainsi qu'il suit :

Aussitôt après la publication de la présente loi dans chaque colonie, il sera procédé à la formation des listes électorales.

Les élections auront lieu, dans chaque colonie, le premier dimanche qui suivra la clôture desdites listes.

Art. 77. Les subdivisions électorales en sections par communes, quartiers ou sous-arrondissements, seront, dans chaque colonie, déterminées par l'autorité administrative.

Art. 78. Les fonctionnaires désignés par la présente loi seront, au besoin, remplacés par ceux dont les fonctions sont analogues ; une instruction ministérielle y pourvoira conformément aux nécessités locales.

TITRE IV. — *Des éligibles.*

Art. 79. Ne peuvent être élus représentants du peuple :

1o Les individus privés de leurs droits civils et politiques par suite de condamnation soit à des peines afflictives et infamantes, soit à des peines infamantes seulement ;

2o Ceux auxquels les tribunaux, jugeant correctionnellement, ont interdit le droit de vote, d'élection ou d'éligibilité, par application des lois qui autorisent cette interdiction ;

3o Les condamnés pour crime à l'emprisonnement, par application de l'article 463 du Code pénal ;

4o Les condamnés pour vol, escroquerie, abus de confiance, soustraction commise par des dépositaires de deniers publics, ou attentat aux mœurs, prévus par l'article 334 du Code pénal ;

5° Ceux qui ont été condamnés par application des articles 318 et 423 du Code pénal ;

6° Ceux qui ont été condamnés pour délit d'usure ;

7° Ceux qui ont été condamnés pour adultère ;

8° Les accusés contumaces ;

9° Les interdits et les citoyens pourvus d'un conseil judiciaire ;

10° Les faillis non réhabilités, dont la faillite a été déclarée soit par les tribunaux français, soit par jugement rendu à l'étranger, mais exécutoire en France.

Toutefois le paragraphe troisième du présent article n'est applicable ni aux condamnés en matière politique, ni aux condamnés pour coups et blessures, si l'interdiction du droit de vote, d'élection ou d'éligibilité, n'a pas été, dans le cas où la loi l'autorise, prononcée par l'arrêt de condamnation.

Art. 80. Sera déchu de la qualité de représentant du peuple tout membre de l'Assemblée nationale qui, pendant la durée de son mandat législatif, aura été frappé d'une condamnation emportant, aux termes de l'article précédent, l'incapacité d'être élu. La déchéance sera prononcée par l'Assemblée nationale, sur le vu des pièces justificatives.

Art. 81. Ne peuvent être élus représentants du peuple,

1° Les individus chargés d'une fourniture pour le gouvernement ou d'une entreprise de travaux publics ;

2° Les directeurs et administrateurs de chemins de fer.

Tout représentant du peuple qui, pendant le cours de son mandat, aura entrepris une fourniture pour le gouvernement, ou accepté une place soit de directeur, soit d'administrateur de chemin de fer, ou qui aura pris un intérêt dans une entreprise soumise au vote de l'Assemblée nationale, sera réputé démissionnaire, et déclaré tel par l'Assemblée nationale.

Tout marché passé par le gouvernement avec un membre de la législature, dans les six mois qui la suivent, est nul.

Les dispositions précédentes ne s'appliquent pas, pour l'élection de la prochaine législature, aux individus ayant passé des marchés avec le gouvernement antérieurement à la promulgation de la présente loi.

Art. 82. Ne peuvent être élus par les départements compris en tout ou en partie dans leur ressort :

Les premiers présidents, les présidents et les membres des parquets des cours d'appel ;

Les présidents, les vice-présidents, les juges d'instruction et les membres des parquets des tribunaux de première instance ;

Le commandant supérieur des gardes nationales de la Seine ;

Le préfet de police, les préfets, sous-préfets, secrétaires généraux et conseillers de préfecture ;

Les ingénieurs en chef et d'arrondissement ;

Les recteurs et inspecteurs d'Académie ;

Les inspecteurs des écoles primaires ;

Les archevêques, évêques et vicaires généraux ;

Les officiers généraux commandant les divisions et les subdivisions militaires ;

Les intendants divisionnaires et les sous-intendants militaires ;

Les préfets maritimes ;

Les receveurs généraux et les receveurs particuliers des finances ;

Les directeurs des contributions directes et indirectes, des domaines et de l'enregistrement, et des douanes ;

Les conservateurs et inspecteurs des forêts.

Cette prohibition s'applique, pour les colonies, aux gouverneurs et à tous les citoyens y remplissant une fonction correspondant à l'une de celles énumérées au présent article.

Art. 83. La prohibition continuera de subsister pendant les six mois qui suivront la cessation de la fonction par démission, destitution, changement de résidence, ou de toute autre manière.

Toutefois cette disposition ne s'appliquera pas aux fonctionnaires dont les fonctions auront cessé, soit avant la promulgation de la présente loi, soit dans les dix jours qui la suivront.

Art. 84. Tout fonctionnaire rétribué élu représentant du peuple, et non compris dans les exceptions admises par les articles 85 et 86 de la présente loi, sera réputé démissionnaire de ses fonctions, par le seul fait de son admission comme membre de l'Assemblée législative, s'il n'a pas opté, avant la vérification de ses pouvoirs, entre sa fonction et le mandat législatif.

Art. 85. Sont, en vertu de l'article 28 de la Constitution, exceptés de l'incompatibilité prononcée par cet article entre toute fonction publique rétribuée et le mandat de représentant du peuple :

Les ministres ;

Le commandant supérieur des gardes nationales de la Seine ;

Le procureur général à la cour de cassation ;

Le procureur général à la cour d'appel de Paris ;

Le préfet de la Seine ;

Les citoyens chargés temporairement d'un commandement extraordinaire ou d'une mission extraordinaire, soit à l'intérieur, soit à l'extérieur.

Toute mission qui aura duré six mois cessera d'être réputée temporaire.

Art. 86. Sont également exceptés :

Les professeurs dont les chaires sont données au concours ou sur présentation faite par leurs collègues, quand ils exercent leurs fonctions dans le lieu où siége l'Assemblée nationale ;

Les fonctionnaires appartenant à un corps ou à une administration dans lesquels la distinction entre l'emploi et le grade est établie par une loi.

Art. 87. Les fonctionnaires désignés dans le dernier paragraphe de l'article précédent seront, par le seul fait de leur admission à l'Assemblée législative, réputés avoir renoncé à leur situation d'activité.

En conséquence, à dater du jour de leur admission, et pendant la durée de leur mandat, les officiers de tous grades et de toutes armes, nommés représentants du peuple, seront considérés comme étant en mission hors cadre; les sous-officiers et soldats comme étant en congé temporaire.

Les ingénieurs des ponts et chaussées et des mines seront réputés démissionnaires de leur emploi, et ne conserveront, pour être remis en activité, quand l'incompatibilité aura cessé, que l'aptitude constatée par leur grade au moment de leur admission dans l'Assemblée législative.

Art. 88. Les fonctions publiques rétribuées, commandements ou missions auxquels, par exception à l'article 28 de la Constitution, les membres de l'Assemblée nationale peuvent être appelés pendant la durée de la législature, par le choix du pouvoir exécutif, sont ceux énumérés en l'article 85.

Art. 89. La prohibition exprimée par le deuxième paragraphe de l'article 28 de la Constitution comprend toute la durée de la législature, et six mois au delà.

TITRE V. — *Dispositions générales.*

Art. 90. Chaque département élit au scrutin de liste le nombre de représentants qui lui est attribué par le tableau annexé à la présente loi. Ce tableau sera revisé dans les trois premiers mois de l'année 1852, et ensuite tous les cinq ans.

Art. 91. Le représentant élu dans plusieurs départements doit faire connaître son option au président de l'Assemblée nationale, dans les dix jours qui suivent la déclaration de la validité de ces élections. A défaut d'option dans ce délai, la question est décidée par la voie du sort et en séance publique.

Art. 92. En cas de vacance par option, décès, démission ou autrement, le collége électoral qui doit pourvoir à la vacance est réuni dans le délai de quarante jours.

Art. 93. Ce délai est de deux mois pour la Corse et l'Algérie;

De trois mois pour les Antilles et la Guyane;

De quatre mois pour le Sénégal;

De cinq mois pour l'île de la Réunion.

Art. 94. L'intervalle entre la promulgation de l'arrêté de convocation du collége et l'ouverture du collége est de vingt jours au moins.

Art. 95. L'Assemblée nationale a seule le droit de recevoir la démission d'un de ses membres.

Art. 96. L'indemnité prescrite par l'art. 38 de la Constitution est fixée à 9,000 francs par an. Elle est incompatible avec tous traitements d'activité, de non-activité ou de disponibilité. Ces traitements restent suspendus pendant la durée de la législature; toutefois les représentants du peuple, investis des fonctions énumérées dans l'art. 85, touchent le traitement afférent à leur fonction, sans pouvoir cumuler avec ce traitement l'indemnité législative.

Les représentants envoyés des colonies reçoivent, en outre, l'indemnité de passage pour l'aller et le retour.

Art. 97. A partir de la réunion de la prochaine Assemblée législative, les dispositions de l'art. 5 du décret du 10 juillet 1848 cesseront d'avoir leur effet.

L'indemnité fixée pour les représentants pourra être saisie, même en totalité.

TITRE VI. *Dispositions pénales.*

Art. 98. Toute personne qui se sera fait inscrire sur la liste électorale sous de faux noms ou de fausses qualités, ou aura, en se faisant inscrire, dissimulé une incapacité prévue par la loi, ou aura réclamé ou obtenu son inscription sur deux ou plusieurs listes, sera punie d'un emprisonnement d'un mois à un an, et d'une amende de 100 fr. à 1,000 fr.

Art. 99. Celui qui, déchu du droit de voter, soit par suite d'une condamnation judiciaire, soit par suite d'une faillite non suivie de concordat, d'excuse déclarée par jugement, ou de réhabilitation, aura voté, soit en vertu d'une inscription sur les listes antérieures à sa déchéance, soit en vertu d'une inscription postérieure, mais opérée sans sa participation, sera puni d'un emprisonnement de quinze jours à trois mois et d'une amende de 50 fr. à 500 fr.

Art. 100. Quiconque aura voté dans une assemblée électorale, soit en vertu d'une inscription obtenue dans les deux premiers cas prévus par l'article 98, soit en prenant faussement les noms et qualités d'un électeur inscrit, sera puni d'un emprisonnement de six mois à deux ans, et d'une amende de 200 fr. à 2,000 fr.

Art. 101. Sera puni de la même peine tout citoyen qui aura profité d'une inscription multiple pour voter plus d'une fois.

Art. 102. Quiconque, étant chargé dans un scrutin de recevoir, compter ou dépouiller les bulletins contenant les suffrages des citoyens, aura soustrait, ajouté ou altéré des bulletins, ou lu des noms autres que ceux inscrits, sera puni d'un emprisonnement d'un an à cinq ans, et d'une amende de 500 fr. à 5,000 fr.

Art. 103. La même peine sera appliquée à tout individu qui, chargé par un électeur d'écrire son suffrage, aura inscrit sur le bulletin des noms autres que ceux qui lui étaient désignés.

Art. 104. L'entrée dans l'assemblée électorale avec armes apparentes sera punie d'une amende de 16 fr. à 100 fr.

La peine sera d'un emprisonnement de quinze jours à trois mois, et d'une amende de 50 fr. à 300 fr., si les armes étaient cachées.

Art. 105. Quiconque aura donné, promis ou reçu des deniers, effets ou valeurs quelconques sous la condition, soit de donner ou de procurer un suffrage, soit de s'abstenir de voter, sera puni d'un emprisonnement de trois mois à deux ans, et d'une amende de 500 fr. à 5,000 fr.

Seront punis des mêmes peines ceux qui, sous les mêmes conditions, auront fait ou accepté l'offre ou la promesse d'emplois publics ou privés, ou de tout autre avantage, soit individuel, soit collectif.

Si le coupable est fonctionnaire public, la peine sera du double.

Art. 106. Ceux qui, soit par voies de fait, violences ou menaces contre un électeur, soit en lui faisant craindre de perdre son emploi ou d'exposer à un dommage sa personne, sa famille ou sa fortune, l'auront déterminé ou auront tenté de le déterminer à s'abstenir de voter, ou auront, soit influencé, soit tenté d'influencer son vote, seront punis d'un emprisonnement d'un mois à un an, et d'une amende de 100 fr. à 2,000 fr.

Si le coupable est fonctionnaire public, la peine sera du double.

Art. 107. Ceux qui, à l'aide de fausses nouvelles, bruits calomnieux ou autres manœuvres frauduleuses, auront surpris ou détourné, tenté de surprendre ou de détourner des suffrages, déterminé ou tenté de déterminer un ou plusieurs électeurs à s'abstenir de voter, seront punis d'un emprisonnement d'un mois à un an, et d'une amende de 100 fr. à 2,000 fr.

Art. 108. Lorsque, par attroupements, clameurs ou démonstrations menaçantes, on aura troublé les opérations d'un collège électoral, porté ou tenté de porter atteinte à l'exercice du droit électoral ou à la liberté du vote, les coupables seront punis d'un emprisonnement de trois mois à deux ans, et d'une amende de 100 fr. à 2,000 fr.

Art. 109. Toute irruption dans un collège électoral, consommée ou tentée avec violence, en vue d'interdire ou d'empêcher un choix, sera punie d'un emprisonnement d'un an à cinq ans, et d'une amende de 1,000 fr. à 5,000 fr.

Art. 110. Si les coupables étaient porteurs d'armes, ou si le scrutin a été violé, la peine sera la reclusion.

Art. 111. Elle sera des travaux forcés à temps, si le crime a été commis par suite d'un plan concerté pour être exécuté, soit dans toute la République, soit dans un ou plusieurs départements, soit dans un ou plusieurs arrondissements.

Art. 112. Les membres d'un collège électoral qui, pendant la réunion, se seront rendus coupables d'outrages ou de violences soit envers le bureau, soit envers l'un de ses membres, ou qui, par voies de fait ou menaces, auront retardé ou empêché les opérations électorales, seront punis d'un emprisonnement d'un mois à un an, et d'une amende de 100 fr. à 2,000 fr.

Si le scrutin a été violé, l'emprisonnement sera d'un an à cinq ans, et l'amende de 1,000 à 5,000 fr.

Art. 113. L'enlèvement de l'urne contenant les suffrages émis et non encore dépouillés sera puni d'un emprisonnement d'un an à cinq ans, et d'une amende de 1,000 fr. à 5,000 fr.

Si cet enlèvement a été effectué en réunion et avec violence, la peine sera la reclusion.

Art. 114. La violation du scrutin faite, soit par les membres du bureau, soit par les agents de l'autorité préposés à la garde des bulletins non encore dépouillés, sera punie de la reclusion.

Art. 115. Sera puni d'une amende de 25 fr. à 300 fr. tout président de collège ou de section qui aura fermé le scrutin avant l'heure fixée par l'article 51 de la présente loi.

Dans ce cas, les art. 116 et 117, § 1er, ne seront pas appliqués.

Art. 116. Les condamnations encourues en vertu des articles précédents emporteront l'interdiction du droit d'élire et d'être élu.

Cette interdiction sera prononcée par le même arrêt pour un an au moins et cinq ans au plus.

Art. 117. Les crimes et délits prévus par la présente loi seront jugés par la cour d'assises.

L'art. 463 du Code pénal leur est applicable.

Lorsque, en matière de délits, le jury aura reconnu l'existence des circonstances atténuantes, la peine prononcée par la cour ne s'élèvera jamais au-dessus du minimum déterminé par la présente loi.

Dans le même cas, la cour pourra ne pas prononcer l'interdiction du droit d'élire ou d'être élu.

Art. 118. En cas de conviction de plusieurs crimes ou délits prévus par la présente loi, et commis antérieurement au premier acte de poursuite, la peine la plus forte sera seule appliquée.

Art. 119. Si le crime ou délit est imputé à un agent du gouvernement, la poursuite aura lieu sans qu'il soit besoin d'une autorisation préalable.

Art. 120. Si le fonctionnaire inculpé est renvoyé de la plainte, la partie civile pourra, selon les circonstances, être condamnée à une amende de 100 fr. à 5,000 fr. et aux dommages et intérêts.

Le jury statuera sur le point de savoir s'il y a lieu à amende : il prononcera de plus, mais à la simple majorité, sur le chiffre des dommages-intérêts, dans tous les cas il en aura été demandé, soit par la partie civile, soit par l'accusé.

Art. 121. L'action publique et l'action civile seront prescrites après trois mois, à partir du jour de la proclamation du résultat de l'élection.

Art. 122. La condamnation, s'il en est prononcé, ne pourra, en aucun cas, avoir pour effet d'annuler l'élection déclarée valide par les pouvoirs compétents, ou devenue définitive par l'absence de toute protestation régulière formée dans les délais voulus par les lois spéciales.

Art. 123. Les électeurs du collège qui aura procédé à l'élection à l'occasion de laquelle les crimes ou délits auront été commis auront seuls qualité pour porter plainte ; toutefois leur défaut d'action ne portera aucun préjudice à l'action publique.

Art. 124. Les lois antérieures sont abrogées en ce qu'elles ont de contraire aux dispositions de la présente loi.

LOI

QUI MODIFIE L'ART. 9 DU CODE CIVIL (22 MARS 1849).

Art. 1er. L'individu né en France d'un étranger sera admis, même après l'année qui suivra l'époque de sa majorité, à faire la déclaration prescrite par l'article 9 du Code civil, s'il se trouve dans l'une des deux conditions suivantes :

1° S'il sert ou a servi dans les armées françaises de terre ou de mer ;
2° S'il a satisfait à la loi du recrutement sans exciper de son extranéité.

RÈGLEMENT D'ADMINISTRATION PUBLIQUE

SUR LE CONCOURS POUR LA NOMINATION DES AUDITEURS AU CONSEIL D'ÉTAT (9 MAI 1849).

Le Président de la République,

Vu l'article 75, § 2, de la Constitution, portant que le conseil d'État fait seul les règlements d'administration publique à l'égard desquels l'Assemblée nationale lui a donné une délégation spéciale ;

Vu l'article 4 de la loi sur le conseil d'État, du 3 mars 1849, d'après lequel les lois portant expressément que le conseil d'État fera un règlement d'administration publique pour en assurer l'exécution seront seules considérées comme contenant la délégation spéciale énoncée en l'article 75, § 2, de la Constitution ;

Vu l'article 20 de la loi, portant expressément que le conseil d'État fera un règlement pour déterminer les formes et conditions de la nomination des auditeurs au concours ;

Vu le règlement délibéré par le conseil d'État, en exécution dudit article, et à nous transmis par le message du vice-président de la République, président du conseil d'État, en date du 3 mai 1849,

Arrête :

Est promulgué le règlement dont la teneur suit :

TITRE Ier. — *Annonce du concours et formation de la liste des candidats.*

Art. 1er. Pour la première nomination des auditeurs au conseil d'État, et pour les nominations ultérieures aux places qui deviendront vacantes, le président du conseil d'État indiquera, par un arrêté, le nombre des places à mettre au concours, et déterminera l'époque à laquelle le concours devra s'ouvrir.

2. L'arrêté du président du conseil d'État sera inséré au *Moniteur* et adressé immédiatement aux préfets des départements, ainsi qu'aux recteurs des académies.

Des affiches conformes seront apposées sans retard, à la diligence des préfets, partout où ils le jugeront nécessaire; elles contiendront, en outre, le texte des articles 4, 5, 6, 7 et 11 du présent règlement.

3. Le délai entre l'insertion de l'arrêté au *Moniteur* et le jour fixé pour l'ouverture du concours sera de deux mois.

Dans le cas où des places deviendraient vacantes pendant cet intervalle, elles pourront être ajoutées, par un nouvel arrêté pris avant l'ouverture du concours, au nombre de celles précédemment indiquées.

4. Les aspirants se feront inscrire au secrétariat du conseil d'État dans les vingt jours à partir de l'insertion de l'arrêté au *Moniteur*; ils déposeront au secrétariat leur acte de naissance, ainsi que les pièces justificatives des conditions énoncées dans l'article suivant.

Les aspirants auront aussi la faculté de se faire inscrire et de produire les pièces au secrétariat de la préfecture de leur résidence, dans le même délai. La liste des inscriptions et les pièces seront transmises, dans les dix jours, par les préfets, au secrétariat du conseil d'État.

5. Nul ne pourra se faire inscrire en vue du concours : 1o s'il n'est Français jouissant de ses droits; 2o si, au jour fixé pour l'ouverture du concours, il doit avoir moins de vingt et un ans ou plus de vingt-cinq ans; 3o s'il ne produit soit un diplôme de licencié en droit, ès sciences ou ès lettres, obtenu dans une des facultés de la République, soit un diplôme de l'école des chartes, soit un certificat attestant qu'il a satisfait aux examens de sortie de l'école polytechnique, de l'école nationale des mines, de l'école forestière, ou de l'école d'administration, soit un brevet d'officier dans les armées de terre et de mer.

6. La liste des inscriptions sera close par le secrétaire général du conseil d'État, cinq jours après l'expiration du délai fixé par l'article 4 pour l'envoi des pièces.

7. La liste des candidats qui seront admis à concourir sera dressée et arrêtée définitivement par le président du conseil d'État, assisté des présidents de sections.

Cinq jours au moins avant l'ouverture du concours, elle sera déposée au secrétariat du conseil d'État, où toute personne pourra en prendre communication.

Titre II. — *Organisation du jury.*

8. Le jury de concours se composera d'un conseiller d'Etat faisant les fonctions de président, de quatre autres conseillers et de deux maîtres des requêtes, choisis par le président du conseil d'Etat.

Le président du jury aura la direction et la police du concours ; il aura voix prépondérante en cas de partage, sauf le cas prévu par l'article 28.

9. Le nombre des juges présents jusqu'à la fin des épreuves ne pourra être moindre de cinq.

10. Il sera dressé procès-verbal de chaque séance, et le procès-verbal sera signé par chacun des juges.

Titre III. — *Matière des épreuves.*

11. Les épreuves du concours porteront :

1o Sur les principes du droit politique et constitutionnel français ;

2o Sur l'organisation administrative et judiciaire de la France, et sur l'histoire de ses institutions administratives depuis 1789 ;

3o Sur le droit administratif ;

4o Sur les éléments de l'économie politique et de la statistique de la France.

Titre IV. — *Nature et mode des épreuves.*

12. Il y aura une épreuve préparatoire et des épreuves définitives.

13. L'épreuve préparatoire consistera en une composition par écrit sur un sujet relatif à la législation administrative.

14. Le sujet de composition, commun à tous les candidats, sera tiré au sort entre trois sujets qui auront été choisis, séance tenante, par le jury, et mis sous enveloppe cachetée. Le tirage au sort sera fait par le président en présence des candidats.

15. Tous les candidats seront immédiatement renfermés de manière à n'avoir aucune communication avec le dehors.

La surveillance sera confiée à l'un des juges désignés par le président du jury. Les candidats ne pourront s'entr'aider dans leur travail, ni se procurer d'autres secours que les lois françaises.

Le temps accordé pour la composition sera de six heures.

16. Les compositions seront faites sur un papier délivré aux candidats, et en tête duquel ils inscriront leurs nom et prénoms.

Lors du dépôt de la composition sur le bureau, le juge surveillant placera en tête un numéro d'ordre qui sera répété sur le manuscrit.

Les têtes des compositions seront détachées à l'instant et réunies sous une enveloppe cachetée, laquelle ne sera ouverte qu'après l'examen et le jugement.

17. La liste des candidats admis aux épreuves définitives sera dressée par ordre alphabétique ; elle sera déposée au secrétariat général du conseil d'Etat, où les concurrents pourront en prendre communication.

18. Les épreuves définitives consisteront en une épreuve par écrit et une épreuve orale.

19. Pour l'épreuve par écrit, les concurrents feront une composition sur un sujet tiré au sort par le président du concours, ainsi qu'il a été dit en l'article 14. Ce sujet, commun à tous les candidats, pourra porter sur les diverses matières énoncées en l'article 11 du présent règlement.

20. Les candidats devront déposer au secrétariat leur composition imprimée le cinquième jour après la remise du sujet.

Le dépôt sera de deux exemplaires pour chaque membre du jury, d'un exemplaire pour chaque concurrent, et de dix exemplaires destinés au conseil d'État.

21. Après la distribution des compositions imprimées, il sera procédé en séance publique à l'épreuve orale.

22. L'épreuve orale durera une demi-heure.

Elle consistera : 1° en une exposition de principes faite par chaque candidat sur une matière tirée au sort ; 2° en un examen.

L'exposition ne durera pas plus d'un quart d'heure.

L'examen portera soit sur le sujet de l'exposition faite par le candidat, soit sur sa composition imprimée, ou sur toute autre matière indiquée en l'article 11 ci-dessus.

Le sujet de l'exposition, contenu en une enveloppe cachetée, sur laquelle le président et le candidat apposeront leur signature, sera remis à celui-ci une heure avant le commencement de son épreuve.

Des interrogations seront faites par les membres du jury, sans argumentation entre les concurrents.

23. Dans l'épreuve orale, l'ordre à suivre entre les candidats sera indiqué par un tirage au sort.

TITRE V. — *Jugement.*

24. Lorsque les épreuves seront terminées, le président prononcera la clôture du concours, et le jury procédera immédiatement, et en séance secrète, à la délibération.

25. Si, d'après le résultat du concours, le jury estime qu'il n'y a pas lieu à nomination, il en sera fait déclaration en séance publique.

26. Dans le cas contraire, il sera décidé d'abord à quel nombre de places il y aura lieu de nommer, sans que ce nombre, pour cette première opération, puisse excéder la moitié des places mises au concours.

27. Après les premières nominations, le jury décidera s'il y a lieu de pourvoir à la totalité ou à une partie des places restant à donner.

28. Les nominations auront lieu par scrutin de liste et à la majorité absolue.

Dans ce scrutin, la voix du président ne sera pas prépondérante.

29. Lorsque deux scrutins n'auront donné la majorité absolue à aucun candidat, une épreuve nouvelle aura lieu entre ceux des candidats qui auront obtenu le plus de voix.

Les candidats appelés à cette nouvelle épreuve seront en nombre double des places restant à donner.

En cas d'égalité de suffrages, le plus âgé sera préféré.

30. Le jugement sera rendu sans désemparer, et le résultat du concours proclamé en séance publique. Extrait du procès-verbal, signé par le président et tous les juges, sera transmis immédiatement au président de la République.

TITRE VI. — *Dispositions transitoires.*

31. Les auditeurs en exercice au moment de la promulgation de la loi du 3 mars 1849 n'auront à produire d'autres pièces justificatives que leur acte de naissance.

Ils pourront se présenter tant qu'ils n'auront pas trente ans accomplis au jour de l'ouverture des concours.

Ils ne seront pas soumis à l'épreuve préparatoire mentionnée dans l'article 13.

32. Pour le prochain concours, il n'y aura qu'un mois d'intervalle entre l'insertion au *Moniteur* de l'arrêté prescrit par l'article 1er et le jour fixé pour l'ouverture de ce concours.

En conséquence, les délais mentionnés dans l'article 4 du présent règlement seront abrégés de moitié, et il en sera fait mention dans les affiches.

RÈGLEMENT INTÉRIEUR DU CONSEIL D'ÉTAT.

(26 MAI 1849.)

TITRE Ier. — *De l'organisation intérieure du Conseil d'État.*

§ 1er. — De la composition des sections et comités.

Art. 1er. La section de législation est composée de seize conseillers d'État, un maître des requêtes et neuf auditeurs.

2. La section d'administration est composée de quinze conseillers d'État, douze maîtres des requêtes et quinze auditeurs.

Elle se divise en trois comités :

1o Comité de l'intérieur, de la justice, de l'instruction publique et des cultes ;

2o Comité des finances, de la guerre et de la marine ;

3o Comité des travaux publics, de l'agriculture et du commerce, et des affaires étrangères.

Chacun de ces comités est composé de cinq conseillers d'État.

Le comité de l'intérieur est composé, en outre, de cinq maîtres des requêtes et de cinq auditeurs ; le comité des finances, de quatre maîtres des requêtes et de cinq auditeurs ; et le comité des travaux publics, de trois maîtres des requêtes et de cinq auditeurs.

3. La section du contentieux est composée, conformément à l'art. 36 de la loi organique, de neuf conseillers d'État, et, en outre, de huit maîtres des requêtes.

§ 2. — De la répartition des conseillers d'État, maîtres des requêtes et auditeurs.

4. La répartition des conseillers d'État entre les sections est faite en assemblée générale, par la voie du scrutin, à la majorité absolue. Cette répartition a lieu après chacun des renouvellements faits en vertu de l'article 72 de la Constitution.

En cas de nomination par suite de démission ou de décès, ou par toute autre cause, le conseiller d'État nommé par l'assemblée entre dans la section à laquelle appartenait celui qu'il remplace.

Les conseillers d'une section peuvent, avec l'agrément du conseiller d'État, permuter avec les conseillers d'une autre section.

5. La répartition des conseillers d'État entre les commissions permanentes dans la section de législation, et entre les comités, dans la section d'administration est faite par la voie du scrutin, à la majorité absolue.

Les conseillers d'État d'une commission ou d'un comité peuvent, avec l'agrément de la section, permuter avec les conseillers d'État d'une autre commission ou d'un autre comité.

La répartition des conseillers d'État entre les commissions temporaires de la section de législation est faite par le président de la section.

6. La répartition des maîtres des requêtes et des auditeurs entre les sections est faite par le président du Conseil d'État et les présidents de section.

Entre les commissions et comités, cette répartition est faite par le président de la section.

7. Les présidents des commissions de la section de législation et des comités de la section d'administration sont élus au scrutin et à la majorité absolue par les conseillers d'État de la commission ou du comité.

Le président de la section d'administration préside le comité auquel il lu convient de s'attacher ; il préside les autres comités toutes les fois qu'il le juge convenable.

Le président de la section de législation peut également présider les diverses commissions de cette section.

§ 3. — Du roulement.

8. Il est fait, au moins tous les trois ans, après le renouvellement des conseillers d'Etat par l'Assemblée nationale, un roulement des maîtres des requêtes et auditeurs, entre les diverses sections, par le président du Conseil d'Etat et les présidents de section.

TITRE II. — *De l'attribution des affaires à l'assemblée générale, aux sections, aux commissions et aux comités.*

9. Sont portés à l'assemblée générale du Conseil d'Etat, indépendamment des projets de loi et de règlement d'administration publique, dont l'examen lui est attribué par la loi organique, les projets de décret qui ont pour objet :

1o L'enregistrement des bulles et autres actes du saint-siége ;

2o Les recours pour abus ;

3o Les autorisations de congrégations religieuses et d'établissements dépendant de ces congrégations ;

4o L'autorisation des poursuites intentées contre des commissaires de police, des maires, sous-préfets, préfets et tous agents du gouvernement autres que ceux qui sont énumérés dans le no 2 de l'art. 12 ;

5o Les prises maritimes ;

6o La création de tribunaux de commerce et de conseils de prud'hommes, la création ou la prorogation de chambres temporaires dans les cours et tribunaux ;

7o La concession de portions du domaine de l'Etat et les concessions de mines, soit en France, soit en Algérie ;

8o L'autorisation ou la création d'établissements d'utilité publique fondés par l'Etat, les départements, les communes ou les particuliers ;

9o L'autorisation à ces établissements, à ceux qui sont énoncés au no 3 du présent article, et aux communes et départements, d'accepter des dons et legs dont la valeur excéderait cinquante mille francs ;

10o Les autorisations de sociétés anonymes, tontines, comptoirs d'escompte et autres établissements de même nature ;

11o L'exécution des routes départementales, des canaux et chemins de fer d'embranchement, des ponts et de tous autres travaux qui peuvent être autorisés par des décrets du pouvoir exécutif ;

12o Les concessions de desséchement ;

13º Le classement des établissements dangereux, incommodes ou insalubres, et la suppression de ces établissements dans les cas prévus par le décret du 15 octobre 1810;

14º Les tarifs des droits d'inhumation dans les communes de plus de cinquante mille âmes.

10. Sont aussi soumis à la délibération de l'assemblée générale du Conseil d'Etat :

1º Les projets d'avis sur les grâces et commutations de peine, lorsque la peine prononcée est la peine de mort ou celle de la déportation ou des travaux forcés à perpétuité, et lorsqu'il s'agit de crimes ou délits politiques, quelle que soit la peine prononcée;

2º Les projets d'avis relatifs à la dissolution d'un conseil général, d'un conseil cantonal, ou à la dissolution d'un conseil municipal, dans les communes chefs-lieux de département ou d'arrondissement, et dans toutes autres communes dont la population excède trois mille habitants;

3º Les projets d'avis relatifs soit à la dissolution des conseils municipaux des autres communes, soit à la révocation des maires élus par les conseils municipaux, lorsque la section de législation est d'un avis contraire à la dissolution ou à la révocation.

11. Sont également soumis à la délibération de l'assemblée générale du Conseil d'Etat tous les projets qui, d'après les articles suivants, ne devraient être délibérés que par une section ou un comité, lorsque les présidents de section les renvoient à son examen, ou que les ministres demandent qu'elle soit appelée à en délibérer.

12. Sont délibérés par la section de législation, sans être soumis à l'examen de l'assemblée générale, les projets d'avis concernant : 1º la dissolution des conseils municipaux et la révocation des maires, dans les cas autres que ceux où l'art. 10 soumet ces avis à la délibération de l'assemblée générale; 2º les demandes en autorisation de poursuites contre les agents de l'administration forestière, de l'administration des douanes et des autres régies financières.

13. Sont également délibérés par la section de législation les projets d'avis sur les grâces et commutations, lorsque la peine prononcée est afflictive et infamante, ou simplement infamante, ou qu'elle s'élève au-dessus d'un an de prison.

14. Sont délibérés par une commission de cinq membres, formée dans le sein de la section de législation, et ne sont soumis ni à l'assemblée générale ni à la section, les projets d'avis sur les grâces et commutations, dans les cas autres que ceux qui sont compris au nº 1 de l'article 10 et dans l'article 13.

15. Sont soumis à la délibération de la section d'administration, et ne sont point délibérés par l'assemblée générale, les projets de décret non compris dans l'art. 9, et qui, d'après les règlements antérieurs, étaient délibérés par

l'assemblée générale du Conseil d'Etat, et tous les projets qui lui seraient renvoyés par les présidents des comités.

16. Sont soumis à la délibération des comités de la section d'administration, et ne sont point portés à l'assemblée générale, ni à la section, tous les projets qui n'étaient précédemment soumis qu'à la délibération des comités de l'ancien Conseil d'État.

Les projets de décrets relatifs à l'établissement de droits de petite voirie ne seront également délibérés que par le comité de l'intérieur.

17. Toutes les liquidations de pension sont revisées exclusivement par le comité des finances. Il fait à l'assemblée générale le rapport des projets de règlement relatifs aux caisses de retraite des administrations publiques.

Le rapport des projets relatifs aux caisses de retraite départementales et communales continuera à être fait par le comité de l'intérieur.

18. La section de législation renvoie aux comités de la section d'administration, qui en font le rapport à l'assemblée générale, les projets de loi et de règlements relatifs à des intérêts locaux ou aux affaires spéciales qui rentrent dans les attributions de ces comités.

19. Les affaires dont le Conseil d'Etat continue à connaître en vertu de l'article 9 de la loi organique, et qui étaient soumises au comité de législation de l'ancien conseil, sont déférées à l'examen du comité de la section d'administration correspondant au département ministériel où elles ont été instruites.

Les autorisations de plaider demandées par les communes, les départements et les établissements publics, sont déférées au comité de l'intérieur.

Les mises en jugement sont délibérées par la section de législation.

Toutes ces affaires continuent à être instruites conformément aux règlements antérieurs; elles sont soumises soit à la section, soit à l'assemblée générale, selon les règles établies par les articles précédents.

20. Les affaires de la commission instituée par l'art. 14 et des comités de la section d'administration, qui doivent être délibérées par l'assemblée générale du Conseil d'Etat, y sont portées directement par la commission ou le comité, sans être soumises à l'examen de la section.

TITRE III. — *De l'ordre intérieur des travaux.*

§ 1er. — Assemblées générales.

21. Les jours et heures des assemblées générales sont fixés par le Conseil d'Etat, sur la proposition du président.

22. Il est dressé par le secrétaire général, pour chaque séance, un rôle des affaires qui doivent être portées à l'assemblée générale. Ce rôle mentionne le nom du rapporteur et contient la notice de chaque affaire.

La portion de ce rôle comprenant les affaires de grand ordre est imprimée et adressée aux conseillers d'Etat, maîtres des requêtes et auditeurs, deux jours au moins avant la séance; les projets de loi et de règlement d'administration publique portés au rôle sont distribués en même temps lorsqu'ils ne l'ont pas été précédemment.

Un règlement intérieur, arrêté par le président du Conseil d'Etat et les présidents de section, détermine les affaires qui font partie du grand ordre.

23. Le procès-verbal contient les noms des conseillers d'Etat présents.

Les conseillers d'Etat qui sont empêchés de se rendre à la séance doivent en prévenir d'avance le président du Conseil d'Etat.

Il en est de même des maîtres des requêtes qui sont chargés de rapports portés à l'ordre du jour.

En cas d'urgence, les rapporteurs empêchés doivent, de l'agrément du président du comité, remettre l'affaire à un de leurs collègues.

24. Le président informe l'assemblée des communications qui ont été adressées au Conseil d'Etat, et spécialement des projets de loi ou de règlement d'intérêt général qui lui ont été renvoyés par l'Assemblée nationale ou par le gouvernement. Si ces projets sont rédigés, ils sont immédiatement imprimés et distribués à tous les conseillers d'Etat, maîtres des requêtes et auditeurs; s'ils ne sont pas rédigés, il est fait mention de leur objet dans le premier ordre du jour qui suit la communication du président.

25. Le président a la police de l'assemblée; il dirige les débats, résume la discussion, pose les questions à résoudre.

Nul ne peut prendre la parole sans l'avoir obtenue.

26. Les votes ont lieu par assis et levé ou par appel nominal.

Toutes les élections ont lieu au scrutin secret.

27. Le président proclame le résultat des votes.

28. Les projets de loi autres que ceux d'intérêt local, et les projets de règlement d'administration publique que le Conseil d'État est chargé de faire, en vertu du paragraphe 1er de l'art. 4 de la loi organique, sont, sauf les cas d'urgence, soumis à deux délibérations successives.

La seconde délibération ne peut avoir lieu que trois jours après la première et deux jours après la distribution du projet adopté.

Les cas d'urgence, autres que ceux qui sont établis par l'art. 33 de la lo organique, sont déclarés par le Conseil d'État.

29. Les projets de règlement d'administration publique pour lesquels le Conseil d'État a reçu une délégation spéciale de l'Assemblée nationale sont, après leur adoption, transmis au président de la République pour la promulgation.

Si, dans le délai d'un mois, fixé par l'article 57 de la Constitution pour la promulgation des lois, le président de la République, par un message motivé, demande une nouvelle délibération, le Conseil d'État y procède immédiatement; le résultat de la nouvelle délibération est transmis au pré sident de la République, qui promulguera ou en référera à l'Assemblée nationale.

30. Les sections de législation et d'administration ne peuvent valablement délibérer si les deux tiers au moins de leurs membres ne sont présents.

31. Les affaires sont distribuées par le président de la section entre les rapporteurs. Celles qui rentrent dans les attributions d'une commission ou d'un comité sont distribuées par le président de la commission ou du comité, lorsque le président de la section n'a pas désigné lui-même le rapporteur.

32. Les art. 25, 26, premier alinéa, et 27 sont applicables aux séances des sections.

33. L'instruction des affaires relatives à l'examen des actes des fonctionnaires publics est faite par la section de législation.

34. La section entend le fonctionnaire, si elle le juge nécessaire.

Il est tenu procès-verbal des questions et des réponses.

35. Le fonctionnaire est entendu, s'il le demande.

Il a aussi la faculté de produire sa justification par écrit.

36. La section fait son rapport à l'assemblée générale du Conseil d'État.

Le rapport du Conseil d'État est transmis soit à l'Assemblée nationale, soit au président de la République, selon les cas.

37. Sur l'exposé du rapporteur, la communication aux parties adverses, s'il y a lieu, les demandes de pièces, les mises en cause et tous les autres actes d'instruction sont délibérés en chambre du conseil.

Les décisions relatives aux actes d'instruction sont signées par le président de la section.

38. Le rôle des séances publiques est préparé par le commissaire du gouvernement et arrêté par le président.

Ce rôle imprimé, et contenant sur chaque affaire une notice sommaire rédigée par le rapporteur, est distribué, quatre jours au moins avant la séance, à tous les conseillers d'État, maîtres des requêtes et auditeurs.

Il est également remis aux avocats dont les affaires doivent être appelées.

Les rapports sont faits par écrit.

39. Toutes les décisions rendues par le Conseil d'État, section du conten-

tieux, contiennent les noms et demeure des parties, leurs conclusions, le vu des pièces principales et des lois appliquées.

Elles portent en tête la mention suivante :

AU NOM DU PEUPLE FRANÇAIS,

LE CONSEIL D'ÉTAT, SECTION DU CONTENTIEUX.

40. L'expédition des décisions est délivrée par le secrétaire général ; elle porte la formule exécutoire suivante :

« La République mande et ordonne aux ministres de (*ajouter le départe-* » *ment ministériel désigné par la décision*), en ce qui les concerne, et à » tous huissiers à ce requis, en ce qui concerne les voies de droit commun » contre les parties privées, de pourvoir à l'exécution de la présente dé- » cision. »

§ 8. — Des pourvois du ministre de la justice contre les décisions de la section du contentieux.

41. Lorsqu'en vertu des pouvoirs qui lui sont conférés par l'art. 46 de la loi du 3 mars 1849, le ministre de la justice défère à l'assemblée générale du Conseil d'État une décision de la section du contentieux, le pourvoi est déposé au secrétariat général du Conseil d'État.

42. Dans les cinq jours de l'enregistrement du pourvoi, le président nomme, pour l'examen de l'affaire, une commission de cinq conseillers d'État pris en dehors de la section du contentieux.

43. Dans les quinze jours de la réception du pourvoi, un membre de la commission désigné par elle fait le rapport en assemblée générale.

L'affaire est portée au rôle imprimé.

44. La décision qui intervient est transmise au ministre de la justice.

Elle est transcrite, en cas d'annulation, en marge de la décision annulée.

TITRE IV. — *Dispositions générales.*

45. Les présidents de section et conseillers d'État siégent dans l'ordre du tableau.

Le tableau comprend : 1o les présidents de section, dans l'ordre fixé par l'article 26 de la loi organique ; 2o les conseillers d'État, d'après leur ordre de nomination, conformément à la liste officielle insérée au Bulletin des lois.

Lors des renouvellements prévus par l'art. 72 de la Constitution, les conseillers d'État réélus conservent leur rang parmi les anciens membres.

Les maîtres des requêtes et les auditeurs siégent dans l'ordre de leur nomination.

46. En cas d'absence ou d'empêchement, les présidents de la section de

législation et de la section du contentieux sont remplacés par le conseiller d'Etat de leur section , le premier dans l'ordre du tableau , et le président de la section d'administration par le président d'un comité dans l'ordre établi par l'art. 2.

47. Les conseillers d'Etat ne peuvent s'absenter sans un congé donné par le président du Conseil d'Etat , après avoir pris l'avis du président de la section et du président du comité ou de la commission dont ils font partie.

Les maîtres des requêtes et les auditeurs ne peuvent s'absenter sans un congé du président de leur section.

48. Dans les cas où, par suite de vacance, d'absence ou d'empêchement, les conseillers d'Etat de la section de législation ou de la section d'administration ne se trouvent pas en nombre pour délibérer, et toutes les fois que les nécessités du service l'exigent, le président du Conseil d'Etat , de concert avec les présidents de section , y pourvoit par l'appel de conseillers d'Etat pris dans les autres sections.

Il en est de même entre les commissions et entre les comités. L'appel des conseillers d'Etat est fait , parmi les membres de la section , par le président de la section , de concert avec les présidents des commissions ou comités.

49. Tout conseiller d'Etat, maître des requêtes ou auditeur qui s'absente sans congé, ou qui excède la durée du congé qu'il a obtenu, subit la retenue intégrale de la portion de son traitement afférente au temps pendant lequel a duré son absence non autorisée.

Si l'absence non autorisée dure plus d'un mois , le président du Conseil d'Etat en informe le président de la République.

50. Les auditeurs sont tenus d'assister à toutes les séances du conseil d'Etat et des sections et comités auxquels ils sont attachés. Ils ne peuvent être chargés du rapport des affaires qui sont déférées à l'assemblée générale par les articles 9 et 10.

51. Au procès-verbal des sections et des assemblées générales du Conseil d'Etat est annexée une analyse sommaire des discussions relatives aux projets de loi , aux règlements d'administration publique et aux affaires pour lesquelles , en raison de leur importance, le président jugerait que la discussion doit être recueillie.

Cette analyse est faite par un auditeur désigné à cet effet par le président , et assisté d'un rédacteur spécial agréé par le président.

Elle reproduit sommairement les discussions , sans mention des noms des membres qui y ont pris part.

Elle est soumise à la révision du président ou de l'un des conseillers d'Etat ou maîtres des requêtes présents à la séance et délégué par le président.

Le Conseil d'Etat peut rendre publics les rapports , l'analyse de ses discussions et les avis concernant : 1o les projets de loi d'initiative parlementaire ; 2o ceux du gouvernement après leur présentation à l'Assemblée nationale ; 3o les projets de règlement d'administration publique énoncés en l'article 28, après leur promulgation.

52. Les sections et le Conseil d'Etat peuvent ordonner l'impression et la distribution aux membres du conseil des rapports et documents annexés aux projets de loi et de règlement.

53. Tous les employés du Conseil d'Etat sont nommés par le président. Ceux qui font partie des bureaux du secrétariat général sont nommés sur la proposition du secrétaire général. Un règlement intérieur, préparé par ce fonctionnaire et arrêté par le président, détermine les conditions d'admission et d'avancement de ces employés.

54. La bibliothèque est placée sous la surveillance d'une commission de trois conseillers d'Etat, pris dans chacune des sections et élus par elles au scrutin. Cette commission règle tout ce qui concerne l'acquisition, le prêt et l'usage des livres.

LOI SUR L'ÉTAT DE SIÉGE.

(9 AOUT 1849.)

CHAPITRE Ier. — *Des cas où l'état de siége peut être déclaré.*

Art. 1er. L'état de siége ne peut être déclaré qu'en cas de péril imminent pour la sécurité intérieure ou extérieure.

CHAPITRE II. — *Des formes de la déclaration de l'état de siége.*

2. L'Assemblée nationale peut seule déclarer l'état de siége, sauf les exceptions ci-après :

La déclaration de l'état de siége désigne les communes, les arrondissements ou départements auxquels il s'applique et pourra être étendu.

3. Dans le cas de prorogation de l'Assemblée nationale, le président de la République peut déclarer l'état de siége, de l'avis du conseil des ministres.

Le président, lorsqu'il a déclaré l'état de siége, doit immédiatement en informer la commission instituée en vertu de l'article 32 de la Constitution, et, selon la gravité des circonstances, convoquer l'Assemblée nationale.

La prorogation de l'Assemblée cesse de plein droit lorsque Paris est déclaré en état de siége.

L'Assemblée nationale, dès qu'elle est réunie, maintient ou lève l'état de siége.

4. Dans les colonies françaises, la déclaration de l'état de siége est faite par le gouverneur de la colonie.

Il doit en rendre compte immédiatement au gouvernement.

5. Dans les places de guerre et postes militaires, soit de la frontière, soit

de l'intérieur, la déclaration de l'état de siége peut être faite par le commandant militaire, dans les cas prévus par la loi du 10 juillet 1791 et par le décret du 24 décembre 1811.

Le commandant en rend compte immédiatement au gouvernement.

6. Dans le cas des deux articles précédents, si le président de la République ne croit pas devoir lever l'état de siége, il en propose sans délai le maintien à l'Assemblée nationale.

CHAPITRE III. — *Des effets de l'état de siége.*

7. Aussitôt l'état de siége déclaré, les pouvoirs dont l'autorité civile était revêtue pour le maintien de l'ordre et de la police passent tout entiers à l'autorité militaire.

L'autorité civile continue néanmoins à exercer ceux de ces pouvoirs dont l'autorité militaire ne l'a pas dessaisie.

8. Les tribunaux militaires peuvent être saisis de la connaissance des crimes et délits contre la sûreté de la République, contre la Constitution, contre l'ordre et la paix publique, quelle que soit la qualité des auteurs principaux et des complices.

9. L'autorité militaire a le droit :

1° De faire des perquisitions de jour et de nuit dans le domicile des citoyens ;

2° D'éloigner les repris de justice et les individus qui n'ont pas leur domicile dans les lieux soumis à l'état de siége ;

3° D'ordonner la remise des armes et des munitions, et de procéder à leur recherche et à leur enlèvement ;

4° D'interdire les publications et les réunions qu'elle juge de nature à exciter ou à entretenir le désordre.

10. Dans les lieux énoncés en l'article 5, les effets de l'état de siége continuent, en outre, en cas de guerre étrangère, à être déterminés par les dispositions de la loi du 10 juillet 1791 et du décret du 24 décembre 1811.

11. Les citoyens continuent, nonobstant l'état de siége, à exercer tous ceux des droits garantis par la Constitution dont la jouissance n'est pas suspendue en vertu des articles précédents.

CHAPITRE IV. — *De la levée de l'état de siége.*

12. L'Assemblée nationale a seule le droit de lever l'état de siége, lorsqu'il a été déclaré ou maintenu par elle.

Néanmoins, en cas de prorogation, ce droit appartiendra au président de la République.

L'état de siége, déclaré conformément aux articles 3, 4 et 5, peut être levé par le président de la République, tant qu'il n'a pas été maintenu par l'Assemblée nationale.

L'état de siége, déclaré conformément à l'article 4, pourra être levé par les gouverneurs des colonies, aussitôt qu'ils croiront la tranquillité suffisamment rétablie.

13. Après la levée de l'état de siége, les tribunaux militaires continuent de connaître des crimes et délits dont la poursuite leur avait été déférée.

RÈGLEMENT

D'ADMINISTRATION PUBLIQUE DÉTERMINANT LES FORMES DE PROCÉDER DU TRIBUNAL DES CONFLITS (26-28 OCTOBRE 1849).

Vu les articles 89 et 90 de la Constitution du 4 novembre 1848 ;

Vu les articles 47 et 64 de la loi du 3 mars 1849, organique du conseil d'État ;

Vu les ordonnances des 1er juin 1828 et 12 mars 1831 ;

Vu l'arrêté du 30 décembre 1848, relatif aux conflits d'attributions entre les tribunaux et l'autorité administrative en Algérie, le conseil d'État a arrêté, et le président de la République promulgue le règlement dont la teneur suit :

CHAPITRE Ier. — *Dispositions générales.*

Art. 1er. Le tribunal des conflits se réunit sur la convocation du ministre de la justice, son président.

2. En cas d'empêchement, les membres du tribunal des conflits sont remplacés par des suppléants pris dans le conseil d'État ou la Cour de cassation, selon la qualité des membres empêchés. A cet effet, deux suppléants sont élus par chacun des deux corps.

3. Les fonctions du ministère public devant le tribunal des conflits sont remplies par deux commissaires du gouvernement, pris dans le ministère public du conseil d'Etat et de la Cour de cassation. Ils sont désignés, chaque année, par le président de la République.

4. Les avocats au conseil d'État et à la Cour de cassation peuvent être chargés, par les parties intéressées, de présenter devant le tribunal des conflits des mémoires et des observations.

5. Un secrétaire, nommé par le ministre de la justice, est attaché au tribunal des conflits.

6. Les rapporteurs sont désignés par le ministre de la justice, immédiatement après l'enregistrement des pièces au secrétariat du tribunal.

7. Les rapports sont faits par écrit ; ils sont déposés par les rapporteurs au secrétariat, pour être transmis à celui des commissaires du gouvernement que le ministre de la justice a désigné pour chaque affaire.

8. Le rapport est lu en séance publique ; immédiatement après le rapport, les avocats des parties peuvent présenter des observations orales. Le commissaire du gouvernement est ensuite entendu dans ses conclusions.

9. Les décisions du tribunal des conflits portent en tête la mention suivante :

AU NOM DU PEUPLE FRANÇAIS, LE TRIBUNAL DES CONFLITS.

Elles contiennent les noms et conclusions des parties, s'il y a lieu, le vu des pièces principales et des dispositions législatives dont elles font l'application. Elles sont motivées. Les noms des membres qui ont concouru à la décision y sont mentionnés. La minute est signée par le président, le rapporteur et le secrétaire. L'expédition des décisions est délivrée aux parties intéressées par le secrétaire du tribunal. Le ministre de la justice fait transmettre administrativement aux ministres expédition des décisions dont l'exécution rentre dans leurs attributions.

10. Les décisions du tribunal des conflits ne sont pas susceptibles d'opposition.

11. Sont applicables au tribunal des conflits les articles 88 et suivants du Code de procédure civile sur la police des audiences.

CHAPITRE II. — *Dispositions relatives aux conflits d'attributions positifs.*

12. Les arrêtés de conflits et les pièces continuent d'être transmis au ministre de la justice par les procureurs de la République et les procureurs généraux, conformément à l'article 14 de l'ordonnance du 1er juin 1828, et à l'article 6 de l'ordonnance du 12 mars 1831 : ils sont enregistrés immédiatement au secrétariat du tribunal des conflits. Dans les cinq jours de l'arrivée, les arrêtés de conflits et les pièces sont communiqués au ministre dans les attributions duquel se trouve placé le service auquel se rapporte le conflit. La date de la communication est consignée sur un registre à ce destiné. Dans la quinzaine, le ministre doit fournir les observations et les documents qu'il juge convenables sur la question de compétence. Dans tous les cas, les pièces seront rétablies au secrétariat du tribunal des conflits dans le délai précité.

13. Les avocats des parties peuvent être autorisés à prendre communication des pièces au secrétariat, sans déplacement.

14. Dans les vingt jours qui suivent la rentrée des pièces, le rapporteur fait au secrétariat le dépôt de son rapport et des pièces.

15. Il est statué, par le tribunal des conflits, dans les délais fixés par l'article 7 de l'ordonnance du 12 mars 1831, et l'article 15 de l'arrêté du 30 décembre 1848. Ces délais sont suspendus pendant les mois de septembre et d'octobre.

16. Lorsque la décision a été rendue, le ministre de la justice pourvoit à la notification prescrite par l'article 7 de l'ordonnance du 12 mars 1831 et par l'article 16 de l'arrêté du 30 décembre 1848.

CHAPITRE III. — *Dispositions relatives aux conflits d'attributions négatifs.*

17. Lorsque l'autorité administrative et l'autorité judiciaire se sont respectivement déclarées incompétentes sur la même question, le recours devant le tribunal des conflits, pour faire régler la compétence, est exercé directement par les parties intéressées. Il est formé par requête signée d'un avocat au conseil d'État et à la Cour de cassation.

18. Lorsque l'affaire intéresse directement l'État, le recours peut être formé par le ministre dans les attributions duquel se trouve placé le service public que l'affaire concerne.

19. Lorsque la déclaration d'incompétence émane, d'une part, de l'autorité administrative, de l'autre, d'un tribunal statuant en matière de simple police ou de police correctionnelle, le recours peut, en outre, être formé par le ministre de la justice.

20. Le recours doit être communiqué aux parties intéressées.

21. Lorsque le recours est formé par des particuliers, l'ordonnance de *soit communiqué*, rendue par le ministre de la justice, président du tribunal des conflits, doit être signifiée, par les voies de droit, dans le délai d'un mois. Ceux qui demeurent hors de la France continentale ont, outre le délai d'un mois, celui qui est réglé par l'article 75 du Code de procédure civile.

22. Lorsque le recours est formé par un ministre, il en est, dans le même délai, donné avis à la partie intéressée, par la voie administrative. Dans les affaires qui intéressent l'État directement, si le recours est formé par la partie adverse, le ministre de la justice est chargé d'assurer la communication du recours au ministre que l'affaire concerne.

23. La partie à laquelle la notification a été faite est tenue, si elle réside sur le territoire continental, de répondre et de fournir ses défenses dans le délai d'un mois à partir de la notification. A l'égard des colonies et des pays étrangers, les délais seront réglés ainsi qu'il appartiendra, par l'ordonnance de *soit communiqué*.

24. Les parties intéressées peuvent prendre, par elles-mêmes ou par leurs avocats, communication des productions au secrétariat, sans déplacement, et dans le délai déterminé par le rapporteur.

CHAPITRE IV. — *Des recours contre les arrêts de la Cour des comptes.*

25. Les recours pour incompétence et excès de pouvoirs, portés devant le tribunal des conflits en vertu de l'article 90 de la Constitution, sont signés par un avocat au conseil d'Etat èt à la Cour de cassation. Il est donné connaissance de ce recours aux parties intéressées, dans les délais et les formes établis par l'article 21 et par le deuxième paragraphe de l'article 22.

26. Si le recours est formé par le ministre des finances ou par un autre ministre, pour ce qui concerne son département, le recours est introduit par un rapport du ministre, et il est procédé, quant à l'avis à donner aux parties intéressées, conformément au premier paragraphe de l'article 22.

27. Les articles 23 et 24 sont applicables aux recours contre les arrêts de la Cour des comptes.

CHAPITRE V. — *Des revendications formées en vertu de l'article 47 de la loi du 3 mars 1849.*

28. Lorsque le ministre de la justice estime qu'une affaire portée devant la section du contentieux du conseil d'Etat n'appartient pas au contentieux administratif, il adresse au président de la section un mémoire pour revendiquer l'affaire. Dans les trois jours de l'enregistrement du mémoire au secrétariat de la section, le président désigne un rapporteur. Avis de la revendication est donné, dans la forme administrative, aux parties intéressées ; il peut en être pris communication dans le délai fixé par le président. Dans le mois qui suit l'envoi des pièces au rapporteur, le rapport est déposé au secrétariat de la section, pour être transmis immédiatement au ministère public. Le rapport est fait à la section en séance publique, et il est procédé d'ailleurs ainsi qu'il est établi au paragraphe 3 du titre 4 de la loi du 3 mars 1849, et au paragraphe 4 du titre 3 du règlement du 26 mai 1849.

29. La section du contentieux prononce dans le mois qui suit le dépôt du rapport. A défaut de décision dans ce délai, le ministre de la justice peut se pourvoir, conformément à l'article 47 de la loi du 3 mars 1849.

30. Le dernier paragraphe de l'article 15 est applicable aux délais établis par les deux articles précédents.

31. La décision de la section du contentieux est transmise par le président au ministre de la justice. Dans la quinzaine de cet envoi, le ministre fait connaître, par une déclaration adressée au président, s'il entend porter la revendication devant le tribunal des conflits. Lorsque la section a refusé de faire droit à la revendication qui lui a été soumise, il est sursis à statuer sur le fond jusqu'à ce que le ministre ait fait connaître qu'il n'entend pas se pourvoir devant le tribunal des conflits, ou jusqu'à l'expiration du délai de quinzaine établi ci-dessus. Lorsque le ministre a déclaré qu'il portait la reven-

dication devant le tribunal des conflits, la section doit surseoir à statuer jusqu'à la décision de ce tribunal.

32. Lorsque le ministre de la justice se pourvoit devant le tribunal des conflits, il adresse à ce tribunal un mémoire contenant l'exposé de l'affaire et ses conclusions. A ce mémoire est jointe la demande en revendication qui a été soumise à la section du contentieux, et la décision par laquelle cette section a refusé de faire droit à la demande du ministre. Il est procédé conformément aux articles 13, 14, 15 et 16.

33. La décision qui intervient est transmise au président de la section du contentieux du conseil d'Etat. Il en est fait mention en marge de la décision qui a donné lieu au recours du ministre.

LOI

SUR L'ORGANISATION DU TRIBUNAL DES CONFLITS (4 FÉVRIER 1850.)

Art. 1. Le tribunal des conflits est présidé par le ministre de la justice.

Ses décisions ne peuvent être rendues qu'au nombre de neuf juges, pris également, à l'exception du ministre, dans les deux corps qui concourent à sa formation.

2. En cas d'empêchement du ministre, il est remplacé, dans la présidence du tribunal des conflits, par le ministre chargé du département de l'instruction publique.

3. Si un autre membre du tribunal est empêché, il est remplacé, selon le corps auquel il appartient, soit par un conseiller d'État, soit par un membre de la cour de cassation.

A cet effet, chacun des deux corps élit dans son sein deux suppléants.

Ces suppléants seront appelés à faire le service dans l'ordre de leur nomination.

La durée de leurs fonctions sera la même que celle des membres titulaires, et ils seront nommés en même temps.

Il sera procédé à cette nomination par le conseil d'État et par la cour de cassation, dans les huit jours qui suivront la promulgation de la présente loi.

4. Les décisions du tribunal des conflits ne pourront être rendues qu'après un rapport écrit fait par l'un des membres du tribunal et sur les conclusions du ministère public.

5. Les fonctions de rapporteur seront alternativement confiées à un conseiller d'État et à un membre de la cour de cassation, sans que cet ordre puisse être interverti.

5

6. Les fonctions du ministère public seront remplies par deux commissaires du gouvernement, choisis tous les ans par le président de la République, l'un parmi les maîtres des requêtes au conseil d'État, l'autre dans le parquet de la cour de cassation.

Il sera adjoint à chacun de ces commissaires un suppléant choisi de la même manière et pris dans les mêmes rangs, pour le remplacer en cas d'empêchement.

Ces nominations devront être faites, chaque année, avant l'époque fixée pour la reprise des travaux du tribunal.

7. Dans aucune affaire, les fonctions du rapporteur et celles du ministère public ne pourront être remplies par deux membres pris dans le même corps.

8. Le délai fixé par l'article 7 de l'ordonnance du 12 mars 1831 est porté à trois mois pour le jugement des conflits actuellement pendants et de ceux qui pourront être élevés dans les trois mois qui suivront l'installation du tribunal des conflits.

9. Le règlement du 26 octobre 1849 est modifié en tout ce qui ne serait pas conforme aux dispositions de la présente loi.

LOI SUR L'ENSEIGNEMENT.

(DU 19 JANVIER 1850.)

TITRE PREMIER.

DES AUTORITÉS PRÉPOSÉES A L'ENSEIGNEMENT.

CHAPITRE Ier.

Du Conseil supérieur de l'instruction publique.

Art. 1er. Le Conseil supérieur de l'instruction publique est composé comme il suit :

Le ministre, président;

Quatre archevêques ou évêques, élus par leurs collègues;

Un ministre de l'Église réformée, élu par les consistoires;

Un ministre de l'Église de la confession d'Augsbourg, élu par les consistoires;

Un membre du consistoire central israélite, élu par ses collègues;

Trois conseillers d'État, élus par leurs collègues;

Trois membres de la cour de cassation, élus par leurs collègues;

Trois membres de l'Institut, élus en assemblée générale de l'Institut;

Huit membres nommés par le président de la République, en conseil des ministres, et choisis parmi les anciens membres du conseil de l'Université, les inspecteurs généraux ou supérieurs, les recteurs et les professeurs des facultés : ces huit membres forment une section permanente ;

Trois membres de l'enseignement libre nommés par le président de la République, sur la proposition du ministre de l'instruction publique.

2. Les membres de la section permanente sont nommés à vie.

Ils ne peuvent être révoqués que par le président de la République en conseil des ministres, sur la proposition du ministre de l'instruction publique.

Ils reçoivent seuls un traitement.

3. Les autres membres du Conseil sont nommés pour six ans.

Ils sont indéfiniment rééligibles.

4. Le Conseil supérieur tient au moins quatre sessions par an.

Le ministre peut le convoquer en session extraordinaire toutes les fois qu'il le juge convenable.

5. Le Conseil supérieur peut être appelé à donner son avis sur les projets de lois, de règlements et de décrets relatifs à l'enseignement, et en général sur toutes les questions qui lui seront soumises par le ministre.

Il est nécessairement appelé à donner son avis :

Sur les règlements relatifs aux examens, aux concours et aux programmes d'études dans les écoles publiques, à la surveillance des écoles libres, et, en général, sur tous les arrêtés portant règlement pour les établissements d'instruction publique ;

Sur la création des facultés, lycées et colléges ;

Sur les secours et encouragements à accorder aux établissements libres d'instruction secondaire ;

Sur les livres qui peuvent être introduits dans les écoles publiques, et sur ceux qui doivent être défendus dans les écoles libres, comme contraires à la morale, à la Constitution et aux lois.

Il prononce en dernier ressort sur les jugements rendus par les conseils académiques dans les cas déterminés par l'art. 14.

Le Conseil présente, chaque année, au ministre, un rapport sur l'état général de l'enseignement, sur les abus qui pourraient s'introduire dans les établissements d'instruction, et sur les moyens d'y remédier.

6. La section permanente est chargée de l'examen préparatoire des questions qui se rapportent à la police, à la comptabilité et à l'administration des écoles publiques.

Elle donne son avis, toutes les fois qu'il lui est demandé par le ministre, sur les questions relatives aux droits et à l'avancement des membres du corps enseignant.

Elle présente annuellement au Conseil un rapport sur l'état de l'enseignement dans les écoles publiques.

CHAPITRE II.

Des conseils académiques.

7. Il sera établi une académie dans chaque département.

8. Chaque académie est administrée par un recteur, assisté, si le ministre le juge nécessaire, d'un ou de plusieurs inspecteurs, et par un conseil académique.

9. Les recteurs ne sont pas choisis exclusivement parmi les membres de l'enseignement public.

Ils doivent avoir le grade de licencié, ou dix années d'exercice comme inspecteurs d'académie, proviseurs, censeurs, chefs ou professeurs des classes supérieures dans un établissement public ou libre.

10. Le conseil académique est composé ainsi qu'il suit :

Le recteur, président ;

Un inspecteur d'académie, un fonctionnaire de l'enseignement ou un inspecteur des écoles primaires, désigné par le ministre ;

Le préfet ou son délégué ;

L'évêque ou son délégué ;

Un ecclésiastique désigné par l'évêque ;

Un ministre de l'une des deux Eglises protestantes, désigné par le ministre de l'instruction publique, dans les départements où il existe une Eglise légalement établie ;

Un délégué du consistoire israélite dans chacun des départements où il existe un consistoire légalement établi ;

Le procureur général près la cour d'appel, dans les villes où siége une cour d'appel, et, dans les autres, le procureur de la République près le tribunal de première instance ;

Un membre de la cour d'appel, élu par elle, ou, à défaut de cour d'appel, un membre du tribunal de première instance, élu par le tribunal ;

Quatre membres élus par le conseil général, dont deux au moins pris dans son sein.

Les doyens des facultés seront, en outre, appelés dans le conseil académique, avec voix délibérative, pour les affaires intéressant leurs facultés respectives.

La présence de la moitié plus un des membres est nécessaire pour la validité des délibérations du conseil académique.

11. Pour le département de la Seine, le conseil académique est composé comme il suit :

Le recteur, président ;

Le préfet ;

L'archevêque de Paris ou son délégué ;

Trois ecclésiastiques, désignés par l'archevêque ;

Un ministre de l'Église réformée, élu par le consistoire ;

Un ministre de l'Église de la confession d'Augsbourg, élu par le consistoire ;

Un membre du consistoire israélite, élu par le consistoire ;

Trois inspecteurs d'académie, désignés par le ministre ;

Un inspecteur des écoles primaires, désigné par le ministre ;

Le procureur général près la cour d'appel, ou un membre du parquet désigné par lui ;

Un membre de la cour d'appel, élu par la cour ;

Un membre du tribunal de première instance, élu par le tribunal ;

Quatre membres du conseil municipal de Paris, et deux membres du conseil général de la Seine, pris parmi ceux des arrondissements de Sceaux et de Saint-Denis, tous élus par le conseil général ;

Le secrétaire général de la préfecture du département de la Seine.

Les doyens de facultés seront, en outre, appelés dans le conseil académique, avec voix délibérative, pour les affaires intéressant leurs facultés respectives.

12. Les membres des conseils académiques dont la nomination est faite par élection sont élus pour trois ans, et indéfiniment rééligibles.

13. Les départements fourniront un local pour le service de l'administration académique.

14. Le conseil académique donne son avis :

Sur l'état des différentes écoles établies dans le département ;

Sur les réformes à introduire dans l'enseignement, la discipline et l'administration des écoles publiques ;

Sur les budgets et les comptes administratifs des lycées, collèges et écoles normales primaires ;

Sur les secours et encouragements à accorder aux écoles primaires.

Il instruit les affaires disciplinaires, relatives aux membres de l'enseignement public secondaire ou supérieur, qui lui sont renvoyées par le ministre ou le recteur.

Il prononce, sauf recours au Conseil supérieur : sur les affaires contentieuses relatives à l'obtention des grades, aux concours devant les facultés, à l'ouverture des écoles libres, aux droits des maîtres particuliers et à l'exercice du droit d'enseigner ; sur les poursuites dirigées contre les membres de l'instruction secondaire publique, et tendant à la révocation avec interdiction d'exercer la profession d'instituteur libre, de chef ou professeur d'établissement libre, et, dans les cas déterminés par la présente loi, sur les affaires disciplinaires relatives aux instituteurs primaires, publics ou libres.

15. Le conseil académique est nécessairement consulté sur les règlements relatifs au régime intérieur des lycées, collèges et écoles normales primaires, et sur les règlements relatifs aux écoles publiques primaires.

Il fixe le taux de la rétribution scolaire, sur l'avis des conseils municipaux et des délégués cantonaux.

Il détermine les cas où les communes peuvent, à raison des circonstances, et provisoirement, établir ou conserver des écoles primaires dans lesquelles seront admis des enfants de l'un et l'autre sexe, ou des enfants appartenant aux différents cultes reconnus.

Il donne son avis au recteur sur les récompenses à accorder aux instituteurs primaires.

Le recteur fait les propositions au ministre, et distribue les récompenses accordées.

16. Le conseil académique présente, chaque année, au ministre et au conseil général un exposé de la situation de l'enseignement dans le département.

Les rapports du conseil académique sont envoyés par le recteur au ministre, qui les communique au Conseil supérieur.

CHAPITRE III.

Des écoles et de l'inspection.

SECTION 1re. — Des écoles.

17. La loi reconnaît deux espèces d'écoles primaires ou secondaires :

1o Les écoles fondées ou entretenues par les communes, les départements ou l'État, et qui prennent le nom d'*écoles publiques ;*

2o Les écoles fondées et entretenues par des particuliers ou des associations, et qui prennent le nom d'*écoles libres.*

SECTION 2. — De l'inspection.

18. L'inspection des établissements d'instruction publique ou libre est exercée :

1o Par les inspecteurs généraux et supérieurs ;

2o Par les recteurs et les inspecteurs d'académie ;

3o Par les inspecteurs de l'enseignement primaire ;

4o Par les délégués cantonaux, le maire et le curé, le pasteur ou le délégué du consistoire israélite, en ce qui concerne l'enseignement primaire.

Les ministres des différents cultes n'inspecteront que les écoles spéciales à leur culte, ou les écoles mixtes pour leurs coreligionnaires seulement.

Le recteur pourra, en cas d'empêchement, déléguer temporairement l'inspection à un membre du conseil académique.

19. Les inspecteurs d'académie sont choisis, par le ministre, parmi les anciens inspecteurs, les professeurs des facultés, les proviseurs et censeurs des lycées, les principaux des collèges, les chefs d'établissements secondaires libres, les professeurs des classes supérieures dans ces diverses catégories d'établissements, les agrégés des facultés et lycées, et les inspecteurs des écoles primaires, sous la condition commune à tous du grade de licencié, ou de dix ans d'exercice.

Les inspecteurs généraux et supérieurs sont choisis par le ministre, soit dans les catégories ci-dessus indiquées, soit parmi les anciens inspecteurs généraux ou inspecteurs supérieurs de l'instruction primaire, les recteurs et inspecteurs d'académie, ou parmi les membres de l'Institut.

Le ministre ne fait aucune nomination d'inspecteur général sans avoir pris l'avis du Conseil supérieur.

20. L'inspection de l'enseignement primaire est spécialement confiée à deux inspecteurs supérieurs.

Il y a, en outre, dans chaque arrondissement, un inspecteur de l'enseignement primaire, choisi par le ministre après avis du conseil académique.

Néanmoins, sur l'avis du conseil académique, deux arrondissements pourront être réunis pour l'inspection.

Un règlement déterminera le classement, les frais de tournée, l'avancement et les attributions des inspecteurs de l'enseignement primaire.

21. L'inspection des écoles publiques s'exerce conformément aux règlements délibérés par le Conseil supérieur.

Celle des écoles libres porte sur la moralité, l'hygiène et la salubrité.

Elle ne peut porter sur l'enseignement que pour vérifier s'il n'est pas contraire à la morale, à la Constitution et aux lois.

22. Tout chef d'établissement primaire ou secondaire qui refusera de se soumettre à la surveillance de l'État, telle qu'elle est prescrite par l'article précédent, sera traduit devant le tribunal correctionnel de l'arrondissement, et condamné à une amende de 100 fr. à 1,000 fr.

En cas de récidive, l'amende sera de 500 fr. à 3,000 fr. Si le refus de se soumettre à la surveillance de l'État a donné lieu à deux condamnations dans l'année, la fermeture de l'établissement pourra être ordonnée par le jugement qui prononcera la seconde condamnation.

Le procès-verbal des inspecteurs constatant le refus du chef d'établissement fera foi jusqu'à inscription de faux.

TITRE II.

DE L'ENSEIGNEMENT PRIMAIRE.

CHAPITRE Ier.

Dispositions générales.

23. L'enseignement primaire comprend :

L'instruction morale et religieuse,

La lecture,

L'écriture,

Les éléments de la langue française,

Le calcul et le système légal des poids et mesures.

Il peut comprendre en outre :

L'arithmétique appliquée aux opérations pratiques ;

Les éléments de l'histoire et de la géographie ;

Des notions des sciences physiques et de l'histoire naturelle, applicables aux usages de la vie ;

Des instructions élémentaires sur l'agriculture, l'industrie et l'hygiène ;

L'arpentage, le nivellement, le dessin linéaire ;

Le chant et la gymnastique.

24. L'enseignement primaire est donné gratuitement à tous les enfants dont les familles sont hors d'état de le payer.

CHAPITRE II.

Des instituteurs.

SECTION 1re. — Des conditions d'exercice de la profession d'Instituteur primaire public ou libre.

25. Tout Français, âgé de vingt et un ans accomplis, peut exercer dans toute la France la profession d'instituteur primaire, public ou libre, s'il est muni d'un brevet de capacité.

Le brevet de capacité peut être suppléé par le certificat de stage dont il est parlé à l'article 47, par le diplôme de bachelier, par un certificat constatant qu'on a été admis dans une des écoles spéciales de l'État, ou par le titre de ministre, non interdit ni révoqué, de l'un des cultes reconnus par l'Etat.

26. Sont incapables de tenir une école publique ou libre, ou d'y être employés, les individus qui ont subi une condamnation pour crime ou pour un délit contraire à la probité ou aux mœurs, les individus privés par jugement de tout ou partie des droits mentionnés en l'art. 42 du Code pénal, et ceux qui ont été interdits en vertu des art. 30 et 33 de la présente loi.

SECTION 2. — Des conditions spéciales aux instituteurs libres.

27. Tout instituteur qui veut ouvrir une école libre doit préalablement déclarer son intention au maire de la commune où il veut s'établir, lui désigner le local et lui donner l'indication des lieux où il a résidé, et des professions qu'il a exercées pendant les dix années précédentes.

Cette déclaration doit être, en outre, adressée par le postulant au recteur de l'académie, au procureur de la République et au sous-préfet.

Elle demeurera affichée, par les soins du maire, à la porte de la mairie, pendant un mois.

28. Le recteur, soit d'office, soit sur la plainte du procureur de la République ou du sous-préfet, peut former opposition à l'ouverture de l'école, dans l'intérêt des mœurs publiques, dans le mois qui suit la déclaration à lui faite.

Cette opposition est jugée dans un bref délai, contradictoirement et sans recours, par le conseil académique.

Si le maire refuse d'approuver le local, il est statué à cet égard par ce conseil.

A défaut d'opposition, l'école peut être ouverte à l'expiration du mois, sans autre formalité.

29. Quiconque aura ouvert ou dirigé une école en contravention aux articles 25, 26 et 27, ou avant l'expiration du délai fixé par le dernier paragraphe de l'art. 28, sera poursuivi devant le tribunal correctionnel du lieu du délit, et condamné à une amende de 50 fr. à 500 fr.

L'école sera fermée.

En cas de récidive, le délinquant sera condamné à un emprisonnement de six jours à un mois, et à une amende de 100 fr. à 1,000 fr.

La même peine de six jours à un mois d'emprisonnement, et de 100 fr. à 1,000 fr. d'amende, sera prononcée contre celui qui, dans le cas d'opposition formée à l'ouverture de son école, l'aura néanmoins ouverte avant qu'il ait été statué sur cette opposition, ou bien au mépris de la décision du conseil académique qui aurait accueilli l'opposition.

Ne seront pas considérées comme tenant école les personnes qui, dans un but purement charitable, et sans exercer la profession d'instituteur, enseigneront à lire et à écrire aux enfants, avec l'autorisation du délégué cantonal.

Néanmoins, cette autorisation pourra être retirée par le conseil académique.

30. Tout instituteur libre, sur la plainte du recteur ou du procureur de la République, pourra être traduit, pour cause de faute grave dans l'exercice de ses fonctions, d'inconduite ou d'immoralité, devant le conseil académique du département, et être censuré, suspendu pour un temps qui ne pourra excéder six mois, ou interdit de l'exercice de sa profession dans la commune où il exerce.

Le conseil académique peut même le frapper d'une interdiction absolue. Il y aura lieu à appel devant le Conseil supérieur de l'instruction publique.

Cet appel devra être interjeté dans le délai de dix jours, à compter de la notification de la décision, et ne sera pas suspensif.

Section 3. — Des instituteurs communaux.

31. Les instituteurs communaux sont nommés par le conseil municipal de chaque commune, et choisis, soit sur une liste d'admissibilité et d'avancement dressée par le conseil académique du département, soit sur la présentation qui est faite par les supérieurs pour les membres des associations religieuses vouées à l'enseignement et autorisées par la loi ou reconnues comme établissements d'utilité publique.

Les consistoires jouissent du droit de présentation pour les instituteurs appartenant aux cultes non catholiques.

Si le conseil municipal avait fait un choix non conforme à la loi, ou n'en avait fait aucun, il sera pourvu à la nomination par le conseil académique, un mois après la mise en demeure adressée au maire par le recteur.

L'institution est donnée par le ministre de l'instruction publique.

32. Il est interdit aux instituteurs communaux d'exercer aucune fonction administrative sans l'autorisation du conseil académique.

Toute profession commerciale ou industrielle leur est absolument interdite.

33. Le recteur peut, suivant les cas, réprimander, suspendre, avec ou sans privation totale ou partielle de traitement, pour un temps qui n'excédera pas six mois, ou révoquer l'instituteur communal.

L'instituteur révoqué est incapable d'exercer la profession d'instituteur, soit public, soit libre, dans la même commune.

Le conseil académique peut, après l'avoir entendu ou dûment appelé, frapper l'instituteur communal d'une interdiction absolue, sauf appel devant le conseil supérieur de l'instruction publique dans le délai de dix jours, à partir de la notification de la décision. Cet appel n'est pas suspensif.

En cas d'urgence, le maire peut suspendre provisoirement l'instituteur communal, à charge de rendre compte, dans les deux jours, au recteur.

34. Le conseil académique détermine les écoles publiques auxquelles, d'après le nombre des élèves, il doit être attaché un instituteur adjoint.

Les instituteurs adjoints peuvent n'être âgés que de dix-huit ans, et ne sont pas assujettis aux conditions de l'art. 25.

Ils sont nommés et révocables par l'instituteur, avec l'agrément du recteur de l'académie. Les instituteurs adjoints appartenant aux associations religieuses dont il est parlé dans l'art. 31 sont nommés et peuvent être révoqués par les supérieurs de ces associations.

Le conseil municipal fixe le traitement des instituteurs adjoints. Ce traitement est à la charge exclusive de la commune.

35. Tout département est tenu de pourvoir au recrutement des instituteurs communaux, en entretenant des élèves-maîtres soit dans les établissements d'instruction primaire désignés par le conseil académique, soit aussi dans l'école normale établie à cet effet par le département.

Les écoles normales peuvent être supprimées par le conseil général du département; elles peuvent l'être également par le ministre, en Conseil supérieur, sur le rapport du conseil académique, sauf, dans les deux cas, le droit acquis aux boursiers en jouissance de leur bourse.

Le programme de l'enseignement, les conditions d'entrée et de sortie, celles qui sont relatives à la nomination du personnel, et tout ce qui concerne les écoles normales, sera déterminé par un règlement délibéré en Conseil supérieur.

CHAPITRE III.

Des écoles communales.

36. Toute commune doit entretenir une ou plusieurs écoles primaires.

Le conseil académique du département peut autoriser une commune à se réunir à une ou plusieurs communes voisines pour l'entretien d'une école.

Toute commune a la faculté d'entretenir une ou plusieurs écoles entièrement gratuites, à la condition d'y subvenir sur ses propres ressources.

Le conseil académique peut dispenser une commune d'entretenir une école publique, à condition qu'elle pourvoira à l'enseignement primaire gratuit, dans une école libre, de tous les enfants dont les familles sont hors d'état d'y subvenir. Cette dispense peut toujours être retirée.

Dans les communes où les différents cultes reconnus sont professés publiquement, des écoles séparées seront établies pour les enfants appartenant à chacun de ces cultes, sauf ce qui est dit à l'art. 15.

La commune peut, avec l'autorisation du conseil académique, exiger que l'instituteur communal donne, en tout ou en partie, à son enseignement les développements dont il est parlé à l'art. 23.

37. Toute commune doit fournir à l'instituteur un local convenable, tant pour son habitation que pour la tenue de l'école, le mobilier de classe et un traitement.

38. A dater du 1er janvier 1851, le traitement des instituteurs communaux se composera :

1o D'un traitement fixe qui ne peut être inférieur à 200 fr.;

2o Du produit de la rétribution scolaire;

3o D'un supplément accordé à tous ceux dont le traitement, joint au produit de la rétribution scolaire, n'atteint pas 600 fr.

Ce supplément sera calculé d'après le total de la rétribution scolaire pendant l'année précédente.

39. Une caisse de retraite sera substituée par un règlement d'administration publique aux caisses d'épargne des instituteurs.

40. A défaut de fondations, dons ou legs, le conseil municipal délibère sur les moyens de pourvoir aux dépenses de l'enseignement primaire dans la commune.

En cas d'insuffisance des revenus ordinaires, il est pourvu à ces dépenses au moyen d'une imposition spéciale votée par le conseil municipal, ou, à défaut du vote de ce conseil, établie par un décret du pouvoir exécutif. Cette imposition, qui devra être autorisée chaque année par la loi de finances, ne pourra excéder trois centimes additionnels au principal des quatre contributions directes.

Lorsque des communes, soit par elles-mêmes, soit en se réunissant à d'autres communes, n'auront pu subvenir, de la manière qui vient d'être indiquée, aux dépenses de l'école communale, il y sera pourvu sur les ressources ordinaires du département, ou, en cas d'insuffisance, au moyen d'une imposition spéciale votée par le conseil général, ou, à défaut du vote de ce conseil, établie par un décret. Cette imposition, autorisée chaque année par la loi de finances, ne devra pas excéder deux centimes additionnels au principal des quatre contributions directes.

Si les ressources communales et départementales ne suffisent pas, le ministre de l'instruction publique accordera une subvention sur le crédit qui sera porté annuellement pour l'enseignement primaire au budget de l'État.

Chaque année, un rapport, annexé au projet de budget, fera connaître l'emploi des fonds alloués pour l'année précédente.

41. La rétribution scolaire est perçue dans la même forme que les contri-

butions publiques directes ; elle est exempte des droits de timbre , et donne droit aux mêmes remises que les autres recouvrements.

Néanmoins , sur l'avis conforme du conseil général , l'instituteur communal pourra être autorisé par le conseil académique à percevoir lui-même la rétribution scolaire.

CHAPITRE IV.

Des délégués cantonaux et des autres autorités préposées à l'enseignement primaire.

42. Le conseil académique du département désigne un ou plusieurs délégués résidant dans chaque canton, pour surveiller les écoles publiques et libres du canton , et détermine les écoles particulièrement soumises à la surveillance de chacun.

Les délégués sont nommés pour trois ans ; ils sont rééligibles et révocables. Chaque délégué correspond , tant avec le conseil académique , auquel il doit adresser ses rapports , qu'avec les autorités locales , pour tout ce qui regarde l'état et les besoins de l'enseignement primaire dans sa circonscription.

Il peut , lorsqu'il n'est pas membre du conseil académique , assister à ses séances avec voix consultative pour les affaires intéressant les écoles de sa circonscription.

Les délégués se réunissent au moins une fois tous les trois mois au chef-lieu de canton, sous la présidence de celui d'entre eux qu'ils désignent , pour convenir des avis à transmettre au conseil académique.

43. A Paris , les délégués nommés pour chaque arrondissement par le conseil académique se réunissent au moins une fois tous les mois , avec le maire , un adjoint , le juge de paix , un curé de l'arrondissement et un ecclésiastique, ces deux derniers désignés par l'archevêque , pour s'entendre au sujet de la surveillance locale et pour convenir des avis à transmettre au conseil académique. Les ministres des cultes non catholiques reconnus , s'il y a dans l'arrondissement des écoles suivies par des enfants appartenant à ces cultes , assistent à ces réunions avec voix délibérative.

La réunion est présidée par le maire.

44. Les autorités locales préposées à la surveillance et à la direction morale de l'enseignement primaire sont, pour chaque école , le maire , le curé , le pasteur ou le délégué du culte israélite, et, dans les communes de deux mille âmes et au-dessus , un ou plusieurs habitants de la commune, délégués par le conseil académique.

Les ministres des différents cultes sont spécialement chargés de surveiller l'enseignement religieux de l'école.

L'entrée de l'école leur est toujours ouverte.

Dans les communes où il existe des écoles mixtes , un ministre de chaque culte aura toujours l'entrée de l'école pour veiller à l'éducation religieuse des enfants de son culte.

Lorsqu'il y a pour chaque culte des écoles séparées, les enfants d'un culte ne doivent être admis dans l'école d'un autre culte que sur la volonté formellement exprimée par les parents.

45. Le maire dresse chaque anné, de concert avec les ministres des différents cultes, la liste des enfants qui doivent être admis gratuitement dans les écoles publiques. Cette liste est approuvée par le conseil municipal, et définitivement arrêtée par le préfet.

46. Chaque année, le conseil académique nomme une commission d'examen chargée de juger publiquement, et à des époques déterminées par le recteur, l'aptitude des aspirants au brevet de capacité, quel que soit le lieu de leur domicile.

Cette commission se compose de sept membres, et choisit son président.

Un inspecteur d'arrondissement pour l'instruction primaire, un ministre du culte professé par le candidat, et deux membres de l'enseignement public ou libre, en font nécessairement partie.

L'examen ne portera que sur les matières comprises dans la première partie de l'art. 23.

Les candidats qui voudront être examinés sur tout ou partie des autres matières spécifiées dans le même article en feront la demande à la commission. Les brevets délivrés feront mention des matières spéciales sur lesquelles les candidats auront répondu d'une manière satisfaisante.

47. Le conseil académique délivre, s'il y a lieu, des certificats de stage aux personnes qui justifient avoir enseigné pendant trois ans au moins les matières comprises dans la première partie de l'art. 23, dans les écoles publiques ou libres autorisées à recevoir des stagiaires.

Les élèves-maîtres sont, pendant la durée de leur stage, spécialement surveillés par les inspecteurs de l'enseignement primaire.

CHAPITRE V.

Des écoles de filles.

48. L'enseignement primaire dans les écoles de filles comprend, outre les matières de l'enseignement primaire énoncées dans l'art. 23, les travaux à l'aiguille.

49. Les lettres d'obédience tiendront lieu de brevet de capacité aux institutrices appartenant à des congrégations religieuses vouées à l'enseignement et reconnues par l'Etat.

L'examen des institutrices n'aura pas lieu publiquement.

50. Tout ce qui se rapporte à l'examen des institutrices, à la surveillance et à l'inspection des écoles de filles, sera l'objet d'un règlement délibéré en Conseil supérieur. Les autres dispositions de la présente loi, relatives aux

écoles et aux instituteurs, sont applicables aux écoles de filles et aux institutrices, à l'exception des art. 38, 39, 40 et 41.

51. Toute commune de huit cents âmes de population et au-dessus est tenue, si ses propres ressources lui en fournissent les moyens, d'avoir au moins une école de filles, sauf ce qui est dit à l'art. 15.

Le conseil académique peut, en outre, obliger les communes d'une population inférieure à entretenir, si leurs ressources ordinaires le leur permettent, une école de filles; et, en cas de réunion de plusieurs communes pour l'enseignement primaire, il pourra, selon les circonstances, décider que l'école de garçons et l'école de filles seront dans deux communes différentes. Il prend l'avis du conseil municipal.

52. Aucune école primaire, publique ou libre, ne peut, sans l'autorisation du conseil académique, recevoir d'enfants des deux sexes, s'il existe dans la commune une école publique ou libre de filles.

CHAPITRE VI.

Institutions complémentaires.

SECTION 1re. — Des pensionnats primaires.

53. Tout Français âgé de vingt-cinq ans, ayant au moins cinq années d'exercice comme instituteur ou comme maître dans un pensionnat primaire, et remplissant les conditions énumérées en l'art. 25, peut ouvrir un pensionnat primaire, après avoir déclaré son intention au recteur de l'académie et au maire de la commune. Toutefois, les instituteurs communaux ne pourront ouvrir de pensionnat qu'avec l'autorisation du conseil académique, sur l'avis du conseil municipal.

Le programme de l'enseignement et le plan du local doivent être adressés au maire et au recteur.

Le conseil académique prescrira, dans l'intérêt de la moralité et de la santé des élèves, toutes les mesures qui seront indiquées dans un règlement délibéré par le Conseil supérieur.

Les pensionnats primaires sont soumis aux prescriptions des art. 26, 27, 28, 29 et 30 de la présente loi, et à la surveillance des autorités qu'elle institue.

Ces dispositions sont applicables aux pensionnats de filles, en tout ce qui n'est pas contraire aux conditions prescrites par le chapitre 5 de la présente loi.

SECTION 2. — Des écoles d'adultes et d'apprentis.

54. Il peut être créé des écoles primaires communales pour les adultes au-dessus de dix-huit ans, pour les apprentis au-dessus de douze ans.

Le conseil académique désigne les instituteurs chargés de diriger les écoles communales d'adultes et d'apprentis.

Il ne peut être reçu dans ces écoles d'élèves des deux sexes.

55. Les art. 27, 28, 29 et 30 sont applicables aux instituteurs libres qui veulent ouvrir des écoles d'adultes ou d'apprentis.

56. Il sera ouvert chaque année, au budget du ministre de l'instruction publique, un crédit pour encourager les auteurs de livres ou de méthodes utiles à l'instruction primaire et à la fondation d'institutions telles que :

Les écoles du dimanche,

Les écoles dans les ateliers et les manufactures,

Les classes dans les hôpitaux,

Les cours publics ouverts conformément à l'art. 77,

Les bibliothèques de livres utiles,

Et autres institutions dont les statuts auront été soumis à l'examen de l'autorité compétente.

SECTION 3. — Des salles d'asile.

57. Les salles d'asile sont publiques ou libres.

Un décret du président de la République, rendu sur l'avis du Conseil supérieur, déterminera tout ce qui se rapporte à la surveillance et à l'inspection de ces établissements, ainsi qu'aux conditions d'âge, d'aptitude, de moralité des personnes qui seront chargées de la direction et du service dans les salles d'asile publiques.

Les infractions à ce décret seront punies des peines établies par les art. 29, 30 et 33 de la présente loi.

Ce décret déterminera également le programme de l'enseignement et des exercices dans les salles d'asile publiques, et tout ce qui se rapporte au traitement des personnes qui y seront chargées de la direction ou du service.

58. Les personnes chargées de la direction des salles d'asile publiques seront nommées par le conseil municipal, sauf l'approbation du conseil académique.

59. Les salles d'asile libres peuvent recevoir des secours sur les budgets des communes, des départements et de l'État.

TITRE III.

DE L'INSTRUCTION SECONDAIRE.

CHAPITRE Ier.

Des établissements particuliers d'instruction secondaire.

60. Tout Français âgé de vingt-cinq ans au moins, et n'ayant encouru aucune des incapacités comprises dans l'art. 26 de la présente loi, peut former un établissement d'instruction secondaire, sous la condition de faire au recteur de l'académie où il se propose de s'établir, les déclarations prescrites

par l'art. 27, et, en outre, de déposer entre ses mains les pièces suivantes, dont il lui sera donné récépissé :

1o Un certificat de stage, constatant qu'il a rempli, pendant cinq ans au moins, les fonctions de professeur ou de surveillant dans un établissement d'instruction secondaire public ou libre ;

2o Soit le diplôme de bachelier, soit un brevet de capacité délivré par un jury d'examen dans la forme déterminée par l'art. 62 ;

3o Le plan du local, et l'indication de l'objet de l'enseignement.

Le recteur, à qui le dépôt des pièces aura été fait, en donnera avis au préfet du département et au procureur de la République de l'arrondissement dans lequel l'établissement devra être fondé.

Le ministre, sur la proposition des conseils académiques et l'avis conforme du Conseil supérieur, peut accorder des dispenses de stage.

61. Les certificats de stage sont délivrés par le conseil académique, sur l'attestation des chefs des établissements où le stage aura été accompli.

Toute attestation fausse sera punie des peines portées en l'art. 160 du Code pénal.

62. Tous les ans, le ministre nomme, sur la présentation du conseil académique, un jury chargé d'examiner les aspirants au brevet de capacité. Ce jury est composé de sept membres, y compris le recteur, qui le préside.

Un ministre du culte professé par le candidat et pris dans le conseil académique, s'il n'y en a déjà un dans le jury, sera appelé avec voix délibérative

Le ministre, sur l'avis du Conseil supérieur de l'instruction publique, instituera des jurys spéciaux pour l'enseignement professionnel.

Les programmes d'examen seront arrêtés par le Conseil supérieur.

Nul ne pourra être admis à subir l'examen de capacité avant l'âge de vingt-cinq ans.

63. Aucun certificat d'études ne sera exigé des aspirants au diplôme de bachelier ou au brevet de capacité.

Le candidat peut choisir la faculté ou le jury académique devant lequel il subira son examen.

Un candidat refusé ne peut se présenter avant trois mois à un nouvel examen, sous peine de nullité du diplôme ou brevet indûment obtenu.

64. Pendant le mois qui suit le dépôt des pièces requises par l'art. 60, le recteur, le préfet et le procureur de la République peuvent se pourvoir devant le conseil académique et s'opposer à l'ouverture de l'établissement, dans l'intérêt des mœurs publiques ou de la santé des élèves.

Après ce délai, s'il n'est intervenu aucune opposition, l'établissement peut être immédiatement ouvert.

En cas d'opposition, le conseil académique prononce, la partie entendue ou dûment appelée, sauf appel devant le Conseil supérieur de l'instruction publique.

65. Est incapable de tenir un établissement public ou libre d'instruction

secondaire, ou d'y être employé, quiconque est atteint de l'une des incapacités déterminées par l'art. 26 de la présente loi, ou qui, ayant appartenu à l'enseignement public, a été révoqué avec interdiction, conformément à l'art. 14.

66. Quiconque, sans avoir satisfait aux conditions prescrites par la présente loi, aura ouvert un établissement d'instruction secondaire, sera poursuivi devant le tribunal correctionnel du lieu du délit, et condamné à une amende de 100 fr. à 1,000 fr. L'établissement sera fermé.

En cas de récidive, ou si l'établissement a été ouvert avant qu'il ait été statué sur l'opposition ou contrairement à la décision du conseil académique qui l'aurait accueilli, le délinquant sera condamné à un emprisonnement de quinze jours à un mois, et à une amende de 1,000 fr. à 3,000 fr.

Les ministres des différents cultes reconnus peuvent donner l'instruction secondaire à quatre jeunes gens au plus, destinés aux écoles ecclésiastiques, sans être soumis aux prescriptions de la présente loi, à la condition d'en faire la déclaration au recteur. Le conseil académique veille à ce que ce nombre ne soit pas dépassé.

67. En cas de désordre grave dans le régime intérieur d'un établissement libre d'instruction secondaire, le chef de cet établissement peut être appelé devant le conseil académique, et soumis à la réprimande avec ou sans publicité.

La réprimande ne donne lieu à aucun recours.

68. Tout chef d'établissement libre d'instruction secondaire, toute personne attachée à l'enseignement ou à la surveillance d'une maison d'éducation, peut, sur la plainte du ministère public ou du recteur, être traduit, pour cause d'inconduite ou d'immoralité, devant le conseil académique, et être interdit de sa profession, à temps ou à toujours, sans préjudice des peines encourues pour crimes ou délits prévus par le Code pénal.

Appel de la décision rendue peut toujours avoir lieu, dans les quinze jours de la notification, devant le Conseil supérieur.

L'appel ne sera pas suspensif.

69. Les établissements libres peuvent obtenir des communes, des départements ou de l'État un local et une subvention, sans que cette subvention puisse excéder le dixième des dépenses annuelles de l'établissement.

Les conseils académiques sont appelés à donner leur avis préalable sur l'opportunité de ces subventions.

Sur la demande des communes, les bâtiments compris dans l'attribution générale faite à l'Université par le décret du 10 décembre 1808 pourront être affectés à ces établissements par décret du pouvoir exécutif.

70. Les écoles secondaires ecclésiastiques actuellement existantes sont maintenues, sous la seule condition de rester soumises à la surveillance de l'Etat.

Il ne pourra en être établi de nouvelles sans l'autorisation du gouvernement.

CHAPITRE II.

Des établissements publics d'instruction secondaire.

71. Les établissements publics d'instruction secondaire sont les lycées et les colléges communaux.

Il peut y être annexé des pensionnats.

72. Les lycées sont fondés et entretenus par l'Etat, avec le concours des départements et des villes.

Les colléges communaux sont fondés et entretenus par les communes.

Ils peuvent être subventionnés par l'État.

73. Toute ville dont le collége communal sera, sur la demande du conseil municipal, érigé en lycée, devra faire les dépenses de construction et d'appropriation requises à cet effet, fournir le mobilier et les collections nécessaires à l'enseignement, assurer l'entretien et la réparation des bâtiments.

Les villes qui voudront établir un pensionnat près du lycée devront fournir le local et le mobilier nécessaires, et fonder pour dix ans, avec ou sans le concours du département, un nombre de bourses fixé de gré à gré avec le ministre. A l'expiration des dix ans, les villes et départements seront libres de supprimer les bourses, sauf le droit acquis aux boursiers en jouissance de leur bourse.

Dans le cas où l'Etat voudrait conserver le pensionnat, le local et le mobilier resteront à sa disposition, et ne feront retour à la commune que lors de la suppression de cet établissement.

74. Pour établir un collége communal, toute ville doit satisfaire aux conditions suivantes : fournir un local approprié à cet usage et en assurer l'entretien ; placer et entretenir dans ce local le mobilier nécessaire à la tenue des cours, et à celle du pensionnat, si l'établissement doit recevoir des élèves internes ; garantir, pour cinq ans au moins, le traitement fixe du principal et des professeurs, lequel sera considéré comme dépense obligatoire pour la commune, en cas d'insuffisance des revenus propres du collége, de la rétribution collégiale payée par les externes et des produits du pensionnat.

Dans le délai de deux ans, les villes qui ont fondé les colléges communaux en dehors de ces conditions devront y avoir satisfait.

75. L'objet et l'étendue de l'enseignement dans chaque collége communal seront déterminés, eu égard aux besoins de la localité, par le ministre de l'instruction publique, en Conseil supérieur, sur la proposition du conseil municipal et l'avis du conseil académique.

76. Le ministre prononce disciplinairement contre les membres de l'instruction secondaire publique, suivant la gravité des cas :

1o La réprimande devant le conseil académique ;

2o La censure devant le Conseil supérieur ;

3o La mutation pour un emploi inférieur ;

4º La suspension des fonctions pour une année au plus, avec ou sans privation totale ou partielle du traitement;

5º Le retrait d'emploi, après avoir pris l'avis du Conseil supérieur ou de la section permanente.

Le ministre peut prononcer les mêmes peines, à l'exception de la mutation pour un emploi inférieur, contre les professeurs de l'enseignement supérieur.

Le retrait d'emploi ne peut être prononcé contre eux que sur l'avis conforme du Conseil supérieur.

La révocation aura lieu dans les formes prévues par l'article 14.

TITRE IV.

DISPOSITIONS GÉNÉRALES.

77. Les dispositions de la présente loi concernant les écoles primaires ou secondaires sont applicables aux cours publics sur les matières de l'enseignement primaire ou secondaire.

Les conseils académiques peuvent, selon les degrés de l'enseignement, dispenser ces cours de l'application des dispositions qui précèdent, et spécialement de l'application du dernier paragraphe de l'article 54.

78. Les étrangers peuvent être autorisés à ouvrir ou diriger des établissements d'instruction primaire ou secondaire, aux conditions déterminées par un règlement délibéré en Conseil supérieur.

79. Les instituteurs adjoints des écoles publiques, les jeunes gens qui se préparent à l'enseignement primaire public dans les écoles désignées à cet effet, les membres ou novices des associations religieuses vouées à l'enseignement et autorisées par la loi ou reconnues comme établissements d'utilité publique, les élèves de l'école normale supérieure, les maîtres d'étude, régents et professeurs des collèges et lycées, sont dispensés du service militaire, s'ils ont, avant l'époque fixée pour le tirage, contracté devant le recteur l'engagement de se vouer pendant dix ans à l'enseignement public, et s'ils réalisent cet engagement.

80. L'article 463 du Code pénal pourra être appliqué aux délits prévus par la présente loi.

81. Un règlement d'administration publique déterminera les dispositions de la présente loi qui seront applicables à l'Algérie.

82. Sont abrogées toutes les dispositions des lois, décrets ou ordonnance contraires à la présente loi.

DISPOSITIONS TRANSITOIRES.

83. Les chefs ou directeurs d'établissements d'instruction secondaire ou

primaire libres, maintenant en exercice, continueront d'exercer leur profession sans être soumis aux prescriptions des art 53 et 60.

Ceux qui en ont interrompu l'exercice pourront le reprendre sans être soumis à la condition du stage.

Le temps passé par les professeurs et les surveillants dans ces établissements leur sera compté pour l'accomplissement du stage prescrit par ledit article.

84. La présente loi ne sera exécutoire qu'à dater du 1er septembre 1850.

Les autorités actuelles continueront d'exercer leurs fonctions jusqu'à cette époque.

Néanmoins, le Conseil supérieur pourra être constitué, et il pourra être convoqué par le ministre avant le 1er septembre 1850 ; et, dans ce cas, les articles 1, 2, 3, 4, l'article 5, à l'exception de l'avant-dernier paragraphe, les articles 6 et 76 de la présente loi, deviendront immédiatement applicables.

La loi du 11 janvier 1850 est prorogée jusqu'au 1er septembre 1850.

Dans le cas où le conseil supérieur aurait été constitué avant cette époque, l'appel des instituteurs révoqués sera jugé par le ministre de l'instruction publique, en section permanente du Conseil supérieur.

85. Jusqu'à la promulgation de la loi sur l'enseignement supérieur, le Conseil supérieur de l'instruction publique et sa section permanente, selon leur compétence respective, exerceront, à l'égard de cet enseignement, les attributions qui appartenaient au conseil de l'Université, et les nouveaux conseils académiques, les attributions qui appartenaient aux anciens.

TABLE DE L'APPENDICE.

Poitiers. — Imp. de A. DUPRÉ.

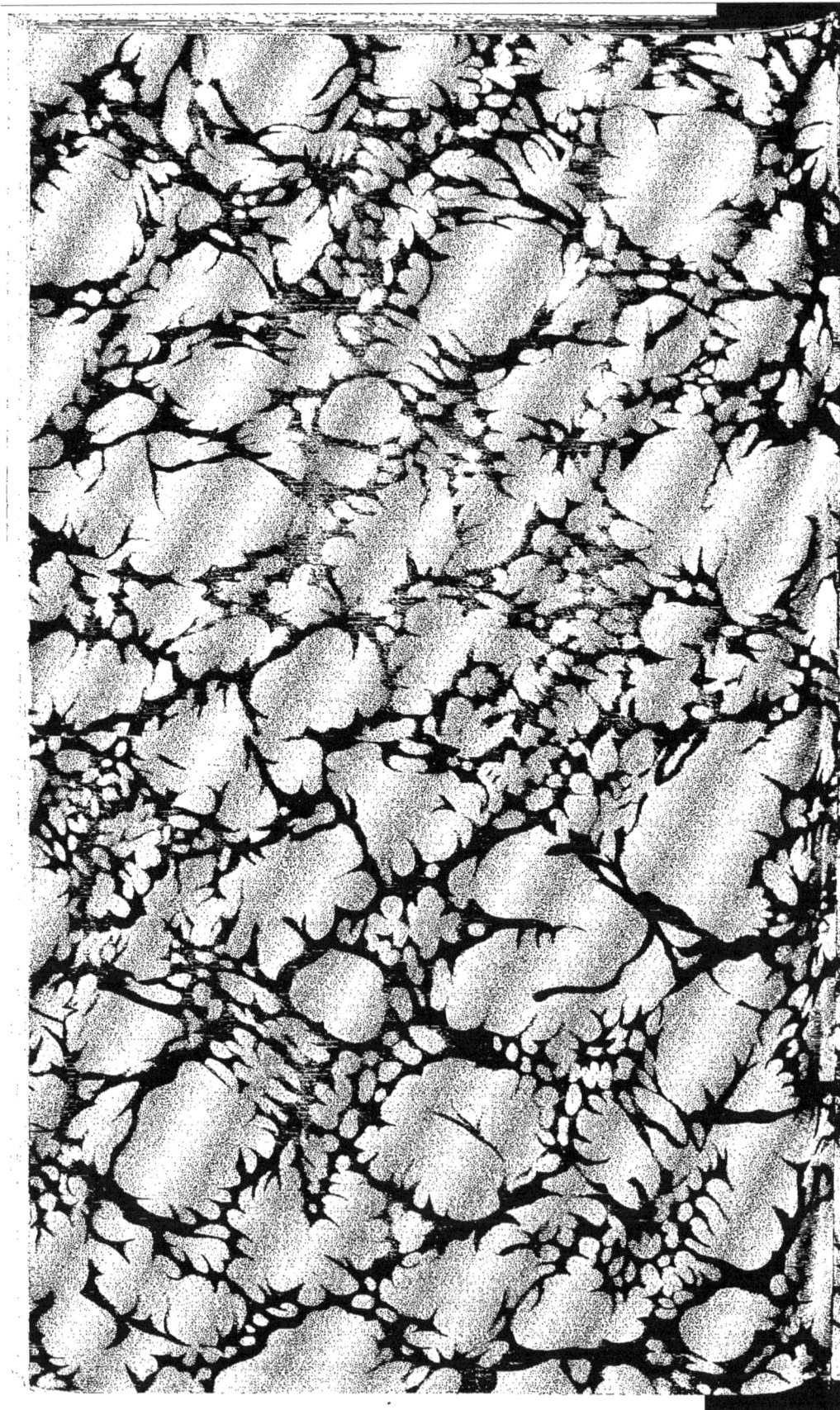

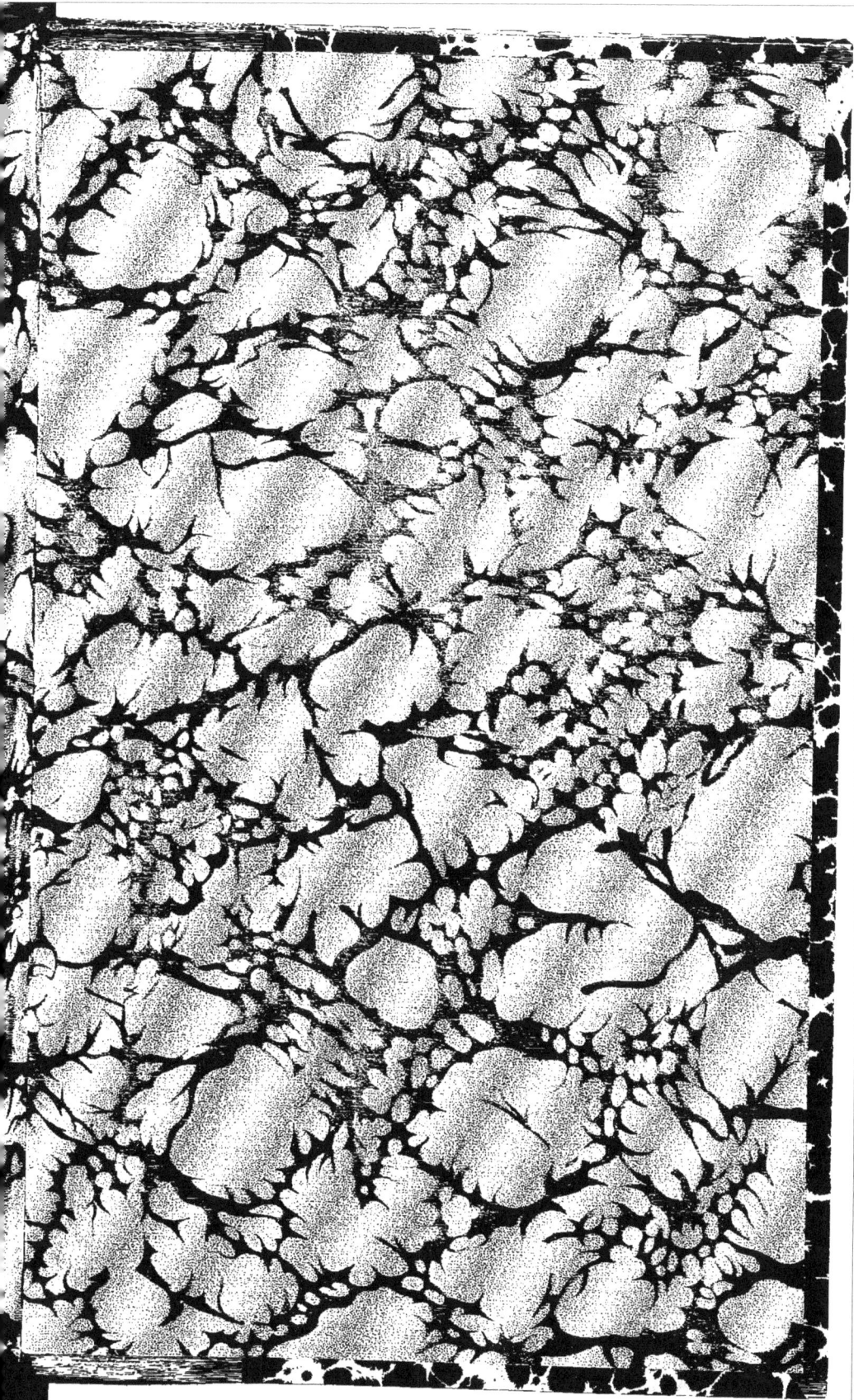

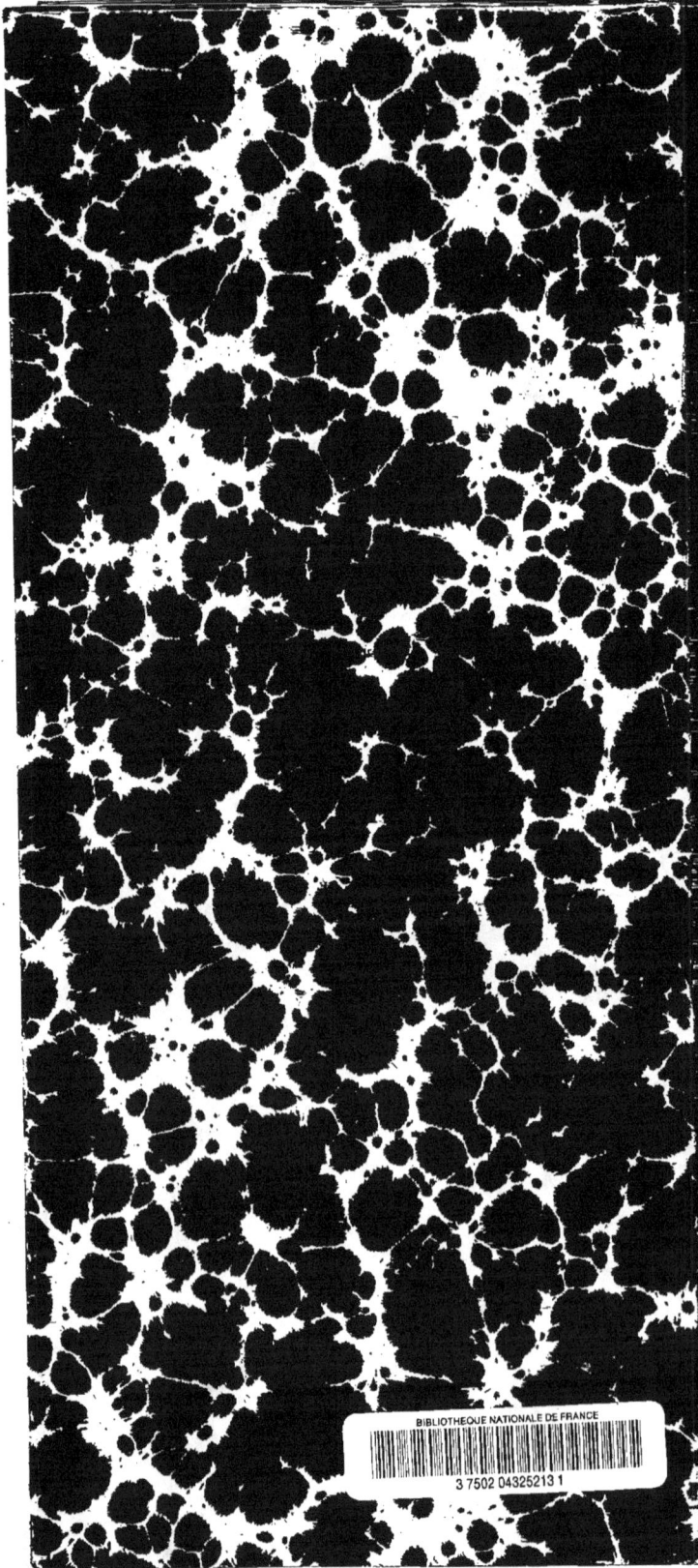

www.ingramcontent.com/pod-product-compliance
Lightning Source LLC
Chambersburg PA
CBHW070243200326
41518CB00010B/1662